【表紙・見返し】

藩御用《ごよう》絵師が描いた
江戸時代の
松江城下へと誘《いざな》う眺望図《ちょうぼうず》

堀尾吉晴《ほりおよしはる》・忠氏《ただうじ》父子が城地選定を行った、床《しょう》几山《ぎさん》から見た松江城下を描いた眺望図《ちょうぼうず》です。手前の雑賀町《さいかまち》は春、その北の白潟《しらかた》は夏、橋北《きょうほく》は秋、遠景の山々は冬と、春夏秋冬を描き分けています。

描いたのは松江藩の御用《ごよう》絵師、陶山勝寂《すやましょうじゃく》（一八二八～七七）です。名を雅純《まさずみ》、圓々斎《えんえんさい》と号しました。江戸で狩野勝川院雅信《かのうしょうせんいんまさのぶ》に学んだその筆致は、細微《さいび》に至るまで描き込むところに特徴があります。本図の箱書には「明治七年戊三月調整」とあり、これが描画時を指すのか、表具を整えた時を指すのか判然としません。明治七年時は円熟期を迎えた四十七歳でした。旧藩主松平家の依頼だけでなく、需要に応じて制作しました。

中央右側の、城下を南北につなぐ唯一の橋、大橋《おおはし》付近は、出世魚セイゴ（鱸《すずき》）漁が始まる夏から初秋にかけての風景です。大橋川は人が立ったまま漁ができるほど浅く、長棒で水面を叩《たた》く三人が、魚を大網へと追い込む姿が描かれています。

松江四季眺望図《ちょうぼうず》　荒木文之助氏蔵

〈原図〉縦60・7㎝×横125・4㎝

松江歴史館展示ガイド

雲州松江の歴史をひもとく

江戸時代、
雲州《うんしゅう》と呼ばれた出雲国《いずものくに》の中心地松江《まつえ》は、
戦災に遭《あ》うこともなく
古い姿を今に残した城下町です。
国宝の松江城天守をはじめ、
造成当時からの掘割《ほりわり》とともに、
武家町、町人町、寺町と明確に区分された町割りや、
街並《まちなみ》が残ります。
山陰地方独特の気候と風土のなかで
培《つちか》われた人々の生き方や歴史を、
一気に、楽しみながら知ることのできる場所が、
松江歴史館です。
松江歴史館の展示には、
松江藩の歴史がギュッと詰め込まれています。
城下町松江の成り立ちは、
ここを見れば、おおよそ理解できるよう工夫されています。
松江歴史館の展示を見る前と後とでは、
きっと松江の街が違って見えてくるにちがいありません。
ぜひ博物館を飛び出して、
城下町を歩いてみてください。
街歩きは、必ず新たな発見へと導くことでしょう。

開府以前の松江

松江歴史館展示ガイド

雲州松江の歴史をひもとく

例言

一、本書は、松江歴史館の展示図録です。

二、本図録と展示の構成は、一部異なるところがあります。

三、本図録の編集は、当館学芸員西島太郎が行い、学芸員新庄正典・松原祥子、顧問岡崎雄二郎・吉岡弘行、臨時職員神庭美恵の協力を得ました（平成23年3月当時）。なお、改訂版はこのほか、学芸員木下誠・大多和弥生・藤岡奈緒美の協力を得ました。

四、本図録及び展示制作にあたって御協力いただいた協力者、関係機関名は、巻末謝辞に記しました。

開府直後の松江

第1章

計画都市（城下町）松江の形成

一 江戸時代の松江城と城下町

出雲国《いずものくに》、宍道湖《しんじこ》畔に、四〇〇年の歴史を刻《きざ》む城下町松江

八雲《やくも》立つ出雲国は、北を日本海、南は中国山地の山々に囲まれています。十七世紀初め宍道湖《しんじこ》と中海《なかうみ》の間に、大橋川《おおはしがわ》を挟《はさ》んで松江の町は造成されました。

江戸時代初めの出雲《いずも》国

出雲《いずも》国は十郡からなり、北中央部に宍《しん》道湖《じこ》がある。当時、宍道湖《しんじこ》の水の出口は一つの流路しかなく、幾度《いくたび》も洪水による被害を受けた。周辺から流れ込む大量の水との格闘が、城下町の歴史と重なる。

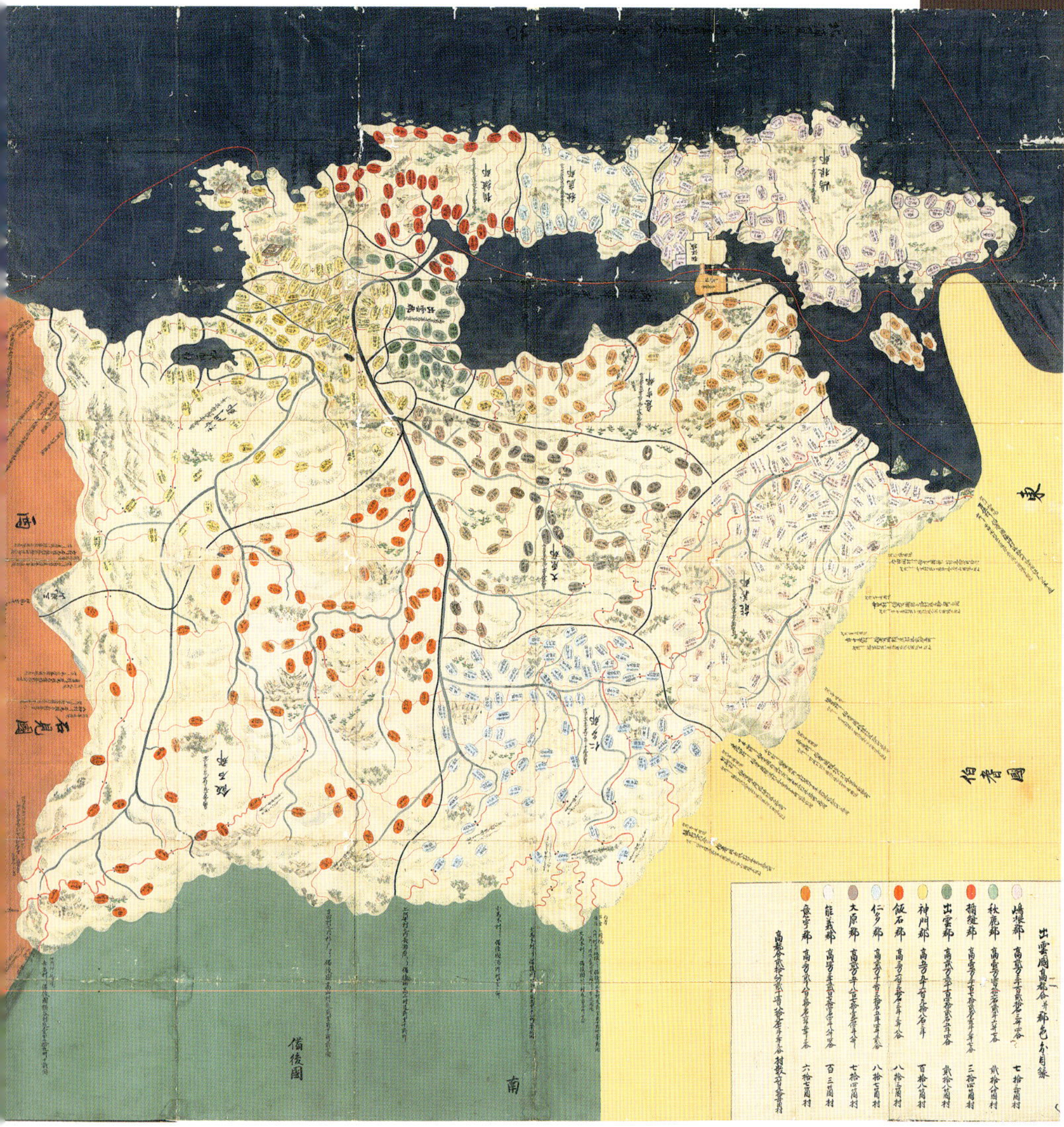

松江市指定文化財　元禄出雲国絵図《げんろくいずものくにえず》
1701年（元禄14）　野津敏夫氏蔵

現代の島根県東部地域

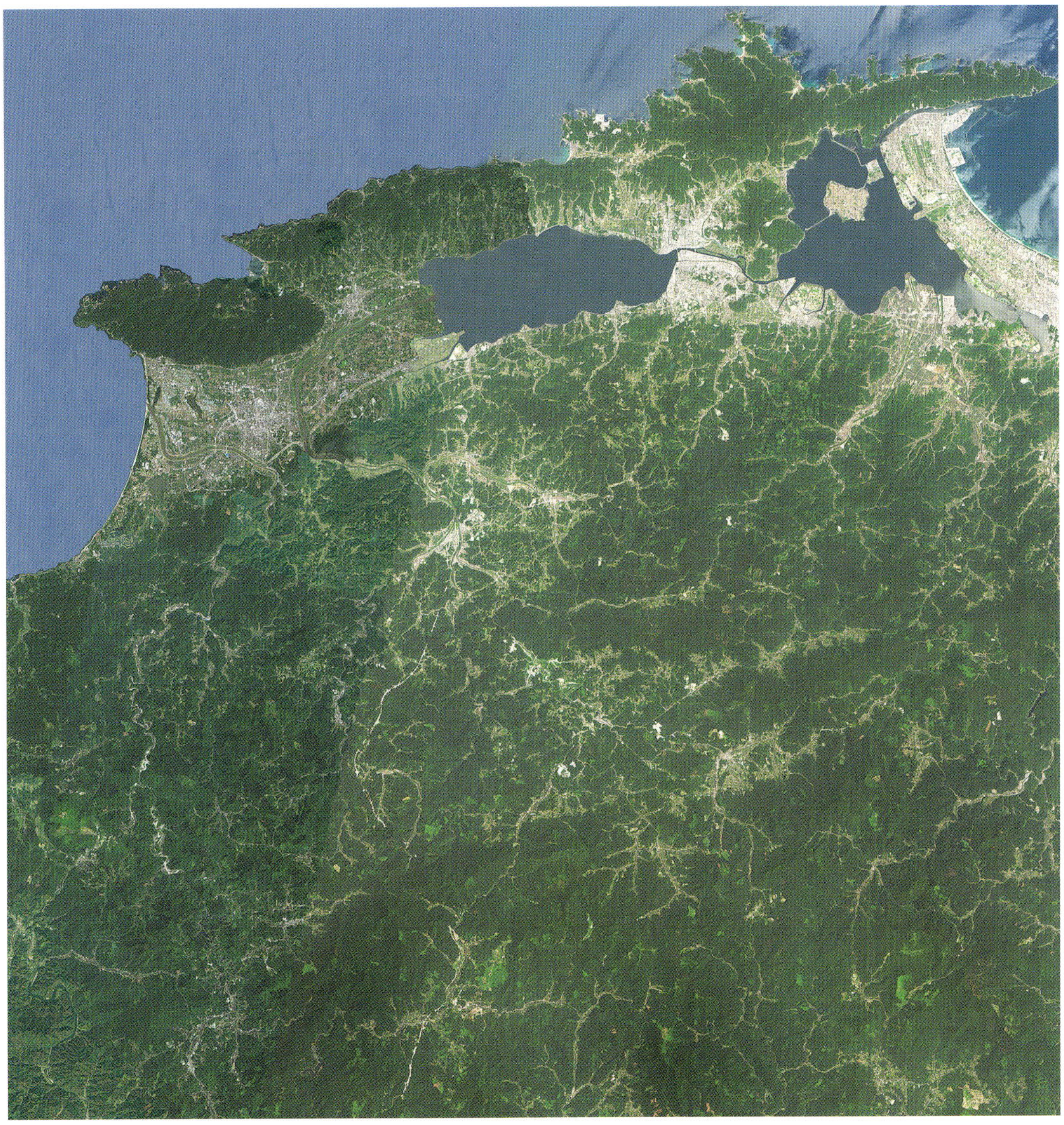

松江　東経133°3′　北緯35°28′

松江に関わる歴史年表

世界と日本の歴史

- ●第二次世界大戦…一九三九年（昭和十四）
- ●第二次若槻禮次郎内閣誕生…一九三一年（昭和六）
- ●世界恐慌…一九二九年（昭和四）
- ●第一次若槻禮次郎《わかつきれいじろう》内閣誕生…一九二六年（大正十五）
- ●第一次世界大戦…一九一四年（大正三）
- ●日露戦争…一九〇四年（明治三十七）
- ●日清戦争…一八九四年（明治二十七）
- ●鉄道敷設法…一八九二年（明治二十五）
- ●市制・町村制公布…一八八八年（明治二十一）
- ●西南戦争…一八七七年（明治十）
- ●廃藩置県…一八七一年（明治四）
- ●戊辰戦争…一八六八年（慶応四）
- ●大政奉還…一八六七年（慶応三）
- ●南北戦争（アメリカ）…一八六一年（文久元）
- ●日米和親条約…一八五四年（嘉永七）
- ●黒船来航…一八五三年（嘉永六）
- ●天保の改革…一八四一年（天保十二）
- ●異国船打払令…一八二五年（文政八）

将軍

十五代 慶喜 ／ 十四代 家茂 ／ 十三代 家定 ／ 十二代 家慶

2000　1900　1850

松江藩主

松平 定安 ／ 松平 斉貴

松江の歴史

- ●松江城天守が国宝に指定される…二〇一五年（平成二十七）
- ●開府四百年を迎える…二〇〇七年（平成十九）
- ●松江市が国際文化観光都市に指定される…一九五一年（昭和二十六）
- ●旧制松江高等学校が創立される…一九二〇年（大正九）
- ●米子—松江間の鉄道が開通する…一九〇八年（明治四十一）
- ●ラフカディオ・ハーン（小泉八雲《こいずみやくも》）、松江へ来る…一八九〇年（明治二十三）
- 松江市誕生…一八八九年（明治二十二）
- ●松平定安《まつだいらさだやす》、松江藩知事に任命される…一八六九年（明治二）
- ●新政府、山陰道鎮撫使《さんいんどうちんぶし》を松江に派遣する…一八六八年（慶応四）
- ●第一次長州征討…一八六四年（元治元）　●第二次長州征討…一八六六年（慶応二）
- ●松江藩、軍艦二隻を購入する…一八六二年（文久二）
- ●澤野含斎《さわのがんさい》、私塾《しじゅく》「培塾《ばいじゅく》」を開く…一八五五年（安政二）
- ●松平斉貴《なりたけ》、将軍の名代《みょうだい》として上洛する…一八四七年（弘化四）

ラフカディオ・ハーン
（小泉八雲《こいずみやくも》）

松平斉貴《なりたけ》上洛絵巻

●フランス革命…一七八九年(寛政元)
●寛政の改革…一七八七年(天明七)
●産業革命(イギリス)…一七六〇年(宝暦十)
●享保の改革…一七一六年(享保元)

五代 綱吉	六代 家宣	七代 家継	八代 吉宗	九代 家重	十代 家治	十一代 家斉

1700　1750　1800

松平 綱近	松平 吉透	松平 宣維	松平 宗衍	松平 治郷	松平 斉恒

●人参方《にんじんかた》を設置する…一八一三年(文化十)頃
●この頃、江戸大崎の下屋敷に、十一の茶室を設ける
●松平治郷《はるさと》、隠居し不昧《ふまい》と号す…一八〇六年(文化三)
●観月庵《かんげつあん》、建つ…一八〇一年(享和元)
●楽山窯《らくざんがま》、再興…一八〇一年(享和元)
●この頃、菅田庵《かんでんあん》、建つ
●清原太兵衛《きよはらたへえ》、佐陀川《さだがわ》の開削工事に着手(二年後完成)…一七八五年(天明五)
●布志名焼《ふじなやき》、藩窯《はんよう》となる…一七八〇年(安永九)
●明々庵《めいめいあん》、建つ…一七七九年(安永八)
明和《めいわ》(御立派《おたては》)の改革を始める…一七六七年(明和四)〜
●藩校「文明館《ぶんめいかん》」を開設する…一七五八年(宝暦八)
●釜甑方《ふそうかた》を設置する…一七五六年(宝暦六)頃
●木実方《きのみかた》を設置する…一七四八年(寛延元)
延享《えんきょう》(御趣向《ごしゅこう》)の改革を始める…一七四七年(延享四)〜

松平直政《なおまさ》

明々庵《めいめいあん》

松平不昧

さらに内堀の工事に着手した。
最大の難所は、亀田山の北にある赤山《あかやま》を切り崩す作業で、削った土砂は田町《たまち》と中原《なかばら》の湿地を埋める土砂となった。

土を盛る前には、シダ植物のウラジロを敷き詰め、地盤を固める工夫も施された。

石垣の石は、中海《なかうみ》の湖岸などから船で運ばれた。
〔城造りに携わる出雲の人々〕立派な城をこっさえーぞ。はやこと、はやこと。もそべ、もそべ。（出雲弁）

3年目から、天守の工事に着工し、いよいよ城の姿が現れはじめる。

計画都市(城下町)松江の形成

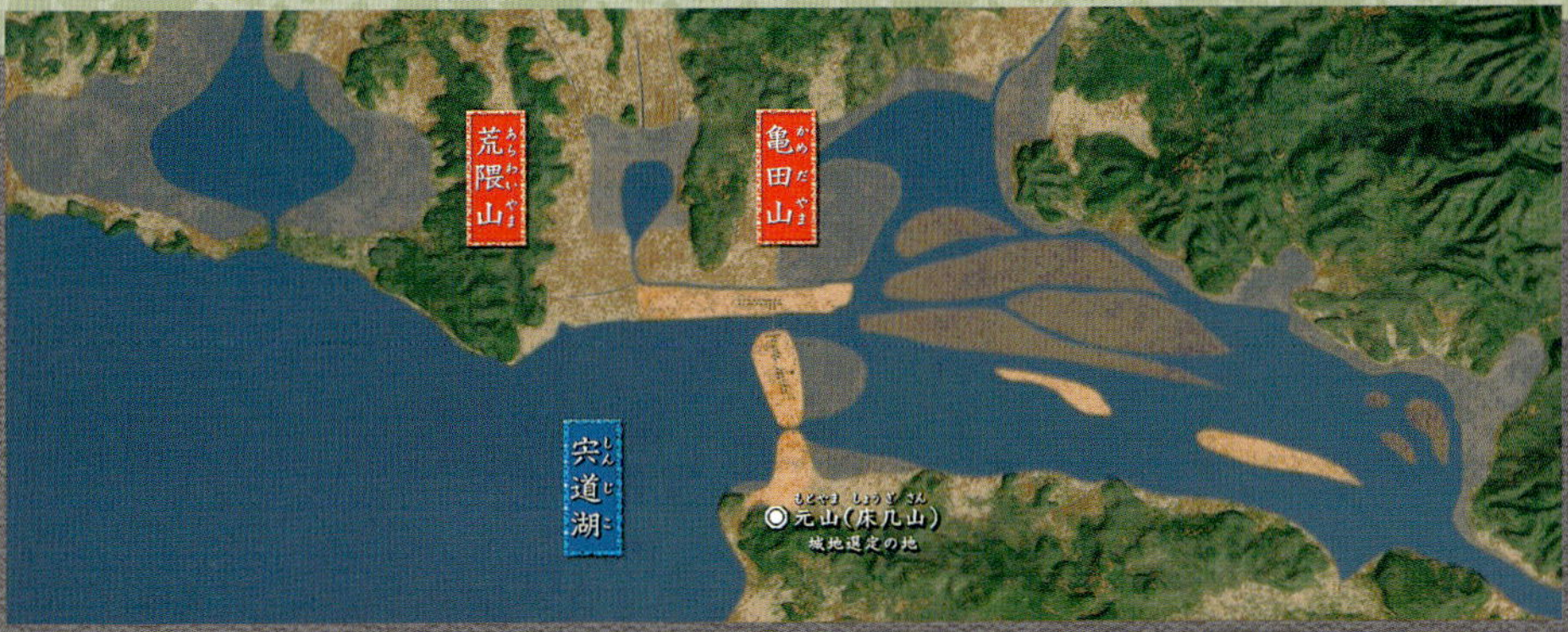

築城前、この辺りは湿地帯だった。

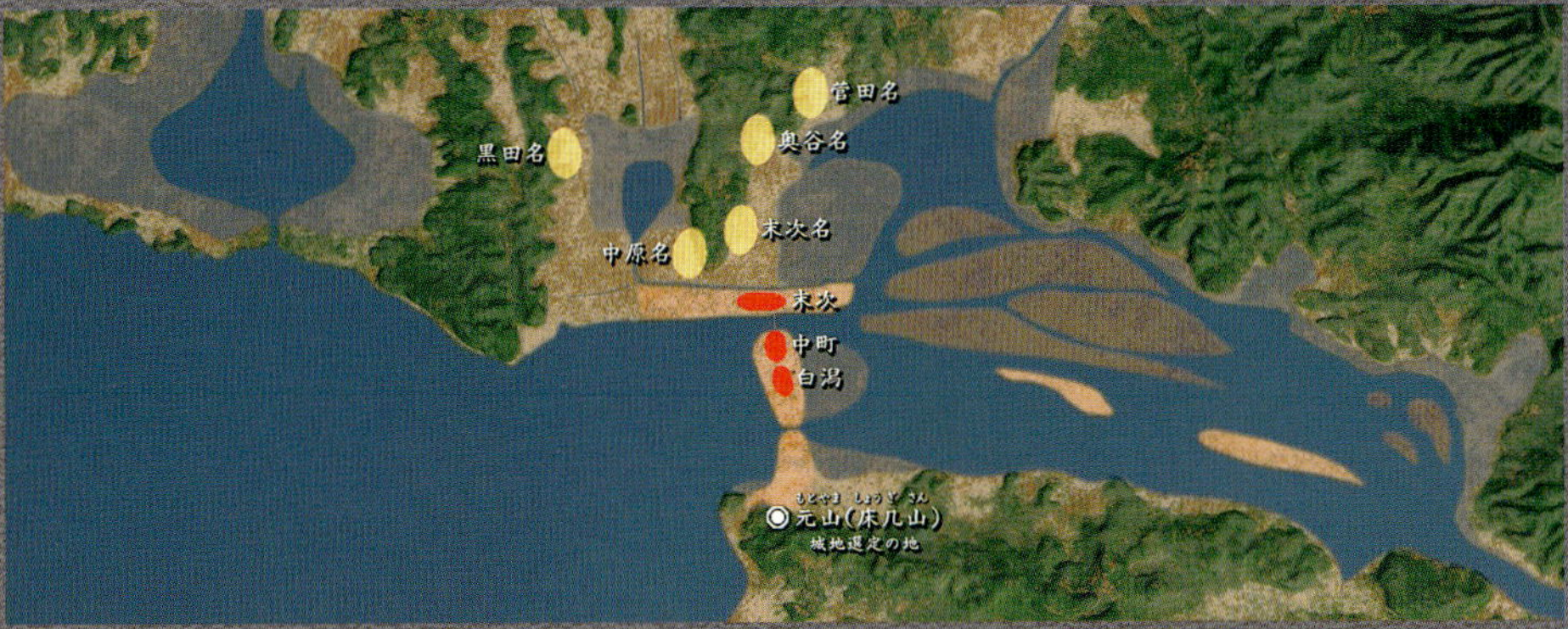

砂が堆積してできた岸辺に3つの町場、5つの村(名《みょう》)、3000石の田地があったといわれる。

〔堀尾吉晴:左〕荒隈山《あらわいやま》がええんだにゃぁきゃ。あの山は毛利元就が富田《とだ》城を攻める時に築城した山だてよー。

〔堀尾忠氏:右〕父上、荒隈山《あらわいやま》は山裾《やますそ》が広すぎて、天守も櫓《やぐら》のように小そう見えてまう。それがしは、右手の亀田《かめだ》山《やま》こそ、ええように存じまする。攻めようとしても拠《よ》るべき所のない要害の地にござりまする。

(尾張弁)

その直後、忠氏は28歳の若さで亡くなった。
吉晴は、亡き忠氏の遺志を継ぎ、亀田山を城地と定めて築城に邁進する。

築城工事は道路や二の丸の地ならしから始まった。

●島原・天草一揆…一六三七年（寛永十四）

●大坂夏の陣…一六一五年（慶長二十）

●大坂冬の陣…一六一四年（慶長十九）

●関ヶ原の戦…一六〇〇年（慶長五）

1550	1600			1650	
	初代 家康	二代 秀忠	三代 家光	四代 家綱	
	堀尾 忠氏	堀尾 忠晴	京極 忠高	松平 直政	松平 綱隆

●倉崎権兵衛《くらさきごんべえ》が楽山焼を始める…一六七九年（延宝七）

●広瀬《ひろせ》藩（三万石）と母里《もり》藩（一万石）を分藩する…一六六六年（寛文六）

●松平直政《なおまさ》、将軍の名代として上洛する…一六六三年（寛文三）

●周藤弥兵衛《すとうやへえ》、日吉村の剣山《つるぎさん》切り通し工事に着手する（九十七年後完成）…一六五〇年（慶安三）

●直政、徳川家光《いえみつ》から出雲国十八万六千石を拝領する（隠岐国は預り地）…一六三八年（寛永十五）

●京極忠高《きょうごくただたか》、石見銀山《いわみぎんざん》を幕府から預る…一六三六年（寛永十三）

●この頃、忠高、斐伊川《ひいかわ》に「若狭土手《わかさどて》」を築き、鉄穴流《かんなwhile》しを認める

●忠高、徳川家光《いえみつ》から、出雲・隠岐両国を拝領する…一六三四年（寛永十一）

松江城と城下町が形成される…一六一一年（慶長十六）

●豊臣秀頼《とよとみひでより》の命により、堀尾吉晴《よしはる》、普請奉行として杵築《きづき》（出雲）大社を造営する…一六〇九年（慶長十四）

●松江城と城下町の造成が始まる…一六〇七年（慶長十二）

●堀尾忠氏《ただうじ》、徳川家康《いえやす》から出雲・隠岐両国二十四万国を拝領し、広瀬の富田城《とだじょう》に入る…一六〇〇年（慶長五）

●尼子義久《あまごよしひさ》、毛利元就《もうりもとなり》に降伏する…一五六六年（永禄九）

●白鹿山《しらがやま》の戦いで、毛利元就、尼子義久軍に勝利する…一五六三年（永禄六）

●明《みん》国の『籌海図編《ちゅうかいずへん》』に、出雲の港湾として「失喇哈叮《しらかた》」の名が見える…一五六二年（永禄五）

堀尾吉晴

そして、慶長16年正月、天守が完成した。

松江城の天守は、高さ30mの4重5階、地下1階で、実戦を強く意識して建造された。

天守の完成を見届けて、その年の6月、吉晴は69歳でこの世を去った。
城下町が完成したのは、そのわずか半年後のことである。

二

城下町の今昔

造成当時の町割りを今に伝える城下町

松江城とその城下は、城地、武家町、町人町、寺町に整然と区画してつくられています。防御のために張り巡らされた堀を中心に、実戦を重視した造成当時の施設や工夫を、今でも随所に見ることができます。

都市計画を含む堀尾期の松江城下町図

1600年代

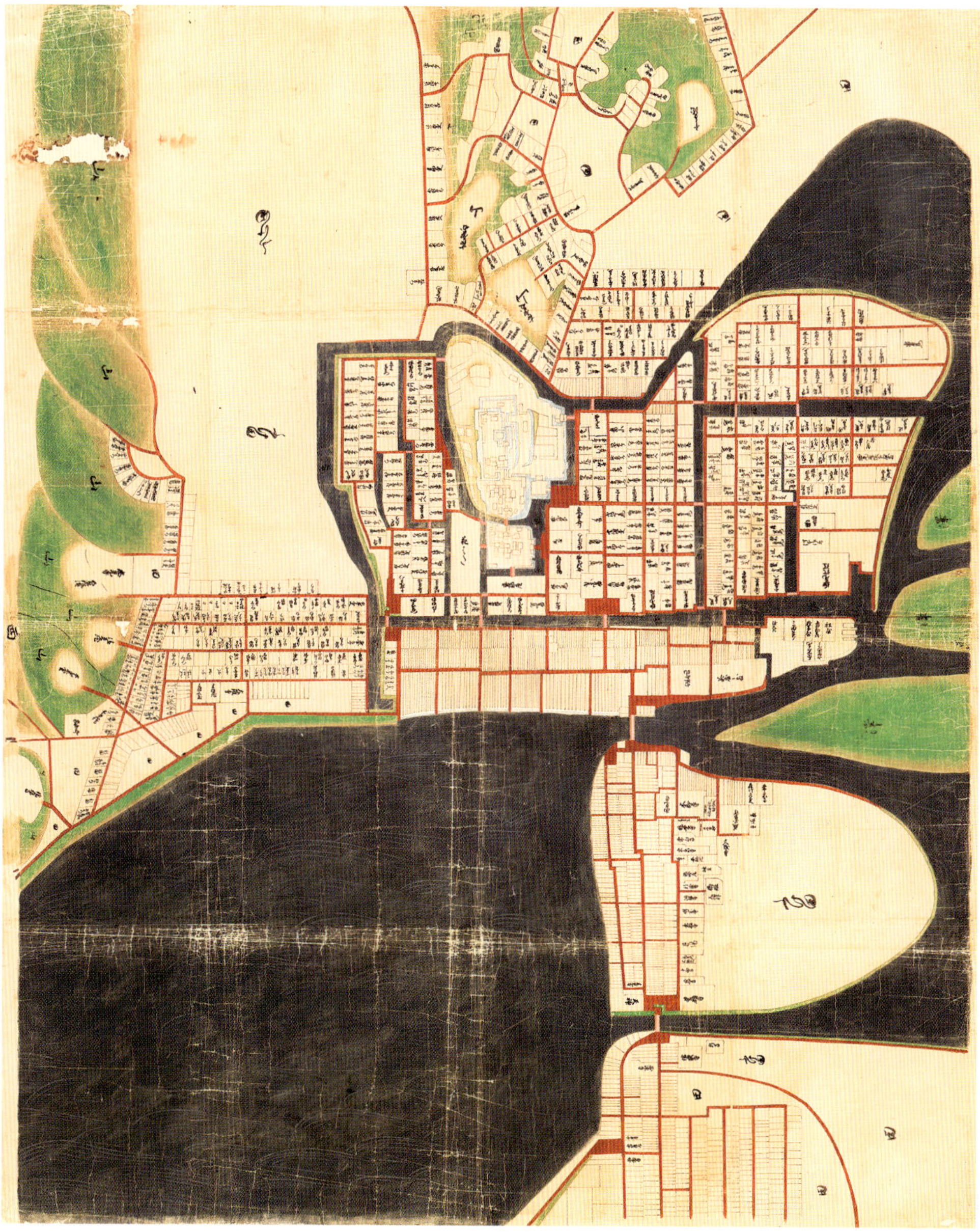

松江開府後間もない、2代藩主堀尾《ほりお》忠晴《ただはる》の頃の絵図。現状に加え、都市計画をも書き込んでいるところに特徴がある。水色は石垣を示す。この頃は、城下に石垣はなかった。

堀尾期松江城下町絵図《ほりおきまつえじょうかまちえず》
1620—33年(元和6〜寛永10)
島根大学附属図書館蔵
〈原図〉141.0×117.6cm

1700年代

1689年（元禄２）に北田町《きたたまち》へ移転した
普門院《ふもんいん》の前が、堀となっている。

松江城絵図《まつえじょうえず》
1745年(延享2)作成、翌年修正
島根県立図書館蔵
〈原図〉165.0×159.0cm

900年代

市制施行後の松江

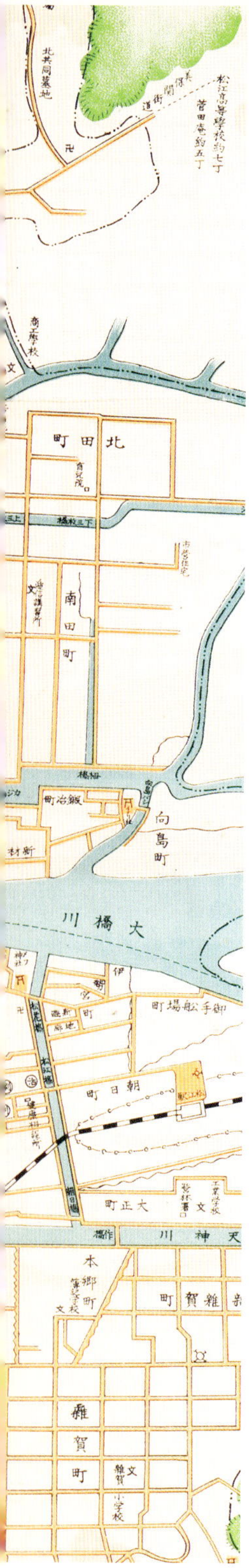

松江市街地図《まつえしがいちず》
1928年(昭和3)
松江市蔵
〈原図〉54.5×40.0cm

1800年代

円熟期の松江城下町 ― 松平定安期《まつだいらさだやすき》

藩政改革成功の要《かなめ》となった、木実方《きのみかた》、人参方《にんじんかた》といった藩の施設が朱色で描かれている。人参《にんじん》方《かた》は、1813年頃に郊外の古志原《こしばら》から城下寺町《てらまち》へ移った。

松平期松江城下町絵図《まつだいらきまつえじょうかまちえず》
1860－61年(万延元～文久元)
島根大学附属図書館蔵
〈原図〉39.5×49.8cm

2000年代

今も変わらない松江の町《まち》割《わ》り

現代の松江市街
2007年（平成19）撮影

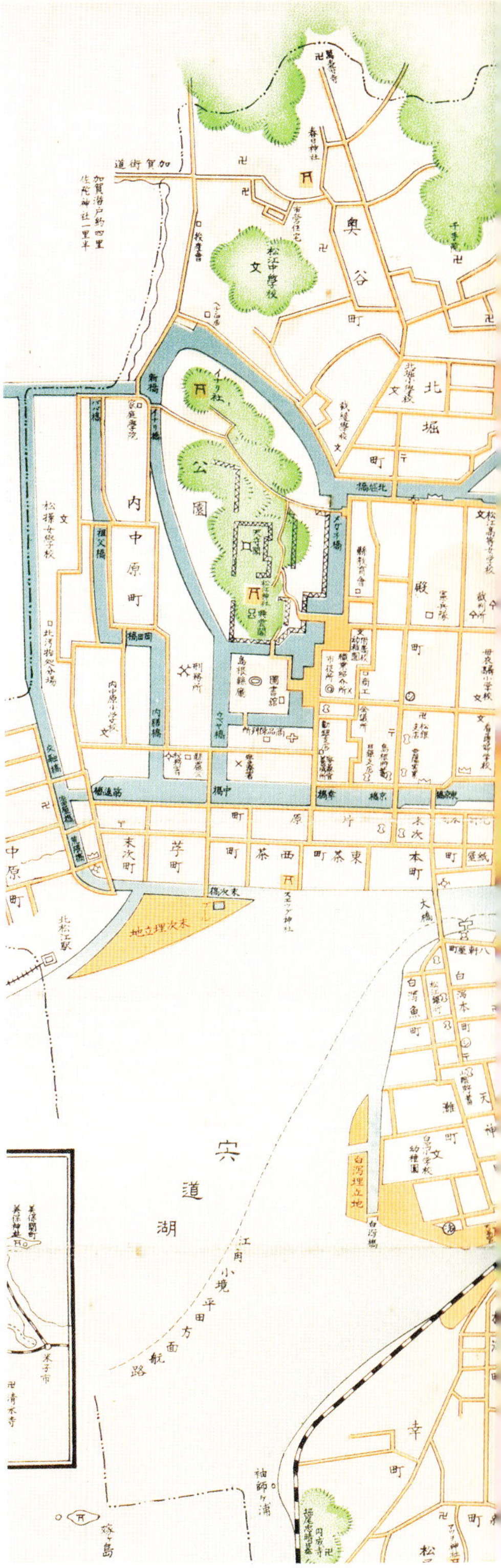

1889年（明治22）に松江市が誕生した。城山《じょうざん》は、前年に市に寄付され公園となっている。市の発展と共につくられた「末次埋立地《すえつぐうめたてち》」、四十間堀川《しじっけんぼりかわ》の「佐田屋橋《さだやばし》」、「交融橋《こうゆうばし》」、「白潟《しらかた》埋立地」、初代の「新大橋」がみえる。

松江の城下

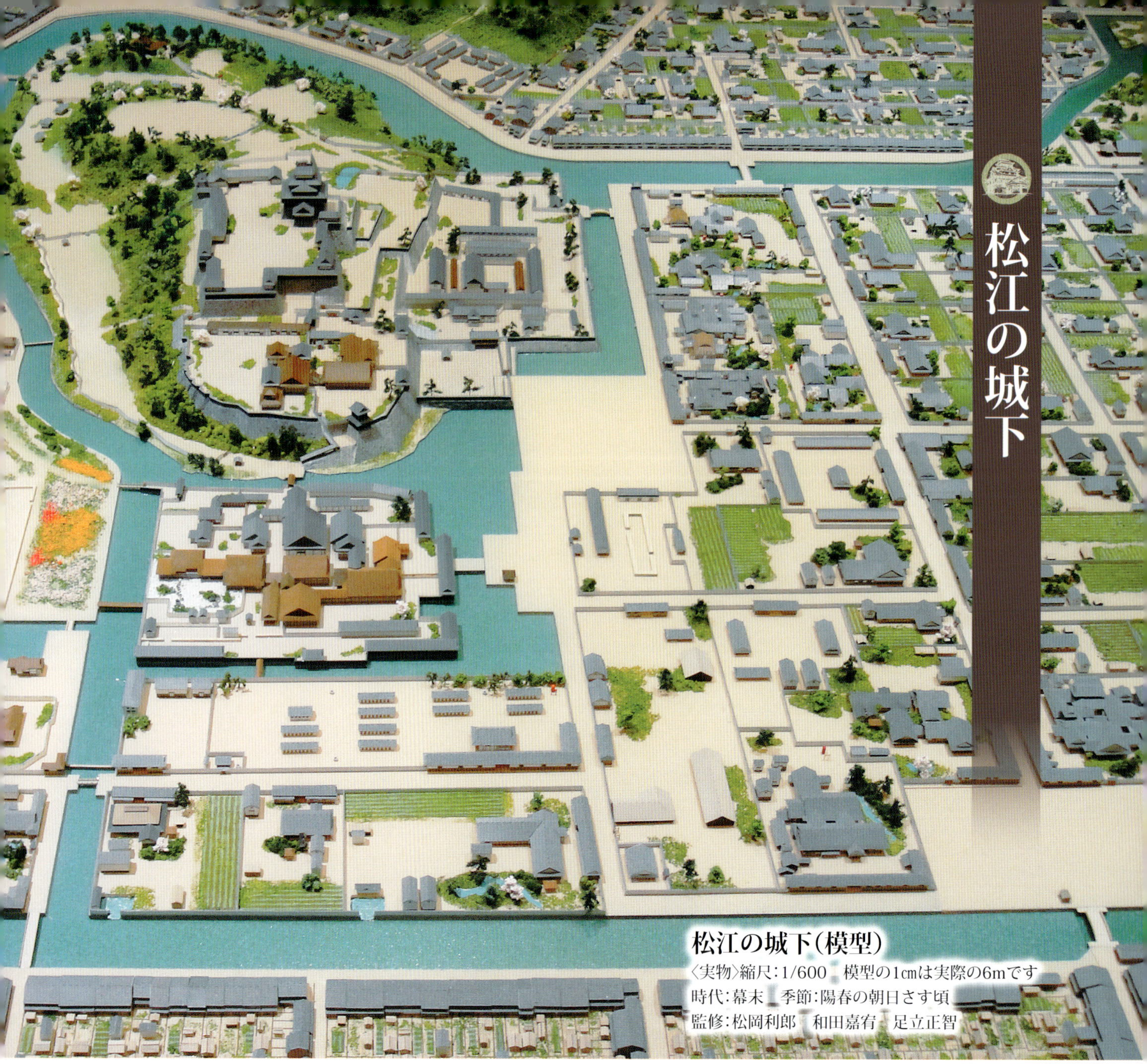

松江の城下(模型)
〈実物〉縮尺:1/600　模型の1cmは実際の6mです
時代:幕末　季節:陽春の朝日さす頃
監修:松岡利郎　和田嘉宥　足立正智

▲**勢溜《せいだまり》**…出撃する軍勢《ぐんぜい》が集結する広場。また侵入した敵を迎え撃つ備えも設けられる。
さらに橋や食い違いの土塁《どるい》と組み合わせることもある。大橋以北では「京橋《きょうはし》」や「筋違橋《すじかいばし》」の北岸に認められる。㉑

▶**丁字路《ていじろ》**…敵軍の侵攻を混乱させるため、城に向かう道の先を左右に分けて行先を迷わせた。北から侵入すると内堀にぶつかるように工夫されている。㉒

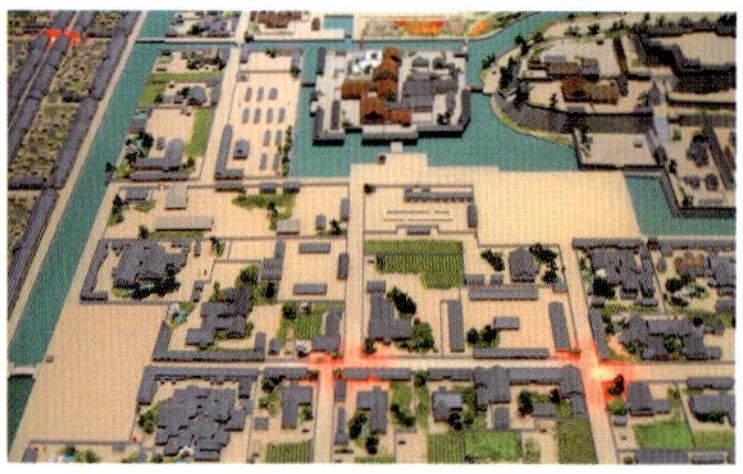

▲**鉤型路《かぎがたろ》**…敵の侵入を阻止し混乱させるため、四つ角の交差点の一方の道が折れて見通しがきかないように工夫された道。殿町の北の交差点は南北方向の道、殿町の南や苧町《おまち》・茶町の交差点は東西方向の道がそれぞれ折れている。㉓

▶**内堀《うちぼり》と外堀《そとぼり》**…城下町の縦横にめぐらされた堀は、防御《ぼうぎょ》の機能だけでなく、水運にも利用された。堀沿いには町人町《ちょうにんまち》が配置され、武家へ生活物資を供給した。

「四十間堀《しじっけんぼり》」の南端、宍道湖への出入り口附近には、水門があり「波止《はと》ノ鼻」と呼ばれる風よけ堤防もあった。「荒隈橋《あらかい》」のたもとには湖北《こほく》一帯の農産品を売る市場《いちば》が開かれにぎわった。㉔

▶**重臣屋敷《じゅうしんやしき》**…堀尾期には城下に分散していたが、松平期になると城山《じょうざん》の東、殿町地区に集中し「内山下《うちさんげ》」と呼ばれた。その内、家老屋敷は城に近く配置され敷地は広かった。また田町の東南端には、筆頭《ひっとう》家老の屋敷が配置され、東側湿地帯からの敵の侵入を防ぐ拠点とした。㉕

▶**町人町《ちょうにんまち》**…武家地を取り囲むように配置されていた。中でも末次《すえつぐ》と白潟《しらかた》は、宍道湖《しんじこ》や堀・川など水運の便にめぐまれ商人の町として大きく発展した。㉖

城下町は、1607年(慶長12)から5年の歳月をかけて形成されたという。その特徴は、お城を中心に武家町が取り巻き、外堀を隔てた外まわりに町人町が配置されたことである。

▲**天守《てんしゅ》**…江戸時代から現存する全国12の天守の一つ。❶

▲**米蔵《こめぐら》**…藩士の扶持米《ふちまい》や備蓄米を保管した蔵。❷

▲**三之丸御殿《さんのまるごてん》**…藩が政務を執行した居館。❸

▶**御花畑《おはなばたけ》**…藩主の子女の住居や庭園などがあった。❹

▲**御銀蔵《おかねぐら》**…御種人参《おたねにんじん》などを販売して得た利益金を納めた蔵。❺

▲**家老屋敷《かろうやしき》(現松江歴史館)**
松平期には乙部家、朝日家の屋敷があった。松江歴史館はその一部に建つ。❻

▲**木実方《きのみかた》**…櫨蝋《はぜろう》の生産、売買を扱った役所。❼

▲**塩見縄手《しおみなわて》**…堀に沿って中級武士の屋敷が連なる。小泉八雲旧居が残る。❽

▶**波止ノ鼻《はとのはな》**…四十間堀南端の堤防。❾

▶**須衛都久神社《すえつぐじんじゃ》**…橋北地区の産土神《うぶすながみ》を祀る。❿

▶**城内稲荷神社《じょうないいなりじんじゃ》(現 城山稲荷神社)**…稲荷信仰に厚い松平直政が創建した神社。⓫

▶**普門院《ふもんいん》**…天台宗の寺院。松平不昧《ふまい》が臨席した茶室、観月庵《かんげつあん》がある。⓬

▶**正応寺《しょうおうじ》**…浄土真宗大谷派の寺院。本尊は阿弥陀如来。⓭

▶**海乗院《かいじょういん》**…天台宗の寺院。本尊は慈恵《じえい》大師(元三《がんざん》大師)。⓮

▶**自性院《じしょういん》**…高野山真言宗の寺院。本尊は波切《なみきり》不動明王。⓯

▶**大橋川《おおはしがわ》**…城下の北(末次)と南(白潟)を分けた川。⓰

▲**大橋《おおはし》**…城下町建設に際し、架けられた木橋。⓱

▶**京橋《きょうはし》**…南方から武家町に入る主要な経路に当たる橋。⓲

▶**明教館《めいきょうかん》**…藩儒《はんじゅ》、桃《もも》家の私宅にあった藩校。⓳

▶**道場《どうじょう》、的場《まとば》**…武家の私宅の一画にあった武術の道場や弓道の練習場。⓴

松江の城下（模型）

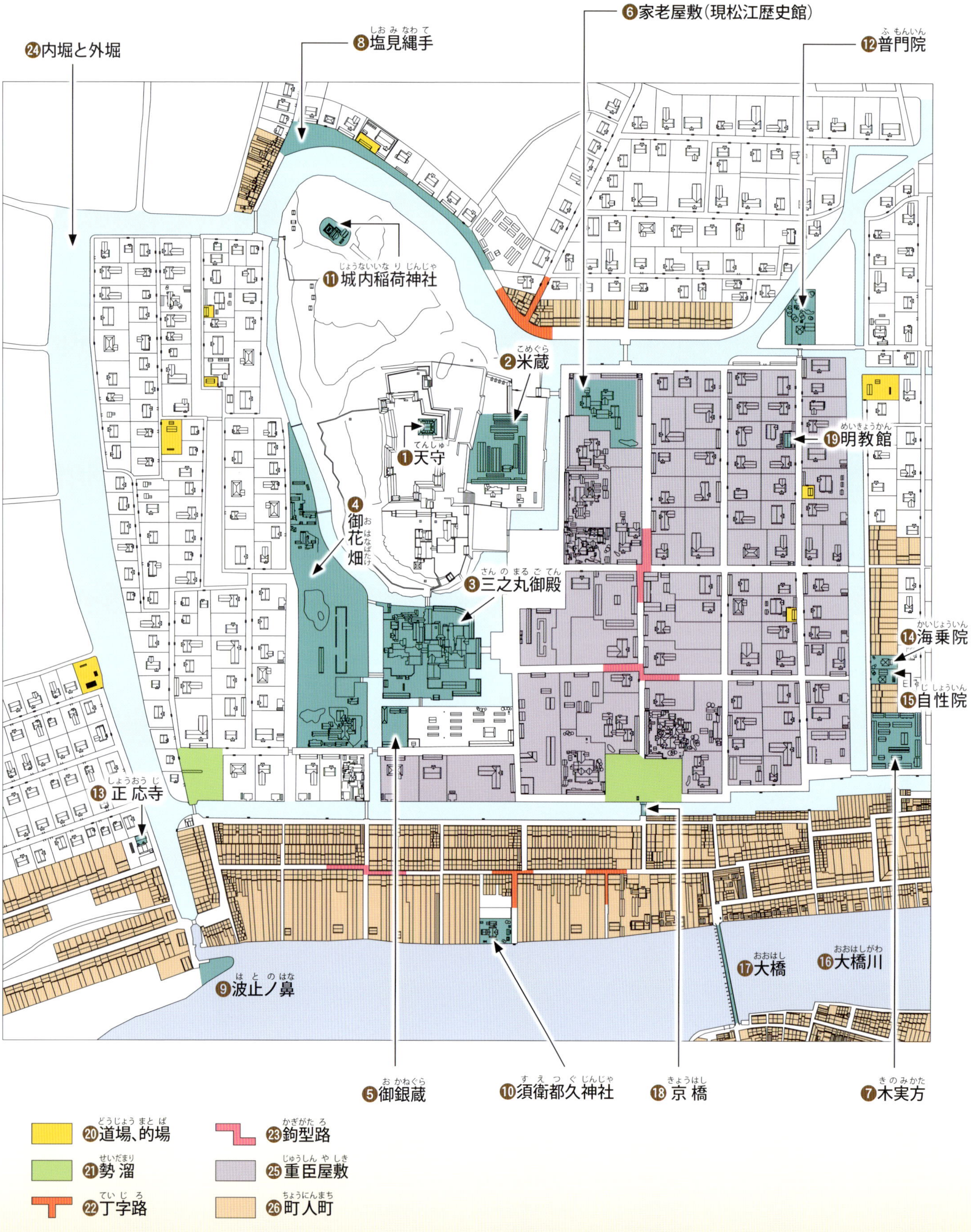

❻家老屋敷（現松江歴史館）
❽塩見縄手《しおみなわて》
⓬普門院《ふもんいん》
㉔内堀と外堀
⓫城内稲荷神社《じょうないいなりじんじゃ》
❷米蔵《こめぐら》
❶天守《てんしゅ》
⓳明教館《めいきょうかん》
❹御花畑《おはなばたけ》
❸三之丸御殿《さんのまるごてん》
⓮海乗院《かいじょういん》
⓯自性院《じしょういん》
⓭正応寺《しょうおうじ》
❾波止ノ鼻《はとのはな》
⓱大橋《おおはし》
⓰大橋川《おおはしがわ》
❺御銀蔵《おかねぐら》
❿須衛都久神社《すえつぐじんじゃ》
⓲京橋《きょうはし》
❼木実方《きのみかた》
⑳道場《どうじょう》、的場《まとば》
㉑勢溜《せいだまり》
㉒丁字路《ていじろ》
㉓鉤型路《かぎがたろ》
㉕重臣屋敷《じゅうしんやしき》
㉖町人町《ちょうにんまち》

三 盛土《もりど》が語る松江の歴史

四度にわたるかさ上げの理由《わけ》

四つの遺構面

この土層はぎ取り断面は、松江歴史館の日本庭園付近の地下から採取しました。一番下の江戸時代初期の土層は、最初に湿地帯に山土や砂土を盛ったものです。その上には、二〇〇年余りの間に三回も盛土が繰り返され、合わせて一メートル以上も土が盛られました。地盤沈下《じばんちんか》や、大水に浸《つ》かったことがその理由と考えられています。

肥前国《ひぜん》から出雲国《いずも》へ

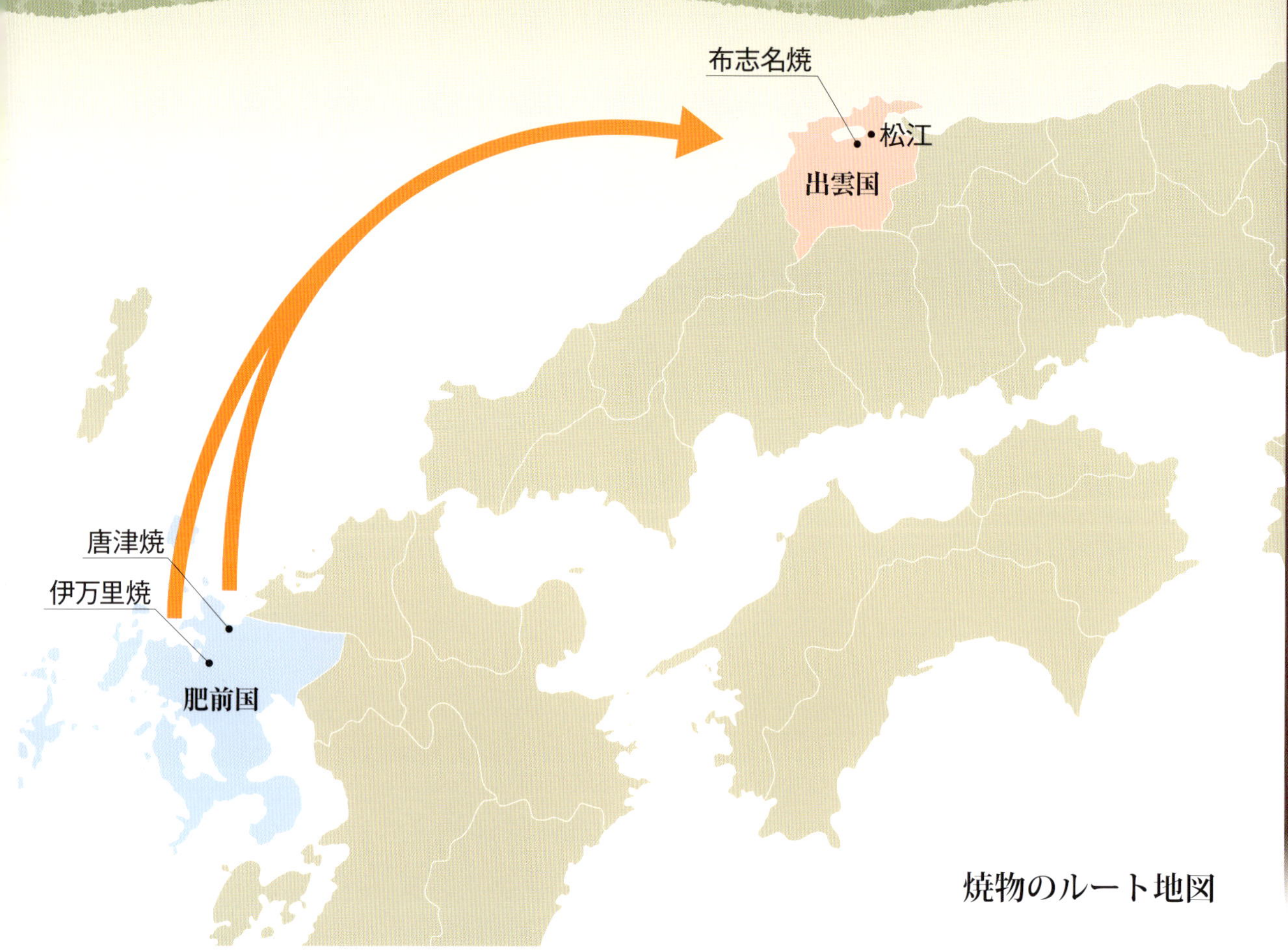

焼物のルート地図

江戸時代初期

1　唐津焼《からつやき》　皿（砂目）

2　唐津焼《からつやき》　皿（胎土目）

3　漆器　赤絵草文《くさもん》皿

4　漆器　赤絵二重亀甲文《にじゅうきっこうもん》椀

5　漆器　平椀

江戸時代前期

6　碗

7　瓶

8　皿

9　碗

10　唐津碗

江戸時代後期

11　肥前白磁小壺《ひぜんはくじこつぼ》

12　碗　くらわんか手

13　碗

14　白磁小杯

江戸時代末〜明治時代

15　布志名焼《ふじなやき》　緑釉碗《りょくゆうわん》

16　布志名焼《ふじなやき》　緑釉《りょくゆう》ぼてぼて茶碗

第2章

松江の開府

一 開府以前の松江

中国にまで知られた白潟《しらかた》

この地は、中海《なかうみ》と宍道湖をつなぐ交通の要衝《ようしょう》でした。港湾として発展し、戦国時代の初めには、白潟《しらかた》に町場《まちば》が成立していました。中国の地誌にも「失喇哈町《しらかた》」と記され、その名は海外にも知られていました。白潟《しらかた》の北には、末次荘《すえつぐのしょう》がありました。京都にある東福寺《とうふくじ》の所領で、荘内には末次《すえつぐ》城が築かれました。戦国時代には、尼子《あまご》・毛利《もうり》両氏の合戦が繰り広げられました。

六百年前の中海《なかうみ》周辺

日本海上空から大山《だいせん》を望んだ風景を描く。絵図上辺が南である。右側に、末次《すえつぐ》と白潟《しらかた》を結ぶ大橋《おおはし》や、橋姫大明神《はしひめだいみょうじん》（売布《めふ》神社）の鳥居を描く。日本海や宍道湖《しんじこ》には、多数の船が行き交《か》う。

戦国時代の白潟《しらかた》にあった二つの町場《まちば》

松浦道念《まつうらどうねん》が購入した土地を、橋姫大明神《はしひめだいみょうじん》（売布《めふ》神社）へ寄進《きしん》した文章で、諸役徴収《ちょうしゅう》の末端である「両目代《りょうもくだい》」と、住人の代表者層「にし《（西）》ひかし《（東）》おとな《（老）》中」の名が見え、室町時代にはすでに白潟《しらかた》には東西ふたつのまとまりがあったことがわかる。

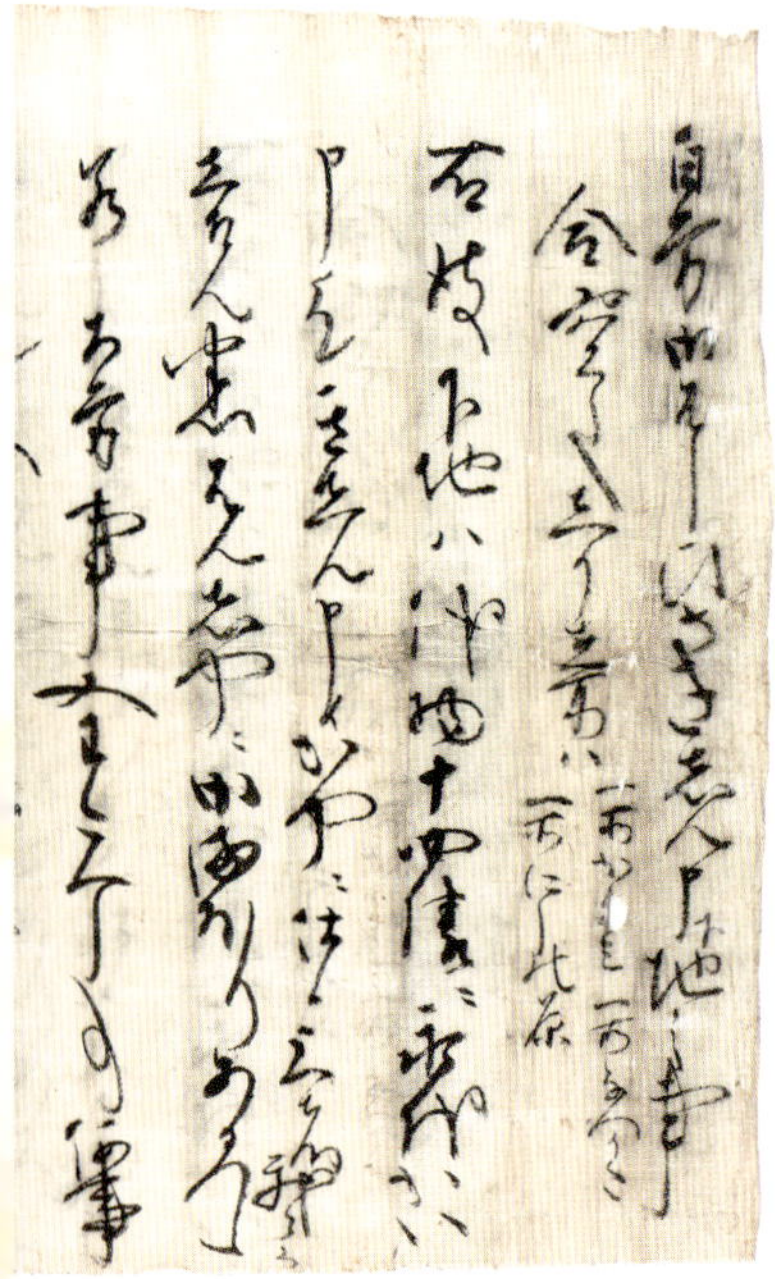

松浦道念寄進状《まつうらどうねんきしんじょう》　1495年（明応4）1月8日　松江・売布《めふ》神社蔵

大山寺縁起《だいせんじえんぎ》
1398年(応永5)成立
1831年(天保2)8月模写
〈模本〉東京国立博物館蔵

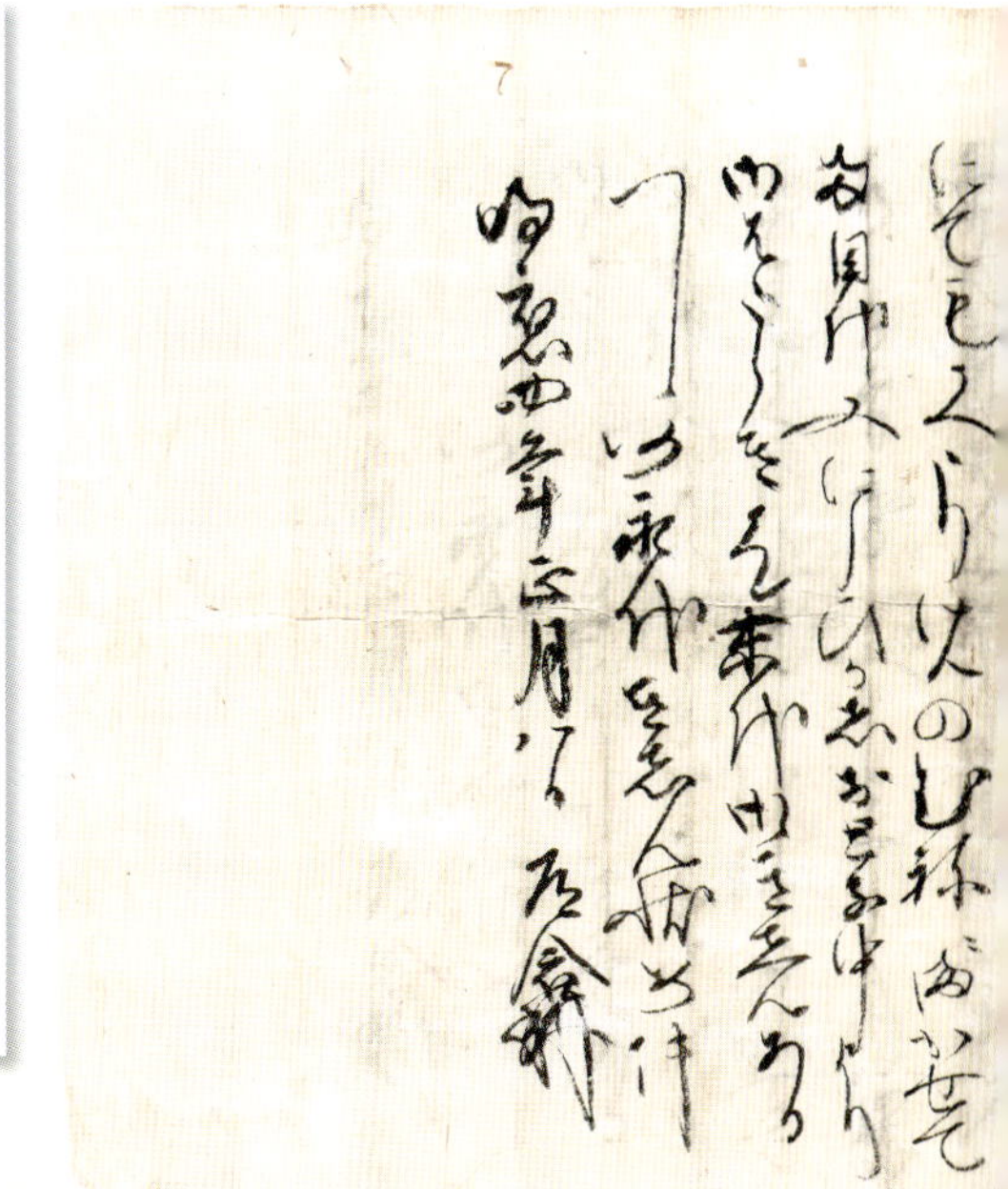

白方《潟》御はしひめ《橋姫》きしん《寄進》申下地之事

合六百文しり　在所ハ　一所か□ミ、一所なへかた、
一所にしの原、

右彼下地ハ、代物十四俵ニ永代かい《買》
申候て、きしん《寄進》申候、かやうニ仕候上者、我々か
しそん《しそん》悉はんしやう《繁盛》ニ、御まほり《守》あるへく候、
若　公方事、又わたくし事、何事
にても候へ、うりけん《売券》のむね《旨》ニまかせて、
両目代又にし・ひかし《西・東》おとな《老》中より、
御はたらき候て、末代御きしん《寄進》ある
へく候、仍永代きしん《寄進》状如件、
明応四年正月八日　道念《松浦》（花押）

意味

松浦道念から橋姫(売布神社)宛て
白潟の橋姫へ土地を寄進します。合わせて六〇〇文分で土地は三か所ありま
す。この土地は、米十四俵で道念が買い取ったものです。ですから子孫の繁栄
を加護ください。何があっても、買い取った証文に則り、両目代や西東の老中
の尽力で寄進を確実とします。

開府以前の出雲国 ― 尼子《あまご》氏から毛利《もうり》氏へ

“11州の太守《たいしゅ》”尼子経久《あまごつねひさ》の勢力範囲（1520年頃）
尼子《あまご》氏は、大内《おおうち》氏や毛利《もうり》氏と中国地方の覇権《はけん》を争う。

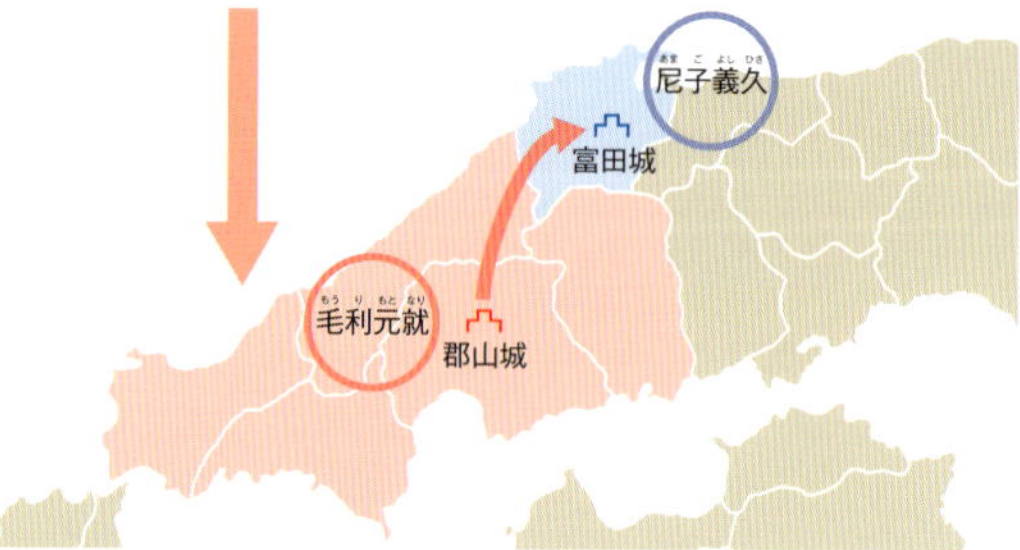

毛利元就《もうりもとなり》の出雲国侵攻（1562～66年）

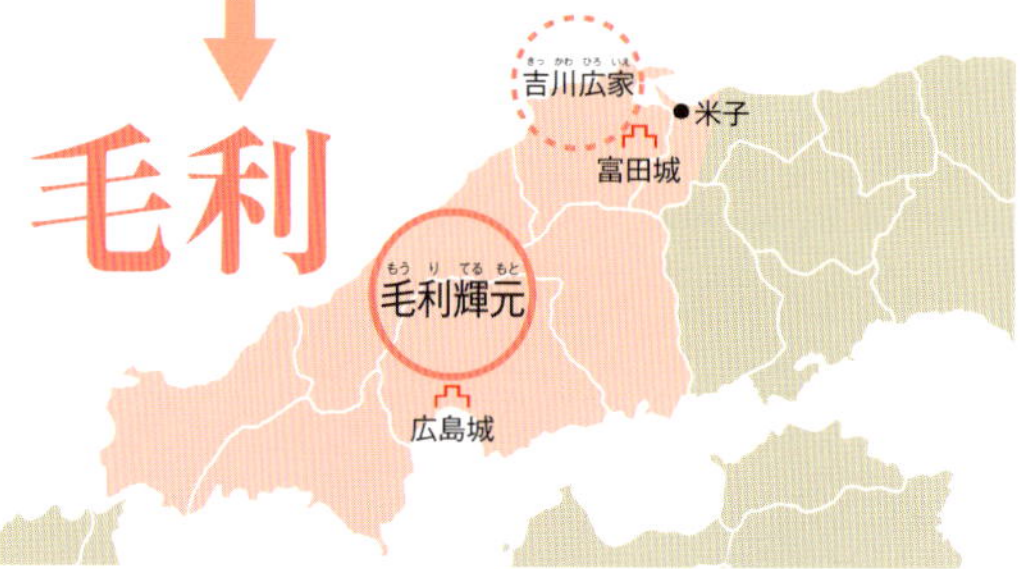

中国地方の覇者 毛利《もうり》氏（1566～1600年頃）
関ヶ原の戦までの34年間、出雲《いずも》国は毛利《もうり》氏の領国となり、富田城へは毛利《もうり》一族の吉川広家《きっかわひろいえ》が入った。

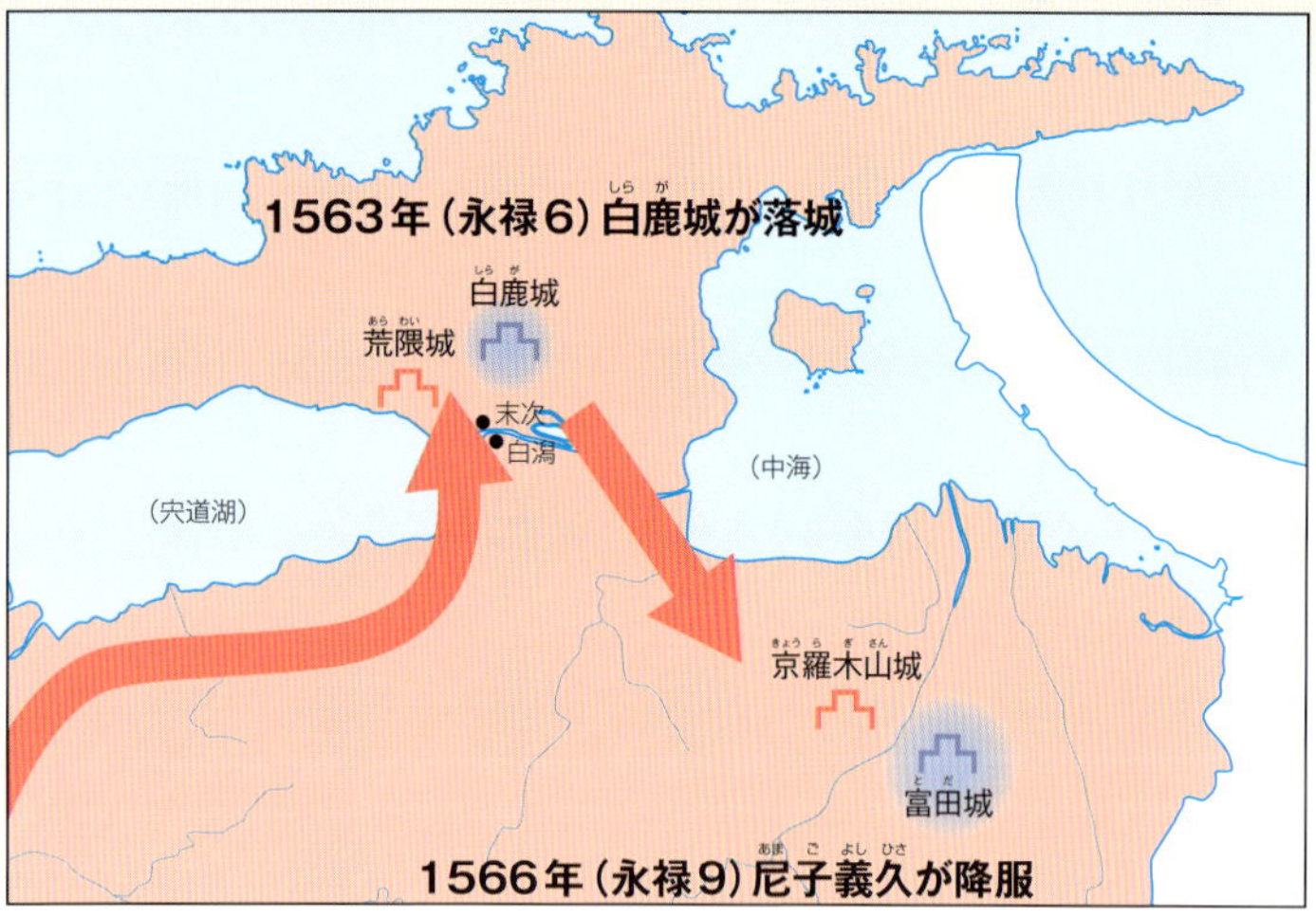

毛利氏が新たに築城した拠点　尼子氏の拠点
毛利軍の動き

戦時に食料や水を蓄《たくわ》える備前焼《びぜんやき》の壺《つぼ》や甕《かめ》

白鹿城跡《しらがじょうあと》採集資料
松江市蔵

中国（明《みん》）の磁器《じき》を持つ毛利軍

この和鏡《わきょう》は、双鶴《そうかく》と菊花文《きっかもん》をあしらった小型のもので、陣中でのお守りとして使われた。灯明具《とうみょうぐ》や箸置《はしおき》などの生活用具も出土している。

荒隈城跡《あらわいじょうあと》出土資料
松江市蔵

出雲《いずも》国の支配者、毛利輝元《もうりてるもと》

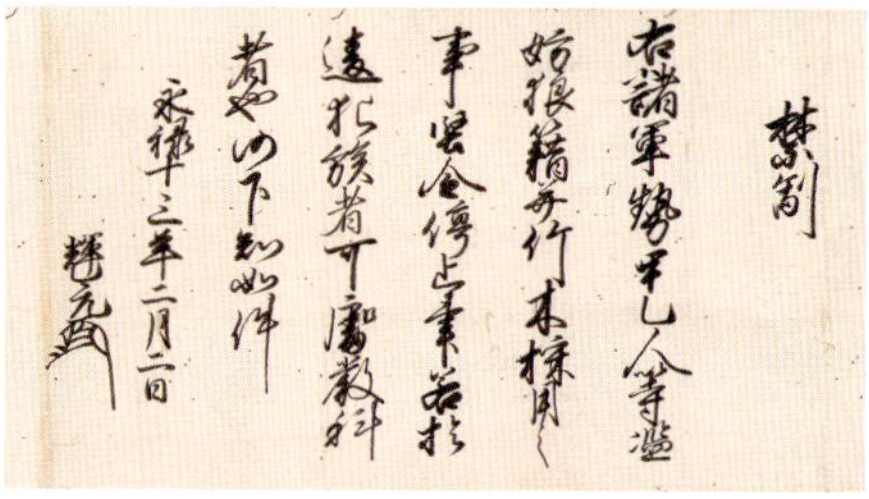

毛利輝元禁制写《もうりてるもときんぜいうつし》
1570年（永禄13）2月2日　松江市蔵

尼子《あまご》家再興をめざし、尼子勝久《あまごかつひさ》・山中鹿助《やまなかしかのすけ》らが出雲《いずも》国に侵入した。毛利氏は、尼子氏討伐のため、一月に郡山城から出雲に向けて軍を進めている。この文書は、その際に毛利氏が軍勢の乱暴や、竹木の伐採を禁じたものである。結果として、毛利氏は、関ヶ原の戦後に萩《はぎ》へ移るまで、出雲《いずも》国を統治した。

二 堀《ほり》尾《お》氏と松江開府

堀《ほり》尾《お》氏は、出雲《いずも》・隠岐《おき》両国を拝領《はいりょう》し、わずか五年で松江の城下町を造り上げた。

一六〇〇年（慶長五）、関ヶ原の戦《たたかい》の功績《こうせき》により、堀《ほり》尾《お》忠氏《ただうじ》は出雲《いずも》・隠岐《おき》両国二四万石の領主となります。当初、戦国大名尼子《あまご》氏の拠点、広瀬《ひろせ》の富田《とだ》城に入りました。しかし、兵農分離《へいのうぶんり》後、全ての家臣が城下に住むには手狭《てぜま》でした。そのため城下が広く取れ、水運にも便利な松江の地を選びます。五年をかけ、松江の城下町は誕生しました。

松江開府の祖　堀《ほり》尾《お》吉晴《よしはる》

堀《ほり》尾《お》吉晴《よしはる》は、出雲《いずも》入国時、すでに隠居していた。子の忠氏《ただうじ》（初代藩主）が若くして死去すると、幼い忠晴《ただはる》を輔《たす》け松江城の築城へと導いた。

堀《ほり》尾《お》吉晴《よしはる》肖像《しょうぞう》画《が》
1612年(慶長17)夏
賛 瑞応寺《ずいおうじ》住持《じゅうじ》春龍玄済《しゅんりゅうげんさい》
京都・妙心寺《みょうしんじ》塔頭《たっちゅう》春光院《しゅんこういん》蔵

堀尾忠晴《ただはる》肖像（2代藩主）
京都・妙心寺《みょうしんじ》塔頭《たっちゅう》春光院《しゅんこういん》蔵

堀尾忠氏《ただうじ》肖像画（初代藩主）

一足早く松江へ移住 ――「松江越《まつえごし》」

一六〇八年（慶長十三）十月二日、堀尾《ほりお》氏は広瀬《ひろせ》の富田城《とだじょう》から、造成中の松江へ移住した。その三年後に、松江城と城下町が完成する。

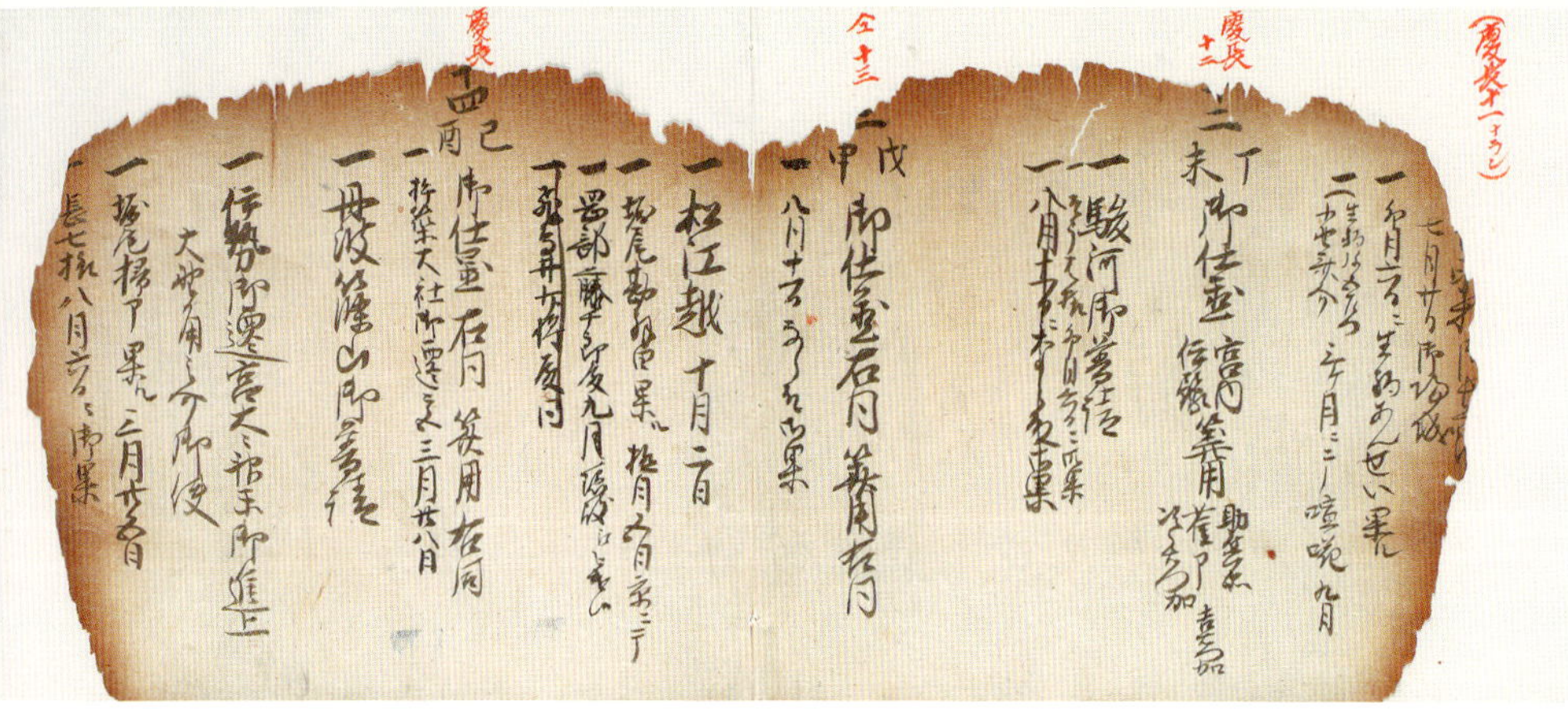

堀尾古記《ほりおこき》　1608年（慶長13）10月2日条　個人蔵

堀尾忠晴《ほりおただはる》を支えた六五〇名の家臣団

武士五七三人、後家《ごけ》・坊主《ぼうず》・鷹師《たかし》・職人・大工ら七七人、計六五〇人を記す。堀尾姓の家臣は十五名。そのうち、堀尾《ほりお》吉晴《よしはる》の従兄弟《いとこ》、堀尾但馬《ほりおたじま》は三千石、鉄炮衆《てっぽうしゅう》四十人を抱えていた。「伊賀《いが》」「雑賀《さいか》」は出身地を示している。

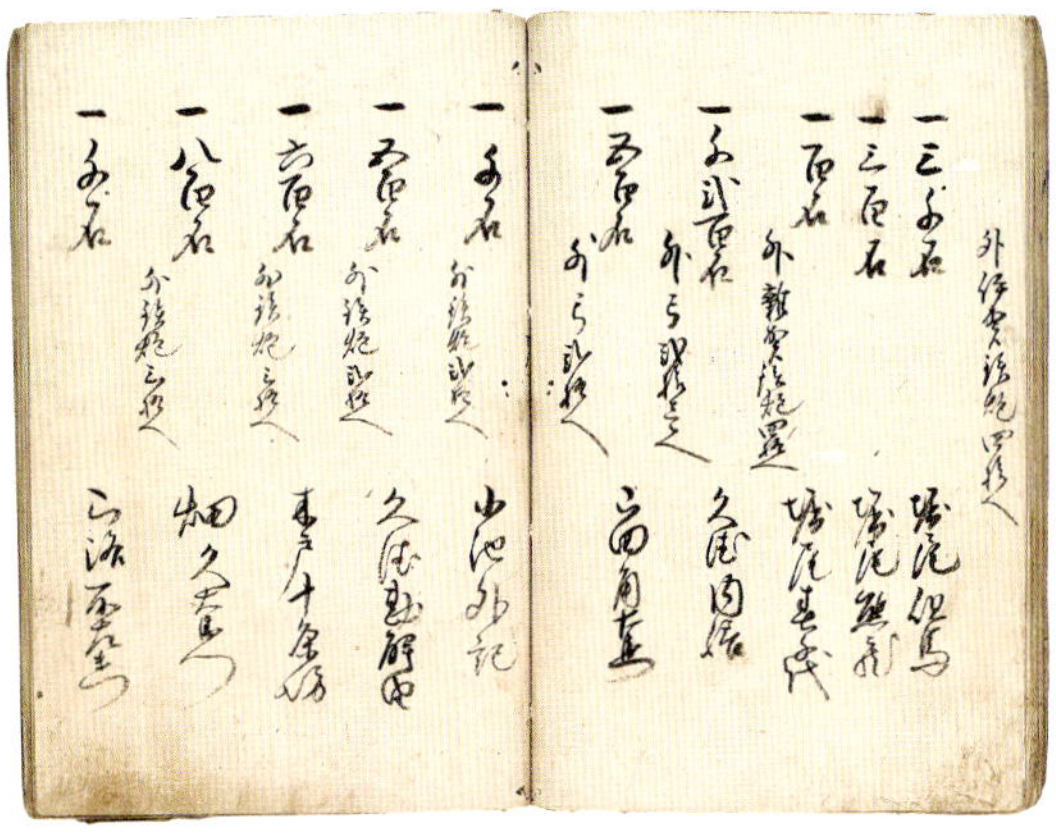

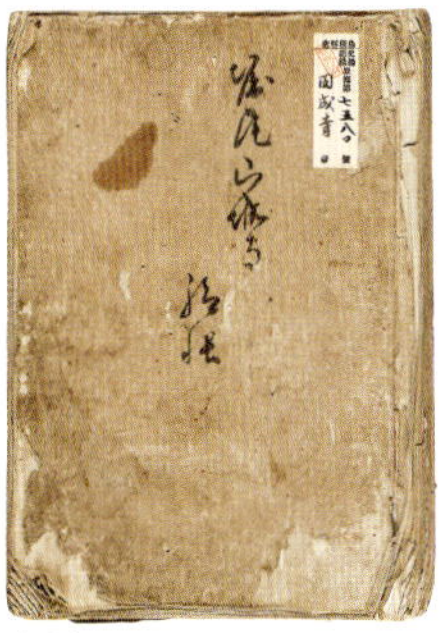

表紙

松江市指定文化財　堀尾忠晴給帳《ほりおただはるきゅうちょう》

松江・圓成寺《えんじょうじ》蔵

堀尾忠晴《ほりおただはる》の領国統治、ここに始まる

堀尾忠晴《ほりおただはる》は、一六一〇年（慶長十五）三月に十二歳で元服《げんぷく》する。翌年六月、後見人《こうけんにん》の祖父吉晴《よしはる》が死去した。一年後、忠晴は将軍徳川秀忠《とくがわひでただ》から、国主として出雲・隠岐両国の支配を認められた。

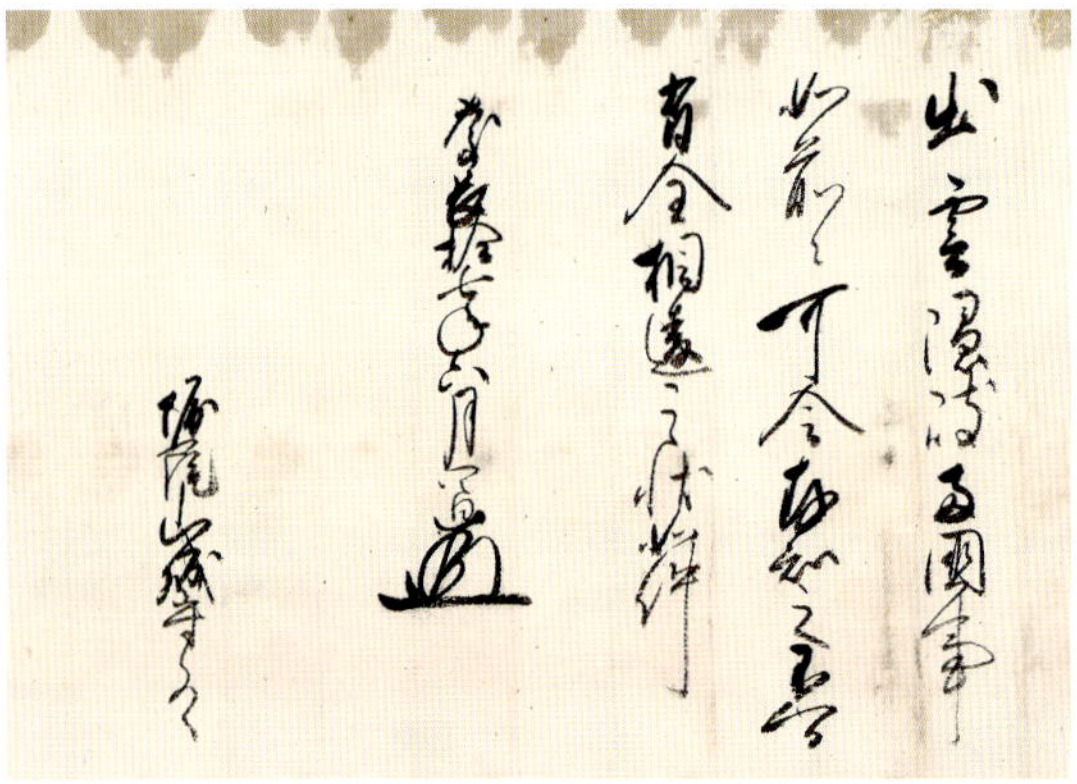

堀尾忠晴《ほりおただはる》宛て将軍徳川秀忠判物《ひでただはんもつ》

1612年（慶長17）6月4日　個人蔵

出雲・隠岐両国事、
如前々可令存知之、不可
有全相違之状如件、
慶長拾七年六月四日（花押）（徳川秀忠）
堀尾山城守（忠晴）とのへ

意味

将軍徳川秀忠から堀尾忠晴宛て出雲・隠岐両国を、以前のように堀尾忠晴が支配することに相違はない。

三 国宝・松江城天守

近世城郭《じょうかく》最盛期を代表する天守

天下統一を推し進めた織田信長《おだのぶなが》や豊臣秀吉《とよとみひでよし》のもとで数多くの城を築いた堀尾吉晴《ほりおよしはる》は、それまでの知識や技術を総動員して、長さ二階分の通し柱を相互かつ均質に配置するなど、高層建築物の天守を安定させる画期的な工法を導入して、松江城を築きました。

一 一六一一年（慶長十六）正月の天守完成を明らかにした祈祷札《きとうふだ》

天守の地階から一階を貫く二本の通し柱に、それぞれ天守の完成後の幾久しい繁栄を願った祈祷札《きとうふだ》が打ち付けられた。二枚の祈祷札には、いずれも慶長十六年正月と書かれており、これによって天守の完成時期が明らかになった。

国宝　松江城天守祈祷札《まつえじょうてんしゅきとうふだ》（国宝松江城天守の一部）

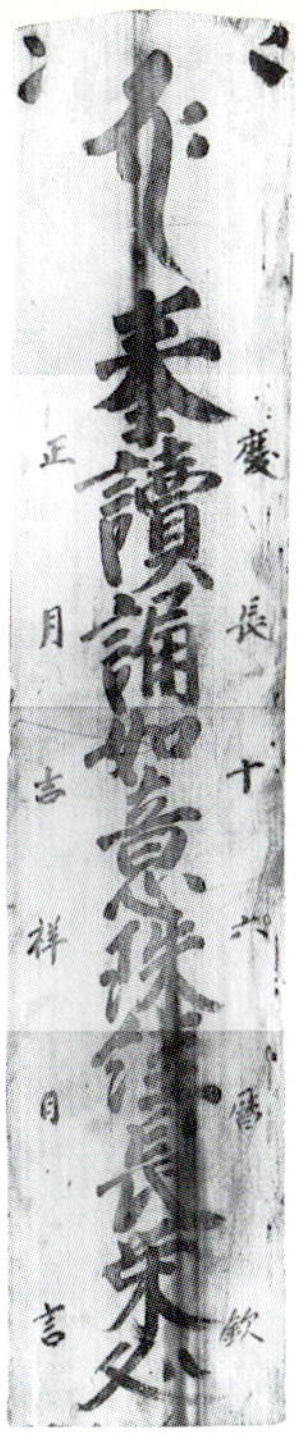

赤外線写真（表）

慶長十六暦欽
（梵字《バク》）奉讀誦如意珠經長栄処
正月吉祥日言

翻刻

「奉讀誦如意珠経長栄処」祈祷札　松江市蔵

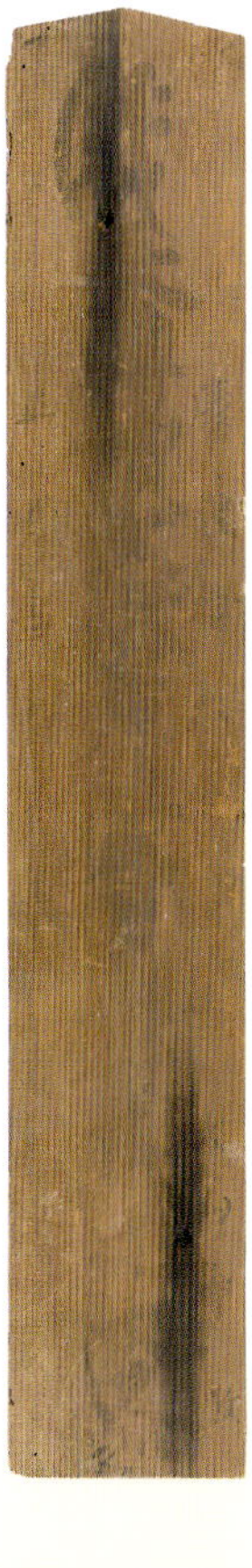

赤外線写真（表）

慶長拾六年辛亥大山寺敬
（梵字）奉轉讀大般若經六百部　武運長久処
正月吉祥□〔日カ〕　□〔白カ〕

翻刻

「奉轉讀大般若経六百部武運長久処」祈祷札　松江市蔵

建物（天守）を鎮《しず》めるために打ち付けた祈祷札《きとうふだ》

一九五〇～五五年（昭和二十五～三十）にかけて行われた天守の解体修理のときに、一階から三階の柱などから梵字《ぼんじ》が書かれた四枚の木札《きふだ》が発見された。これらから松江城天守の建築にあたって、真言《しんごん》宗の作法に則った鎮宅祈祷《ちんたくきとう》が行われたことが分かる。

国宝　松江城天守鎮宅祈祷札《まつえじょうてんしゅちんたくきとうふだ》（国宝松江城天守の一部）

松江市蔵

不動鎮宅真言《ふどうちんたくしんごん》の祈祷札《きとうふだ》である。裏面に「一重中央」と記されている。鎮宅の祈祷の一つである「不動略鎮宅法」によると、不動鎮宅呪を書いた板札を「宅の中央の柱の上」に打ち付けることから、これにあたると考えられる。

加護所住処真言《かごしょじゅうしょしんごん》の祈祷札《きとうふだ》である。裏打ち板に「二層中央南の柱」と記されている。鎮宅の祈祷の一つである「不動略鎮宅法」によると、不動加護住処の真言を書いた板札を「南方の中の柱の上」に打ち付けることから、これにあたると考えられる。

不動鎮宅真言《ふどうちんたくしんごん》の祈祷札《きとうふだ》である。裏面に「二重東」と記されている。鎮宅の祈祷の一つである「不動略鎮宅法」によると、不動鎮宅呪を書いた板札を「東方の棟の上」に打ち付けることから、これにあたると考えられる。

八字文殊真言《はちじもんじゅしんごん》の祈祷札《きとうふだ》である。裏面に「三重きた」と記されている。八字文殊真言は再建、改築、修理の際、主に使う真言だと言われている。

土地を鎮《しず》めるために埋めた品々

国宝

松江城天守鎮物《まつえじょうてんしゅしずめもの》（祈祷札《きとうふだ》、槍《やり》、玉石《たまいし》）（国宝松江城天守の一部）

松江市蔵

一九五〇～五五年（昭和二十五～三十）にかけて行われた天守の解体修理のときに、天守地階の南西隅（裏鬼門《うらきもん》にあたる方角）の礎石《そせき》下から、祈祷札《きとうふだ》、槍《やり》、玉石《たまいし》が出土した。これらは築城に先立ち、土地を鎮《しず》めるために埋めた品々（鎮物《しずめもの》）である。

槍《やり》――鎮物《しずめもの》　鉄製の槍《やり》である。

玉石《たまいし》――鎮物《しずめもの》

石材は閃緑岩《せきりょくがん》で、島根半島の大芦《おわし》地区近辺に分布する貫入岩《かんにゅうがん》（通称：大芦御影《おわしみかげ》）である。

祈祷札――写真及び翻刻文

A面

□□　□　□〔命カ〕　□　供守□□

B面

□〔奉カ〕□　□□　急律令

祈祷札《きとうふだ》――鎮物《しずめもの》　現在は四つのかけらとして残るが、元々は一つである。

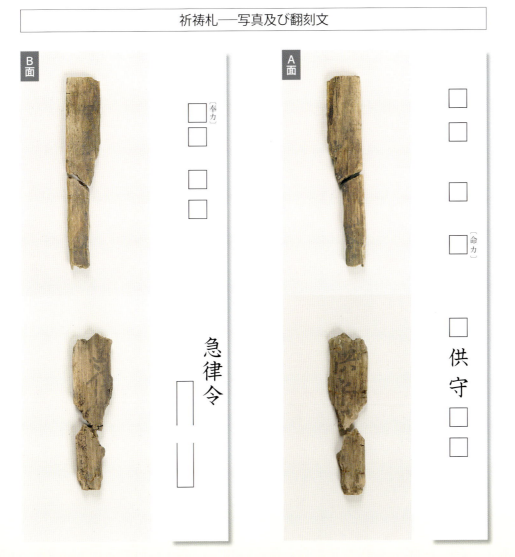

江戸時代に制作したとされる天守の模型

松江市指定文化財　松江《まつえ》城《じょう》天守《てんしゅ》雛形《ひながた》

松江市蔵

寛永年間（一六二四～四四年）に、大工頭《だいくがしら》の竹内右兵衛《たけうちうへえ》が天守を修理する際に制作したものと伝わる。現在の天守と比較すると、縮尺は、平面関係は約四十分の一、高さ関係は約三十分の一で、高さが強調されている。

破風には桐紋が使われている。

四 松江藩主の移り変わり

堀尾《ほりお》氏、京極《きょうごく》氏、松平《まつだいら》氏の出雲《いずも》国統治

堀尾氏の後、京極忠高《ただたか》が出雲・隠岐両国二十六万四千石を拝領《はいりょう》し、石見銀山《いわみぎんざん》も幕府から預かりました。忠高《ただたか》は、領内の斐伊《ひい》・伯太《はくた》両川の「若狭土手《わかさどて》」築堤《ちくてい》で名を遺《のこ》します。その後、徳川家康の孫、松平直政《なおまさ》が信濃《しなの》国松本から入国します。外様《とざま》大名の多い中国地方に徳川一門を置き、その拠点を作るためでした。

治水《ちすい》事業に名を残す　京極忠高《きょうごくただたか》

京極《きょうごく》"若狭守《わかさのかみ》"忠高《ただたか》は、禅《ぜん》に傾倒《けいとう》し、跡継《あとつ》ぎのないまま四十五歳で没した。その統治は三年半と短い。忠高《ただたか》の城下町の整備や治水《ちすい》事業への情熱は、その後、松平《まつだいら》氏へと受け継がれ完成した。

京極忠高肖像画《きょうごくただたかしょうぞうが》
賛　1637年(寛永14)7月12日　滋賀・清滝寺《きよたきでら》蔵

国内統治として最初の仕事、寺社への寄進《きしん》

一六三四年(寛永十一)八月七日に松江へ入った京極忠高《きょうごくただたか》は、翌月、領内の寺社へ一斉に土地を寄進《きしん》した。この文書は、神魂《かもす》神社に対して、社領を今まで通りとし、天下泰平《たいへい》の祈祷《きとう》に励《はげ》むことを命じている。本文は右筆《ゆうひつ》(書記)が書き、日付の下の花押《かおう》は忠高《ただたか》本人が書いた。

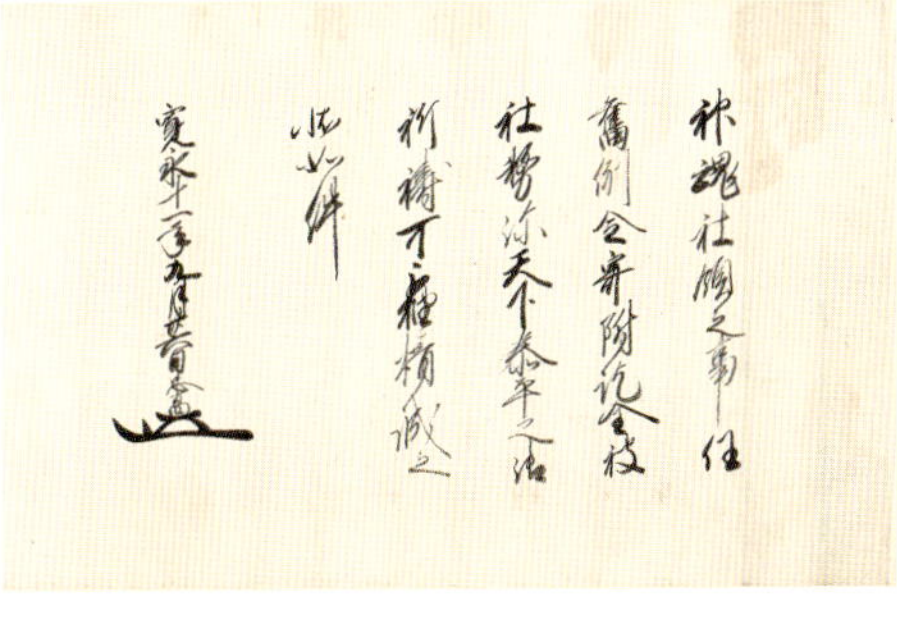

京極忠高判物《きょうごくただたかはんもつ》
1634年(寛永11)9月26日　秋上家蔵

神魂社領之事、任
旧例、令寄附訖、全被
社務、弥天下泰平之御
祈祷、可被抽精誠之
状如件、
寛永十一年九月廿六日　忠高(花押)

意味
京極忠高から神魂《かもす》社宛て
神魂《かもす》社領は旧例の通り寄附します。社務を全うし、天下泰平の祈祷を抜かりなく行いなさい。

松江藩藩主の系図

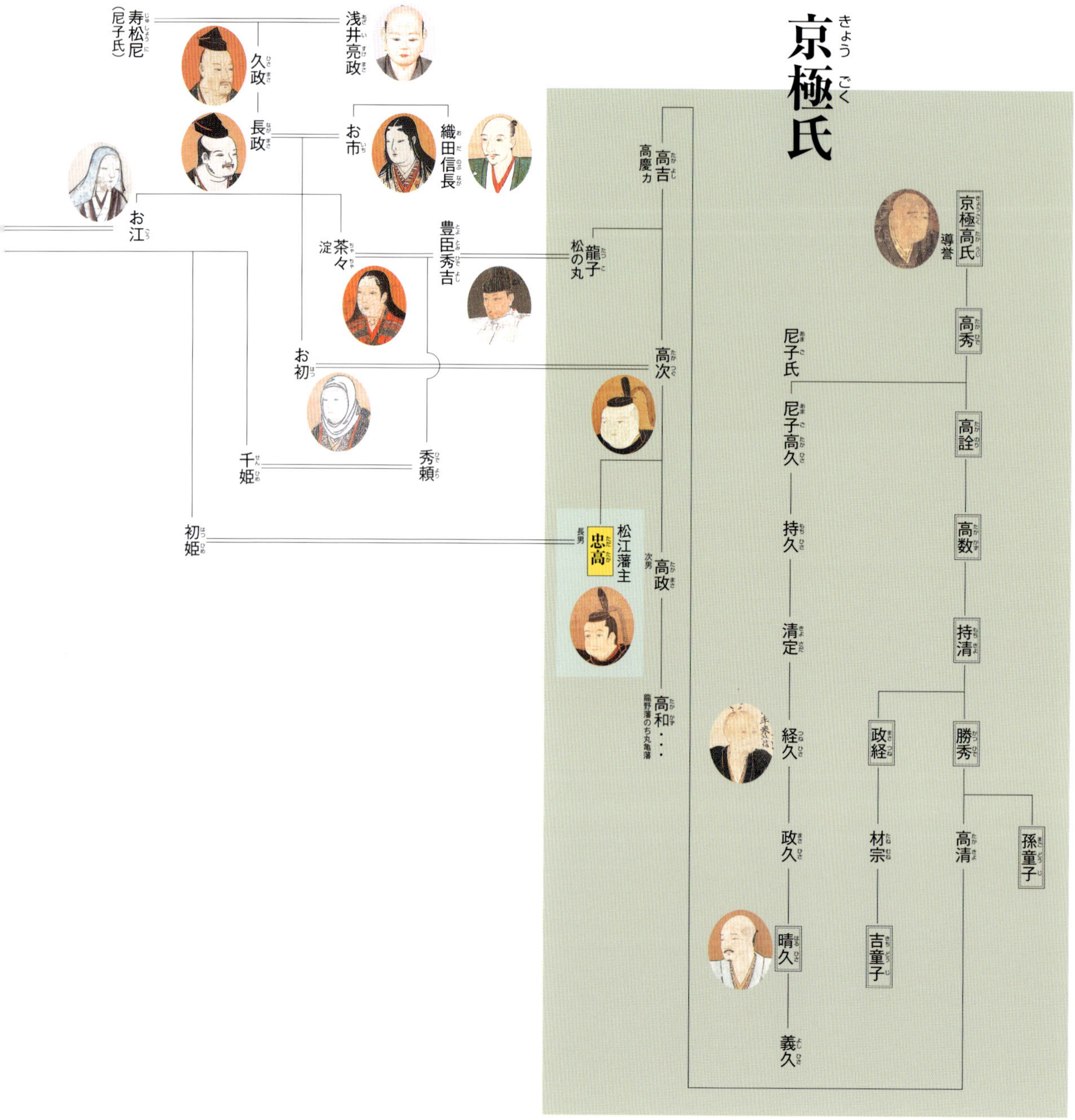

松江藩主
出雲・隠岐両国守護

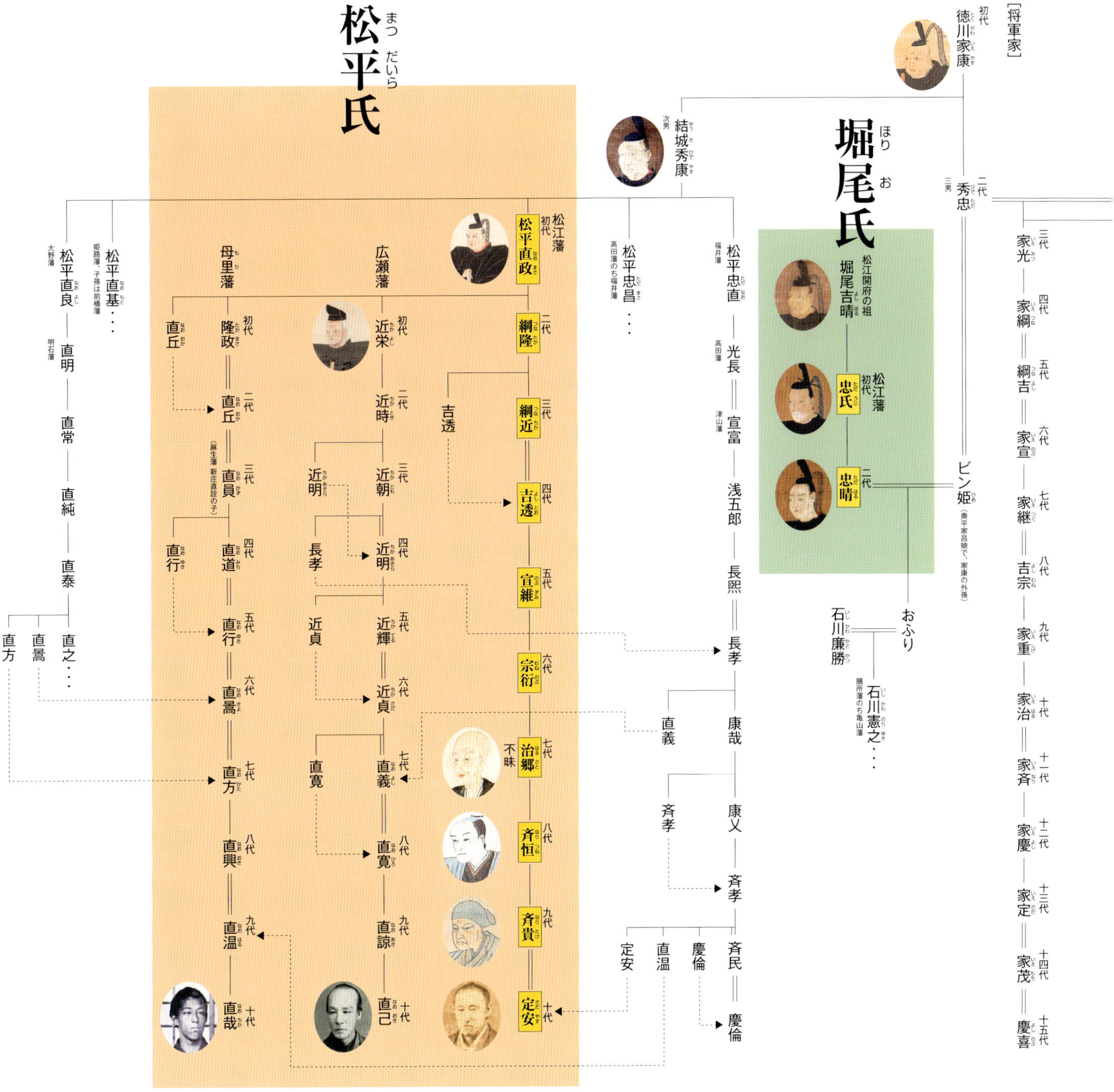

[将軍家]
初代 徳川家康
二代 秀忠 三男
三代 家光
四代 家綱
五代 綱吉
六代 家宣
七代 家継
八代 吉宗
九代 家重
十代 家治
十一代 家斉
十二代 家慶
十三代 家定
十四代 家茂
十五代 慶喜
ビン姫（奥平家昌娘で、家康の外孫）
堀尾《ほりお》氏
松江開府の祖 堀尾吉晴
松江藩 初代 忠氏
二代 忠晴
おふり
石川康勝
石川憲之・・・
膳所藩のち亀山藩
次男 結城秀康
松平忠直 福井藩
光長 高田藩
宣富 津山藩
浅五郎
長煕
長孝
康哉
直義
康乂
斉孝
斉孝
斉民
慶倫
直温
定安
慶倫
松平忠昌・・・ 高田藩のち福井藩
松平《まつだいら》氏
松江藩 初代 松平直政
二代 綱隆
三代 綱近
吉透
四代 吉透
五代 宣維
六代 宗衍
七代 治郷 不昧
八代 斉恒
九代 斉貴
十代 定安
広瀬藩
初代 近栄
二代 近時
三代 近朝
近明
四代 近明
長孝
五代 近輝
近貞
六代 近貞
七代 直義
直寛
八代 直寛
九代 直諒
十代 直己
母里藩
初代 隆政
直丘
二代 直丘
三代 直員（麻生藩 新庄直詮の子）
四代 直道
直行
五代 直行
六代 直暠
七代 直方
八代 直興
九代 直温
十代 直哉
松平直基・・・ 姫路藩、子孫は前橋藩
松平直良 大野藩
直明 明石藩
直常
直純
直泰
直之・・・
直暠
直方

勇猛果敢《ゆうもうかかん》に戦った若武者松平直政《まつだいらなおまさ》

松平直政《まつだいらなおまさ》は、十四歳で一六一四年（慶長十九）の大坂冬の陣に出陣した。黒毛の馬に乗り、背に赤い母衣《ほろ》を身につけた直政《なおまさ》は、真田幸村《さなだゆきむら》が守る真田丸《さなだまる》をめがけ、家来《けらい》を率いて進み出た。

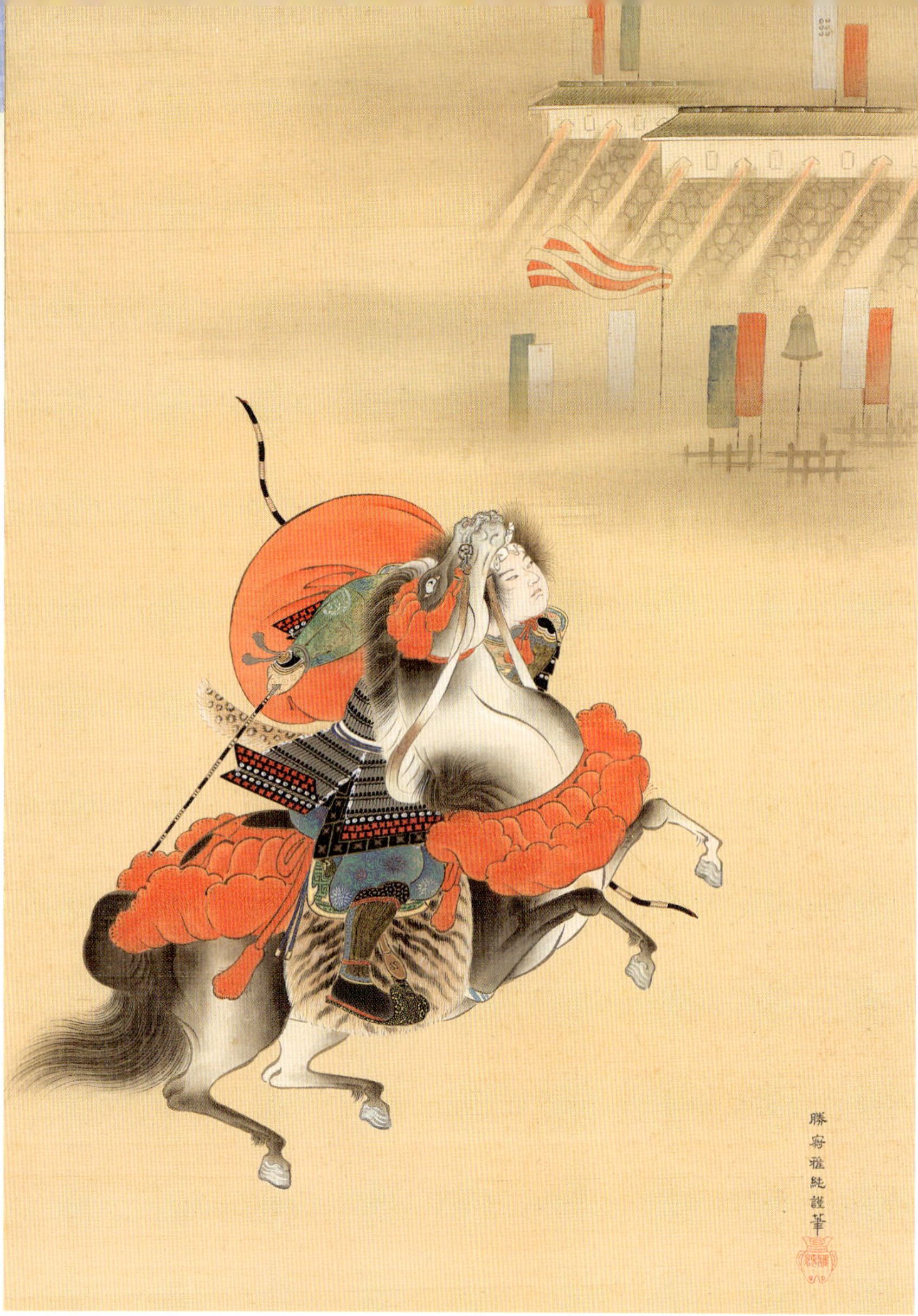

松平直政初陣図《まつだいらなおまさういじんず》　陶山勝寂《すやましょうじゃく》 筆　絹本　松江市蔵

真田幸村《さなだゆきむら》が、松平直政《まつだいらなおまさ》に与えた軍扇《ぐんせん》

大坂冬の陣で、徳川勢は真田丸《さなだまる》からの反撃に逢い、攻めあぐねていた。直政《なおまさ》は真田丸《さなだまる》をめがけ、進み出た。真田幸村《さなだゆきむら》はその勇猛《ゆうもう》ぶりを称《たた》え、軍扇《ぐんせん》を櫓《やぐら》から投げ与えたと伝わる。

松江市指定文化財　真田軍扇《さなだぐんせん》　松江神社蔵

松平家《まつだいら》に伝来した結城秀康《ゆうきひでやす》の名刀　長光《ながみつ》

徳川家康の次男、結城秀康《ゆうきひでやす》が所持していた。秀康《ひでやす》の子の松平直政《まつだいらなおまさ》へと渡り、松江藩松平《まつだいら》家に伝来した。長光《ながみつ》は、鎌倉時代中期に活躍した備前《びぜん》国（岡山県）長船《おさふね》の刀工《とうこう》である。太刀《たち》をおさめる毛抜太刀拵《けぬきたちこしらえ》は、江戸時代末期の作で、細かな装飾《そうしょく》が施《ほどこ》されている。

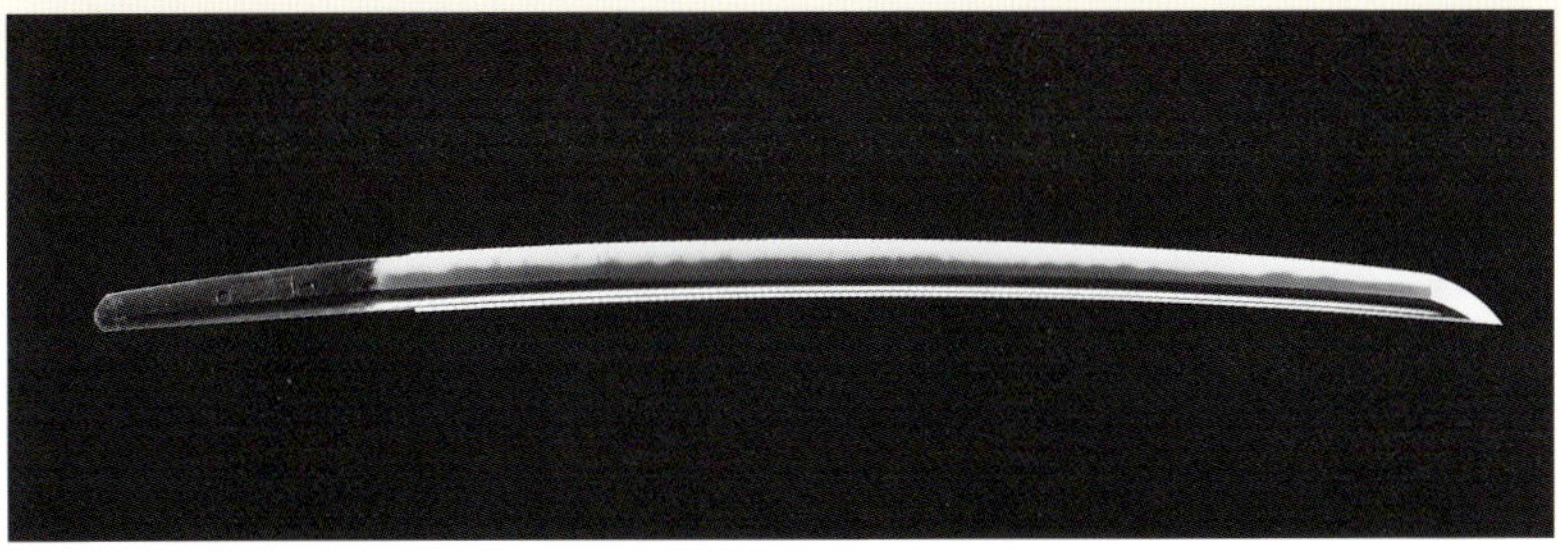

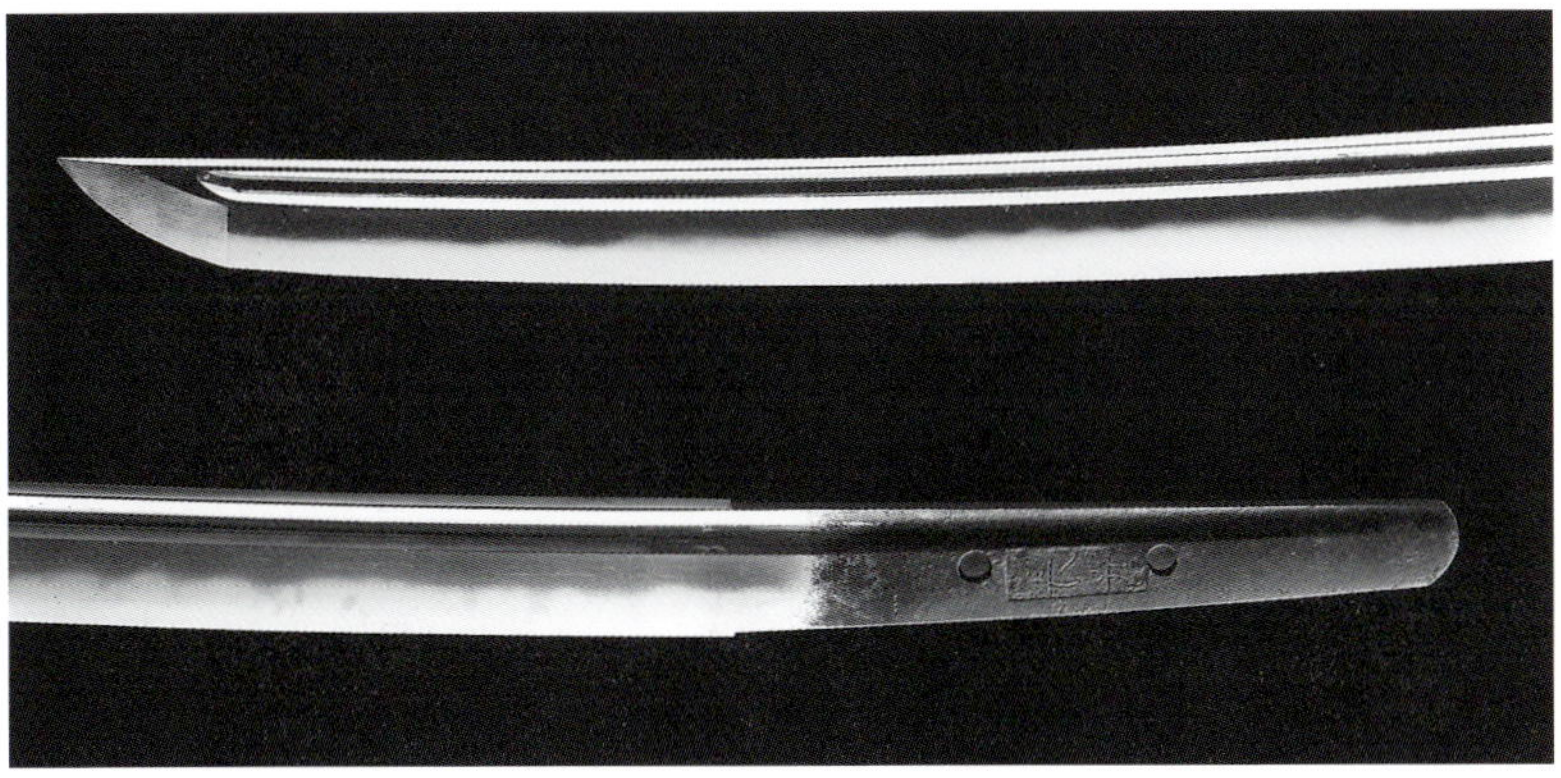

島根県指定文化財　小太刀《こだち》　銘《めい》「長光《ながみつ》」
附《つけたり》　銀荘葵紋散毛抜太刀拵《ぎんそうあおいもんちらしけぬきたちこしらえ》　松江市蔵

天皇家から賜《たまわ》った宝刀　包平《かねひら》

一六六三年（寛文三）四月、松平直政《まつだいらなおまさ》は霊元《れいげん》天皇の即位《そくい》にあたり、四代将軍徳川家綱《いえつな》の名代《みょうだい》として宮中《きゅうちゅう》へ参内《さんだい》した。その際、天皇から与えられたのが、この太刀《たち》である。松平家の家宝として代々伝えられた。包平《かねひら》は、平安時代中期に活躍した備前《びぜん》国（岡山県）の刀工《とうこう》である。

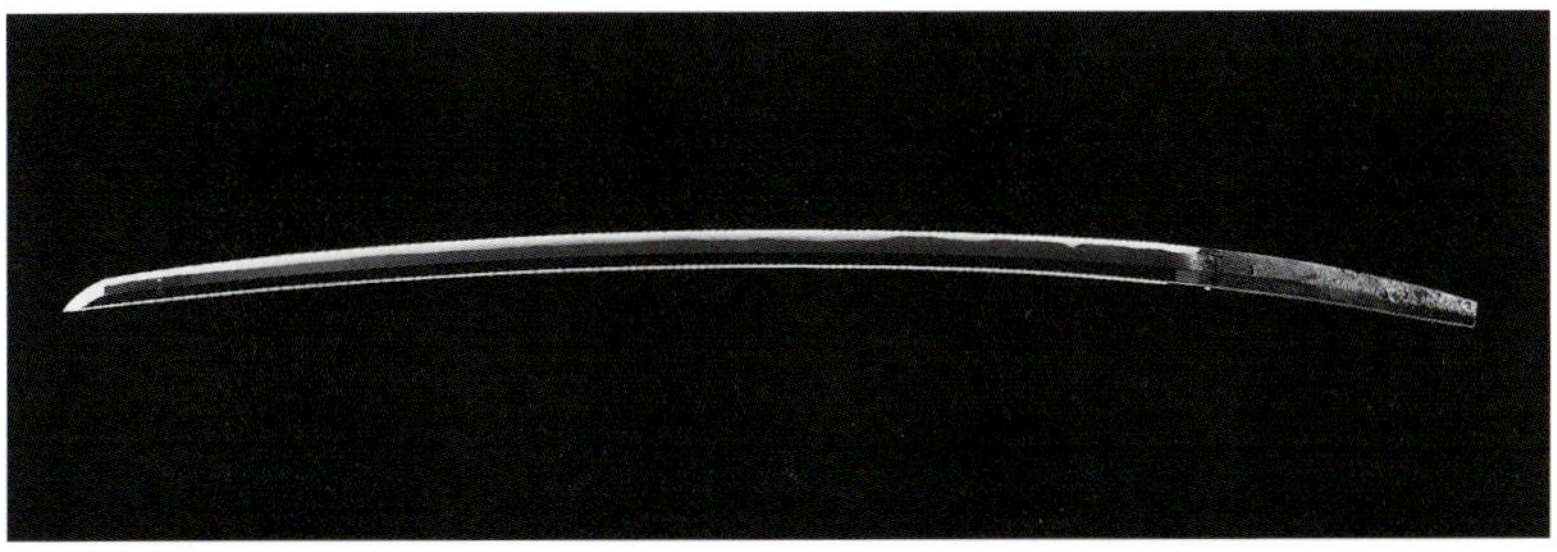

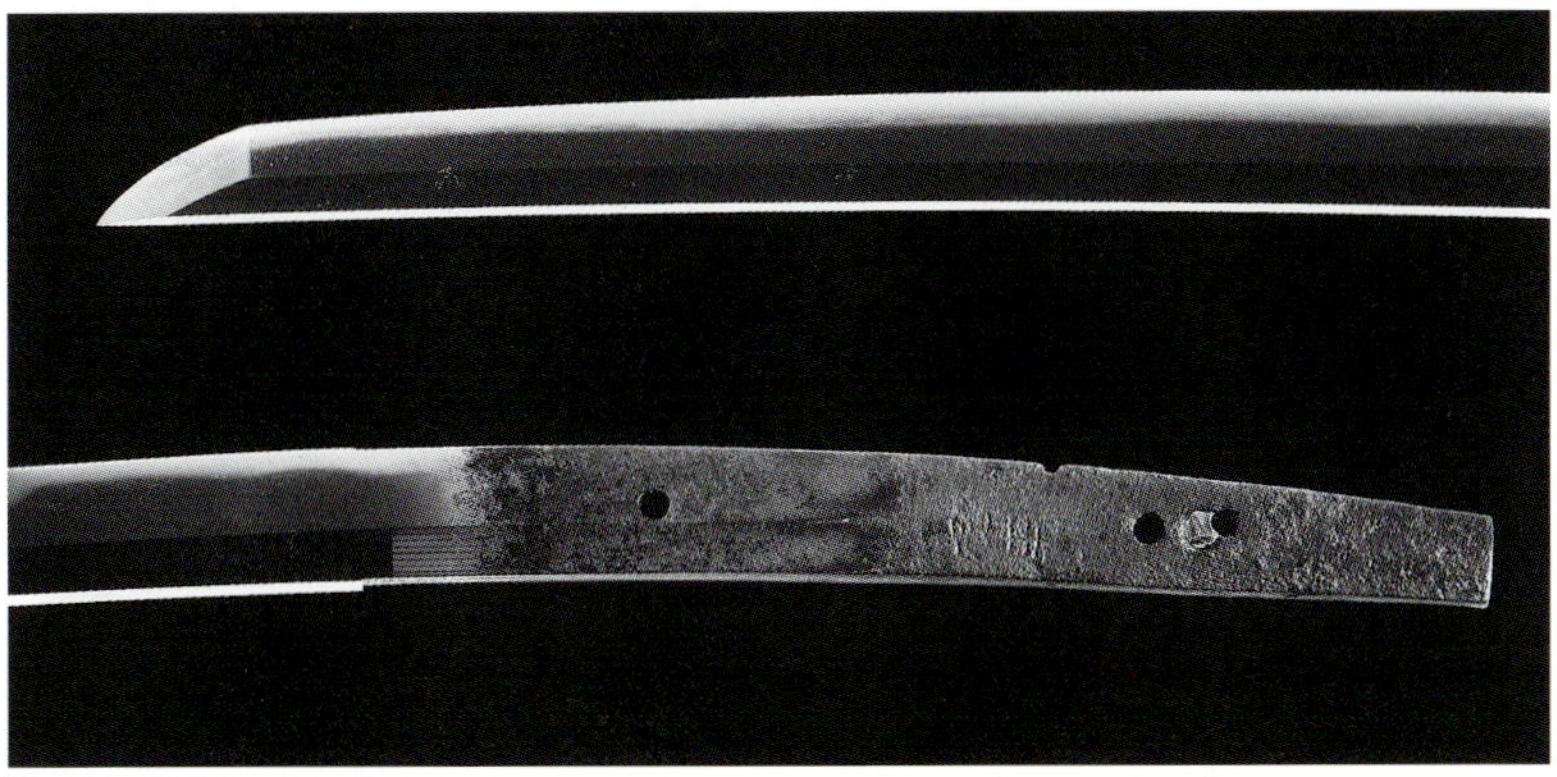

松江市指定文化財　太刀《たち》　銘《めい》「包平《かねひら》」　松江市蔵

出雲国《いずも》を拝領、隠岐国《おき》を預かり、悦《よろこ》ぶ松平直政《まつだいらなおまさ》

2日前に松平直政《まつだいらなおまさ》は、3代将軍徳川家光から出雲国《いずも》の支配と隠《お》岐《き》国を預かるよう、面前で言い渡された。領地の信濃国《しなの》(長野県)松本にいる家臣たちへ、嬉しさと共に、数日中に江戸を立ち、入国することを伝えている。

松平直政書状《まつだいらなおまさしょじょう》
1638年(寛永15)2月13日
松江市蔵

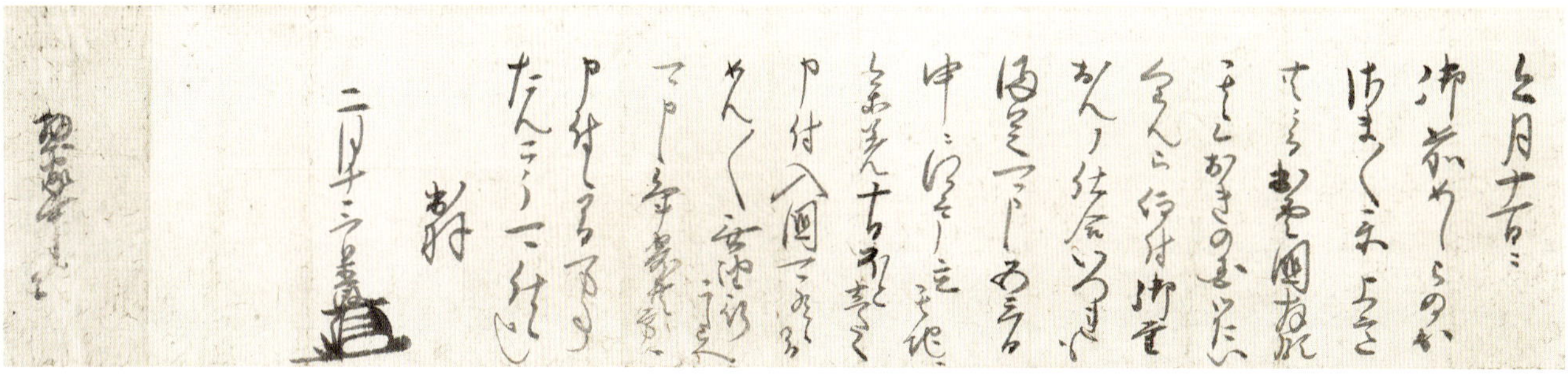

今月十一日ニ
御前めし被為出、
さまく忝　上意
共ニ而、出雲国拝領、
其上おきの国御たい
くわん被　仰付、御重
おんノ仕合、いつれも
満足可申候、五三日
中ニ江戸立、其地へ
参着、十日ほとしたく
申付、入国可有候間、
めんく無油断こゝろへ
可申候、年寄共方へ
申付候間、万事
たんこう可仕候也、
出羽
二月十三日　直政（花押）
惣家中 参

意味

松平直政から惣家中宛て
今月(寛永十五年二月)十一日に将軍徳川家光の御前で出雲国拝領を言い渡され、さらに隠岐国の代官をも仰せ付けられました。重恩の幸せであり満足です。数日で江戸を発ち、その地(信濃松本)へ着く予定です。十日程、準備期間を設け、出雲入国へと向かうので、皆々油断なく心得なさい。年寄(家老)共へ申しつけたので、何でも談合して決めなさい。

第3章

松江藩に仕えた人々

一 松江藩士のルーツ

堀尾氏・京極氏の遺臣を吸収し、全国から集められた松平家臣団《かしんだん》

藩士の来歴《らいれき》は様々《さまざま》でした。堀尾《ほりお》氏は尾張《おわり》国出身、京極《きょうごく》氏は近江《おうみ》国出身、そして松平《まつだいら》氏は三河《みかわ》国を出身とし、越前《えちぜん》国、信濃《しなの》国の領主を経て出雲《いずも》国へと移りました。藩主の出身地や領地において、家臣団は形成されていきます。出雲《いずも》国へは、いずれも石高加増による入国であり、新たな家臣を多く召抱《めしかか》えました。松平氏の家臣団には、堀尾《ほりお》氏や京極《きょうごく》氏の遺臣《いしん》たちも登用されています。

藩士の出身地と特徴

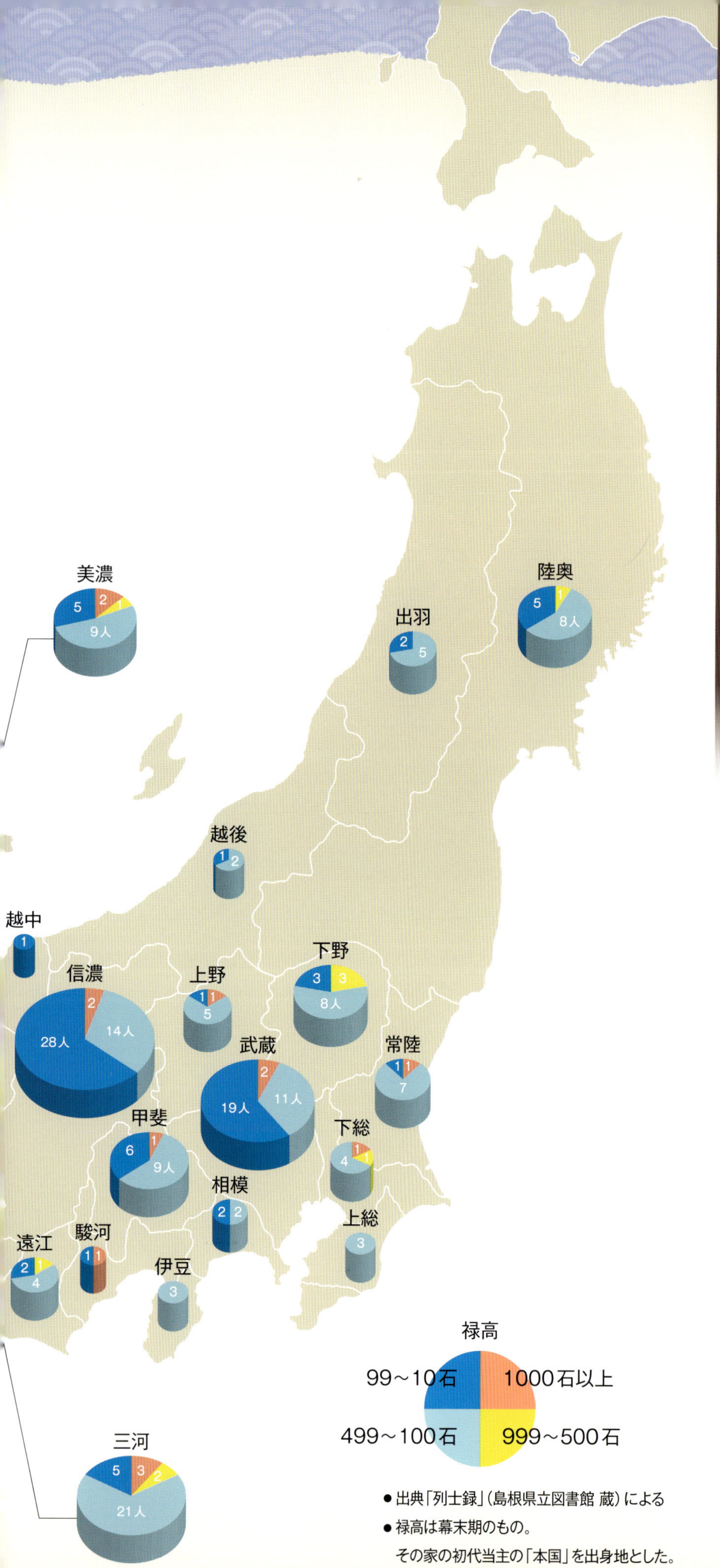

- 出典「列士録」（島根県立図書館 蔵）による
- 禄高は幕末期のもの。
  その家の初代当主の「本国」を出身地とした。
- グラフ内数字は人数を示す。

【出身地】

藩士の出身地（本国）は、藩主堀尾《ほりお》・京極《きょうごく》・松平《まつだいら》各氏の出身地や、領地の出身者が多い。最も多いのは、出雲国出身者である。

【特徴】

松平氏の初期、五三一名いた藩士は、藩政機構の充実により、幕末では一一五八名に増える。しかし、その内訳は、二〇〇石以上の禄《ろく》をとる家臣が約七十名と、初期人数の四分の一に減る。そのため大部分が少禄《しょうろく》の藩士だった。

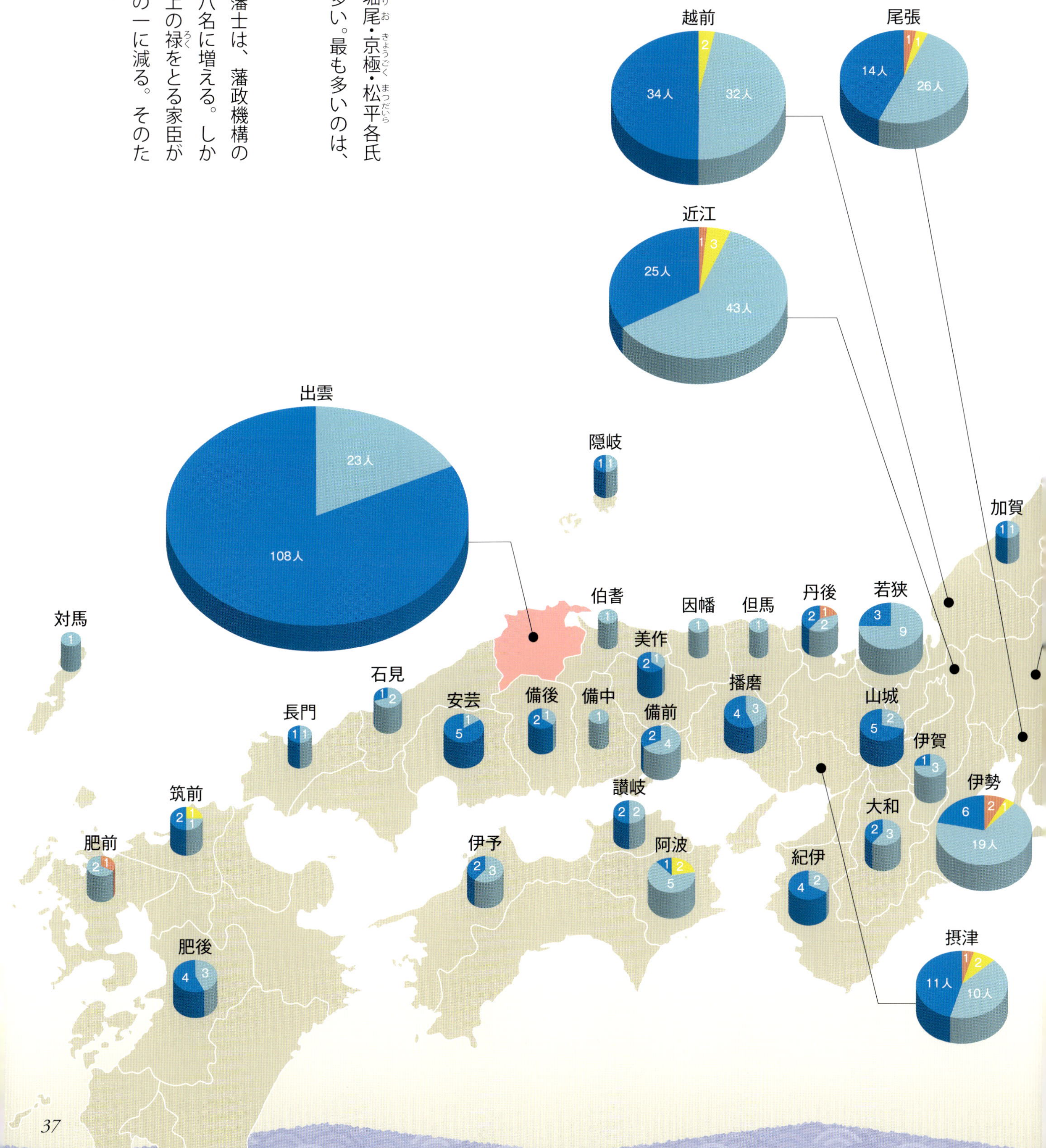

渡り歩き家老となる

乙部《おとべ》勝政《かつまさ》は、当初、小早川秀秋《こばやかわひであき》に仕え、越前国《えちぜん》（福井県）内に八〇〇石を得た。一六〇二年に秀秋が亡くなると、小早川家を離れ、加増されて越前国へ入った結城秀康《ゆうきひでやす》に仕えた。秀康は徳川家康の子で、松平直政《まつだいらなおまさ》の父親である。勝政の子可正《よしまさ》は直政を補佐し、次第に重用されていく。

小早川秀秋知行宛行状《こばやかわひであきちぎょうあてがいじょう》

1598年（慶長3）8月5日　乙部正人氏蔵

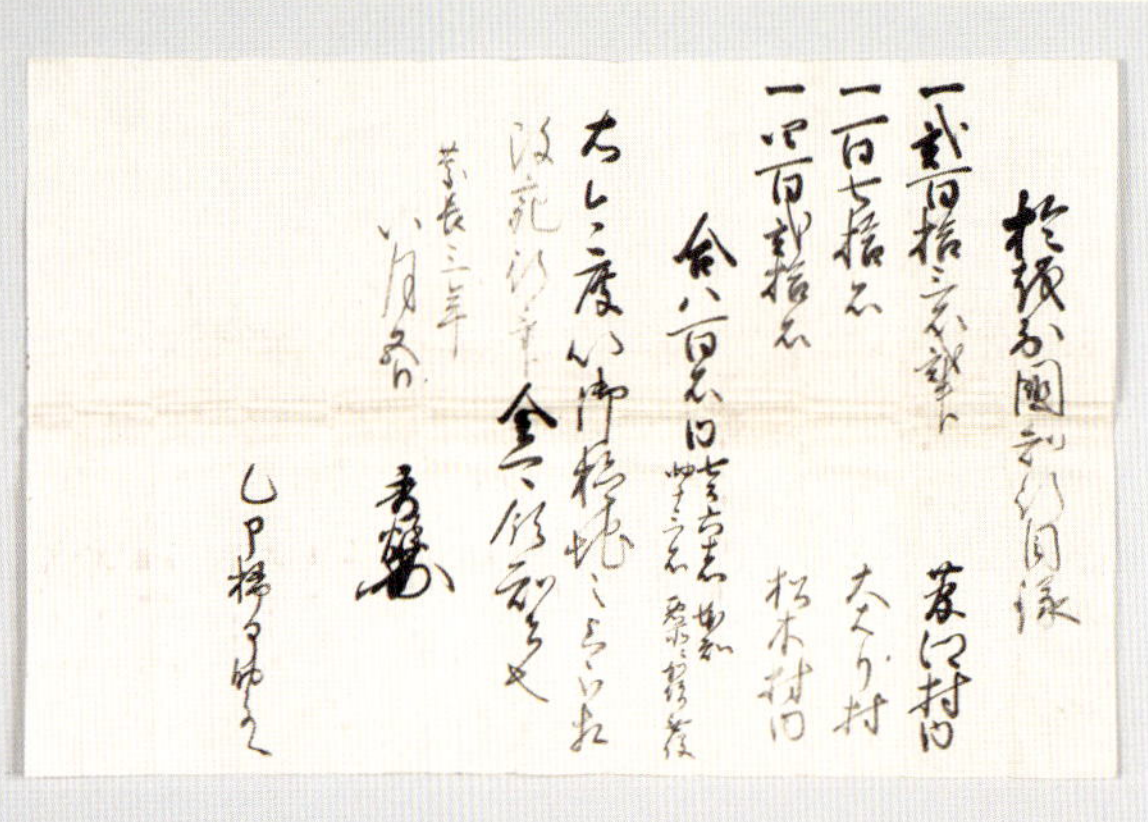

於越前国知行目録

一弐百拾三石弐升　菅江村内

一百七拾石　大はり村

一四百弐拾石　松木村内

合八百石内

七百六十石　本知

四十三石　悪所二加増無役

右、今度以御検地之上、被相

改宛行畢、全可領知者也、

慶長三年

八月五日　秀秋（花押）

乙部掃部助とのへ

意味

小早川秀秋から乙部勝政宛て

越前国内の地三か所八〇〇石を与えます。

今度の太閤検地の後に改めて与えることとする。

先代からの家臣

関ヶ原の戦のあと、越前国《えちぜん》（福井県）六十七万石を領した結城秀康《ゆうきひでやす》は、乙部《おとべ》勝政《かつまさ》（九郎兵衛《くろべえ》）に八百石を与えた。勝政《かつまさ》の子可正《よしまさ》は、松江で五千石の家老《かろう》となる。日付下の朱印《しゅいん》は、秀康の印である。

結城秀康印判状《ゆうきひでやすいんぱんじょう》

1603年（慶長8）1月9日　乙部正人氏蔵

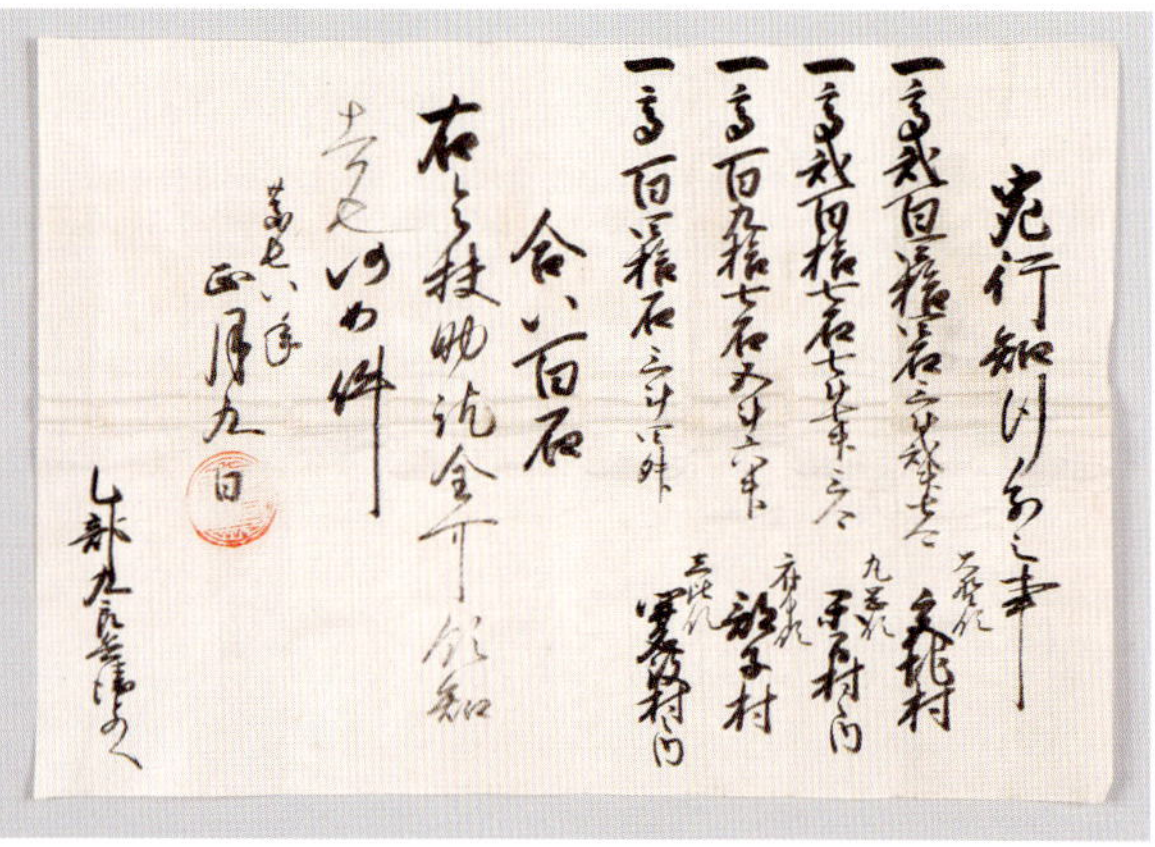

宛行知行分之事

一高貳百四拾四石三斗貳升七合　大野領　宮地村

一高貳百拾七石七斗七升三合　丸岡領　楽間村之内

一高百九拾七石五斗六升　府中領　部子村

一高百四拾石三斗四升　志比領　開発村之内

合八百石

右令扶助訖、全可領知

者也、仍如件

慶長八年

正月九日（朱印）（結城秀康）

乙部九郎兵衛とのへ

意味

結城秀康から乙部勝正宛て

越前国内の地四か所、合わせて八〇〇石を与えます。

戦場の目撃証言書

雨森《あめのもり》家は、近江国《おうみ》(滋賀県)の戦国大名浅井《あざい》氏に仕え、主家の滅亡後、牢人《ろうにん》となった。島原《しまばら》・天草一揆《あまくさいっき》(島原の乱)が九州で起こると、幕府方牢人《ろうにん》として参戦した。雨森清広《あめのもりきよひろ》は、立花親俊《たちばなちかとし》と共に本丸へ一番乗りを果たす。本文書《もんじょ》は、親俊《ちかとし》が清広《きよひろ》の一番乗りを目撃した証言書であり、これをもとに松平《まつだいら》家へ仕官を果たす。

立花親俊書状《たちばなちかとし》

1638年(寛永15)推定3月朔日《さくじつ》　松江市蔵

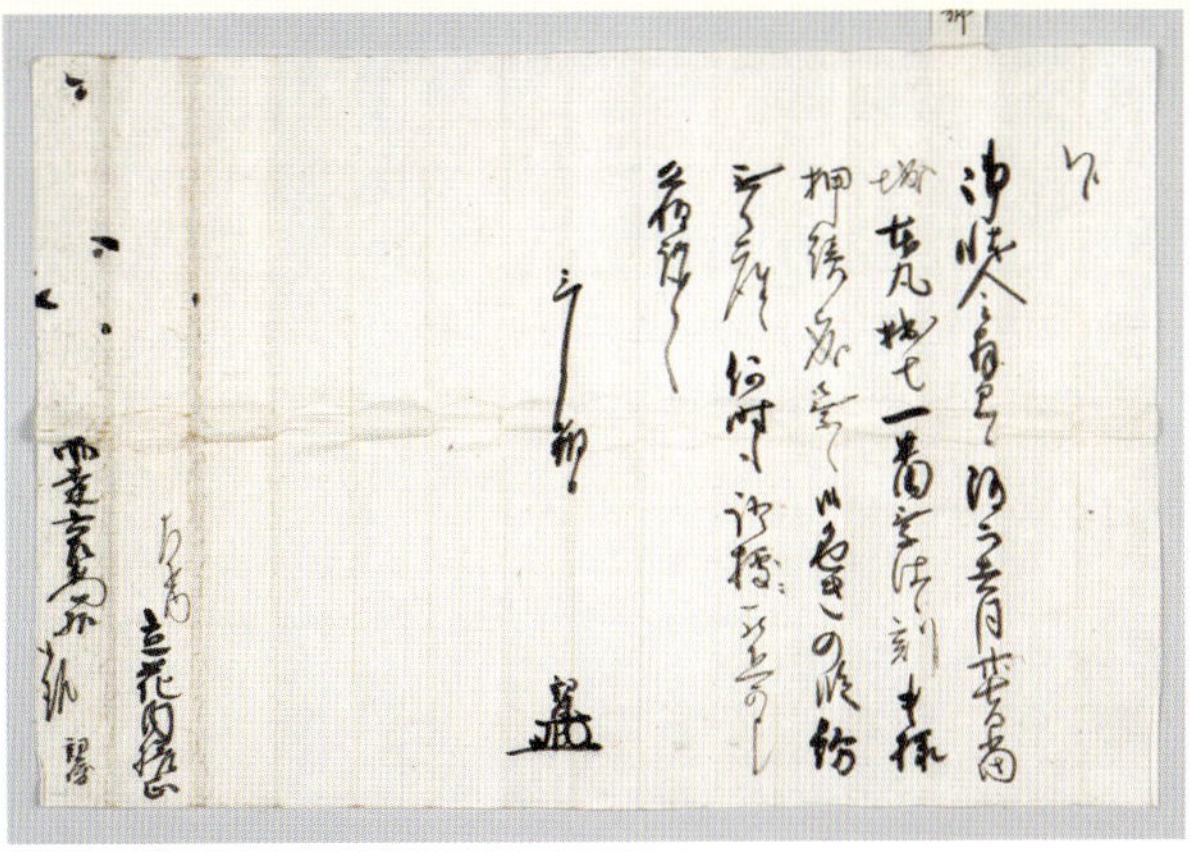

以上
御状令拝見候、随而去月廿七日当
(肥前原城)城本丸拙者一番乗仕候刻、貴様
押続被成乗候、御かせきの段紛
無御座候、何時も証拠ニ罷下可為申候、
恐惶謹言、
三月朔日　　親俊(花押)
(奥結封ウワ書)「(追筆)「左近内」　立花内膳正
(墨引)　雨森六左衛門尉様 御報　　親俊」

意味
立花親俊から雨森清広宛て
あなたからの書状を拝見しました。先月二十七日に原城本丸へ、私が一番乗りした時、あなたも続いて乗り込まれたという功績は間違いありません。いつでも証言いたします。
※立花親俊は、立花忠茂(左近)の許で三池藩主立花種長の名代として参陣していた。

藩主から禄《ろく》二〇〇石を与えられる

後に雨森《あめのもり》家は四〇〇石まで加増された。日付の下の刻印は、上から「直政」と読む。

松平直政判物《まつだいらなおまさはんもつ》

1639年(寛永16)12月15日　松江市蔵

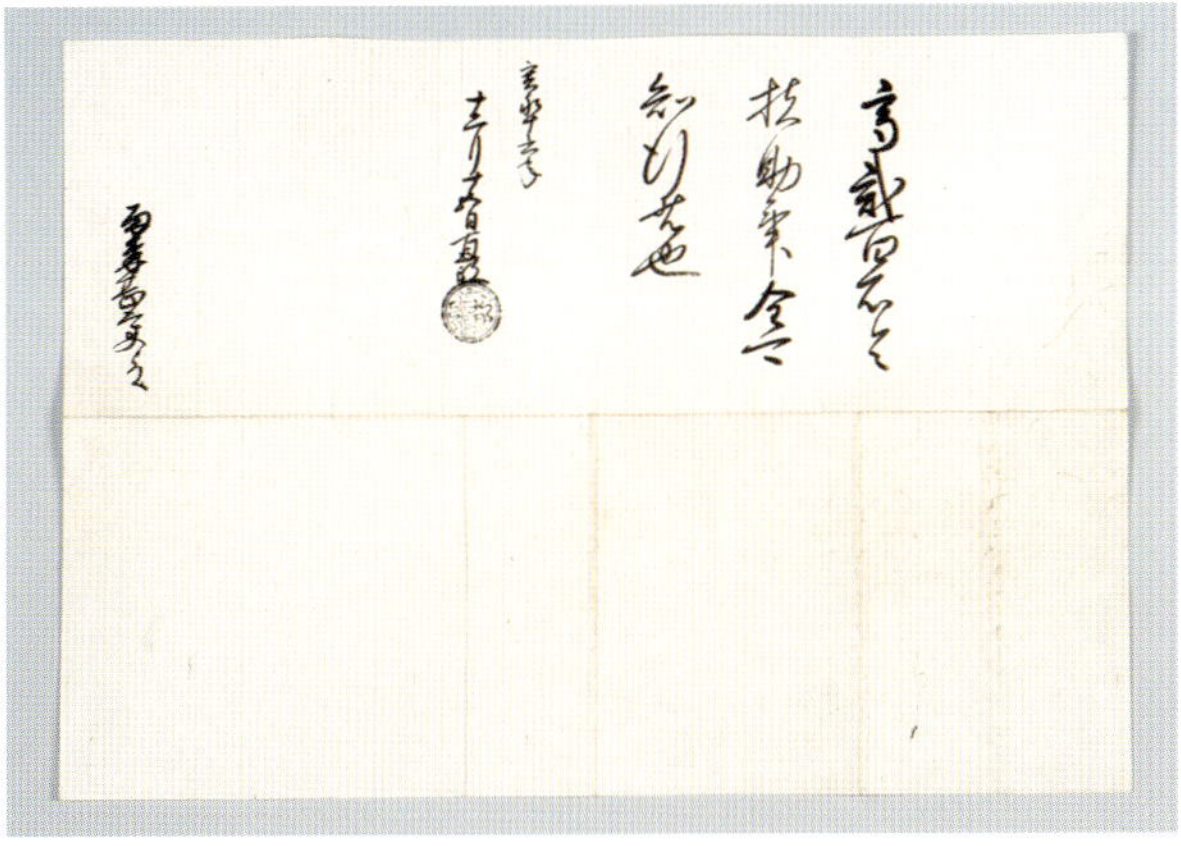

高貳百石令
扶助畢、全
可知行者也、
寛永十六年
十二月十五日　直政(松平)(黒印)
雨森甚太夫殿

意味
松平直政から雨森清広宛て
高二〇〇石を与える。

二 様々な松江藩士

「猪《い》の目《め》」を合印《あいじるし》に結束する藩士たち

松江藩には、家老《かろう》・中老《ちゅうろう》・番頭《ばんがしら》以下、足軽《あしがる》・軽輩《けいはい》まで、様々な格《かく》式《しき》と職掌《しょくしょう》がありました。乙部《おとべ》・朝日《あさひ》・三谷《みたに》・神谷《かみや》・大橋《おおはし》・柳多《やなぎだ》の六家老を中心に、約千人の藩士がいました。藩の合印《あいじるし》「猪《い》の目《め》」は、前にのみ進み、後へ退《ひ》かない心意気を示します。

松江藩の大名行列

一八四七年(弘化四)、孝明《こうめい》天皇の即位《そくい》の大礼《たいれい》にあたり、将軍の名代《みょうだい》として松江藩主松平斉貴《まつだいらなりたけ》が上洛《じょうらく》するため、江戸の藩邸である赤坂の上屋敷を出立《しゅったつ》した際の模様を描いている。全長一〇一メートル、描かれた人物は一七六七人、馬は六十一頭にのぼる。

松平斉貴上洛絵巻《まつだいらなりたけじょうらくえまき》　松江市蔵

松江藩家老の肖像《しょうぞう》

松江藩家老乙部《かろうおとべ》家の初代九郎兵衛可正《くろべえよしまさ》(?～一六四九)の肖像画《しょうぞうが》である。藩主松平直政《なおまさ》の父結城秀康《ゆうきひでやす》に仕え、早くから直政《なおまさ》を支えた。残された書簡《しょかん》からも、直政《なおまさ》の可《よし》正《まさ》に対する信頼は絶大なものであったことがわかる。

乙部可正肖像画《おとべよしまさしょうぞうが》

17世紀　乙部正人氏蔵

家老大橋家伝来の甲冑《かっちゅう》

兜《かぶと》の正面に、松江藩の合《あい》印《じるし》である「猪《い》の目《め》」（♡）を配する。猪《いのしし》の目を図案化した合印《あいじるし》は、猪突猛進《ちょとつもうしん》、後《あと》へ退かない心意気を表《あらわ》す。兜《かぶと》の吹き返しに、大橋家の家紋「抱茗荷《だきみょうが》」をあしらう。

金《きん》小札《こざね》紺糸《こんいと》縅《おどし》二枚胴《にまいどう》具足《ぐそく》
江戸時代　松江市蔵

江戸の奇人《きじん》　天愚孔平《てんぐこうへい》

天愚孔平《てんぐこうへい》は江戸詰《づ》めの松江藩士。彼は、捨ててある草鞋《わらじ》を拾《ひろ》って重ねて履《は》き、晴れていても雨合羽《あまがっぱ》を着て外出したため、狂人と思う人もいた。しかし話せば博学《はくがく》で、当代一の学者である。寺社に札《ふだ》を貼《は》って歩く千社札《せんじゃふだ》の創始者として有名。本名は萩野《はぎの》信敏《のぶとし》、字《あざな》は求之《きゅうし》で、鳩谷《きゅうこく》と号した。藩医の家に生まれ、六代藩主宗衍《むねのぶ》、七代藩主治郷《はるさと》に仕えた。その名は、生まれつきおろかとして天愚《てんぐ》（天性愚《てんせいぐ》）、孔子《こうし》と平家《へいけ》の子孫として孔平《こうへい》と唱《とな》えたことによる。

百家琦行伝《ひゃっかきこうでん》

松江に遺《のこ》る天愚孔平《てんぐこうへい》の足跡《そくせき》

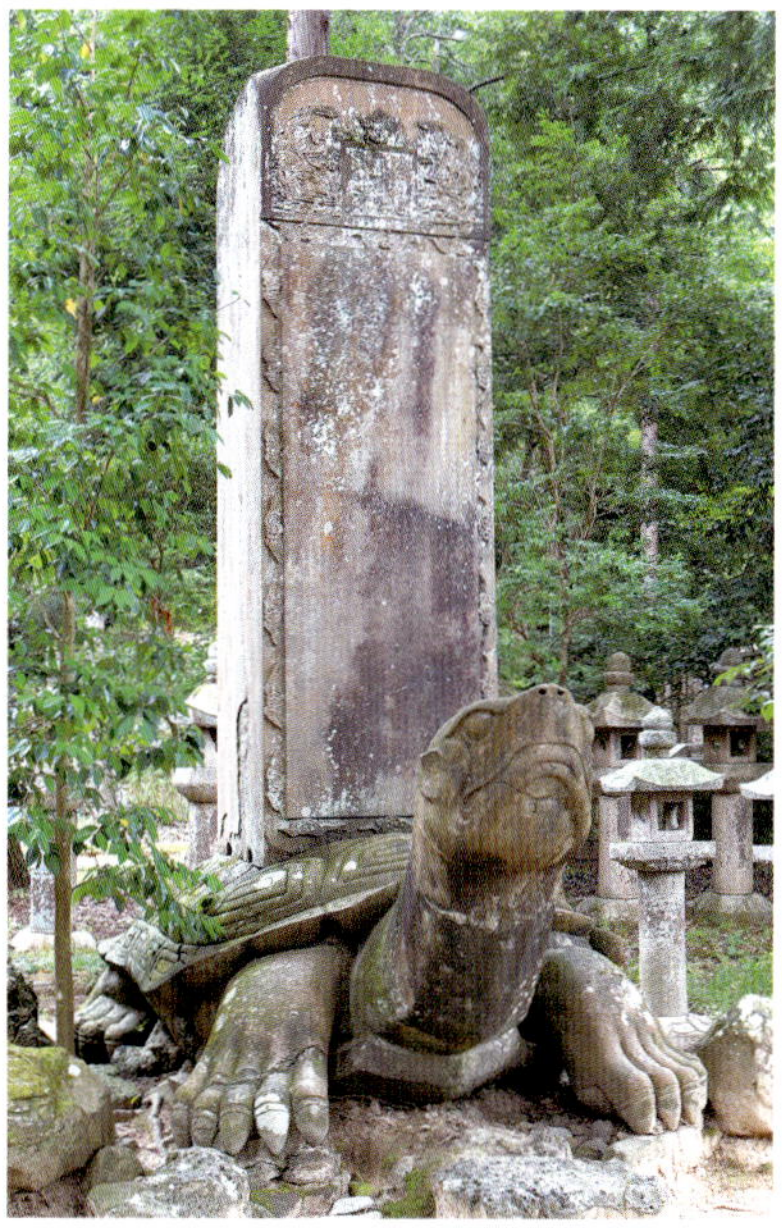

松平宗衍寿蔵碑《まつだいらむねのぶじゅぞうひ》

松江・月照寺《げっしょうじ》

松平治郷《まつだいらはるさと》（不昧《ふまい》）が、父宗衍《むねのぶ》の命を受けて建てた、宗衍《むねのぶ》の徳を讃《たた》える碑《ひ》。大亀の背中に乗る碑文《ひぶん》は、天愚孔平《てんぐこうへい》が書いた。この大亀《おおがめ》が、夜《よ》な夜《よ》な近くのハス池で泳《およ》ごうとしたという伝説を、小泉八雲《こいずみやくも》は『知られざる日本の面影《おもかげ》』で紹介している。

天愚孔平《てんぐこうへい》の千社札《せんじゃふだ》

千社札《せんじゃふだ》は、寺社へ参詣《さんけい》した際に山門《さんもん》などへ貼《は》りつける札《ふだ》である。屋号《やごう》・家紋《かもん》・姓名《せいめい》などを刷《す》った札《ふだ》で、商売繁盛などを祈願《きがん》した。札《ふだ》は、最初は一寸×三寸（約三×九センチ《メートル》）の大きさから始め、札貼りの経験を積むと、次第に大きな札にするのが仲間内の決め事であったようである。千社札《せんじゃふだ》の創始者である天愚孔平《てんぐこうへい》の札《ふだ》は、特大の「大札《おおふだ》」である。

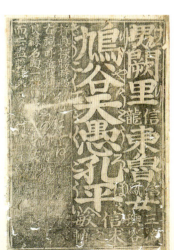

江戸時代　呉市立美術館蔵

城下の武家屋敷

大正時代撮影　南田町《みなみたまち》（下三枚橋《しもさんまいばし》通り南方）の武家屋敷長屋門《ながやもん》

城下の堀を舟で行く　船入《ふないり》のある武家屋敷

堀に面した武家屋敷の敷地内には、船入《ふないり》を設けていた。船を停泊させる施設で、ここから堀を伝って行き来した。

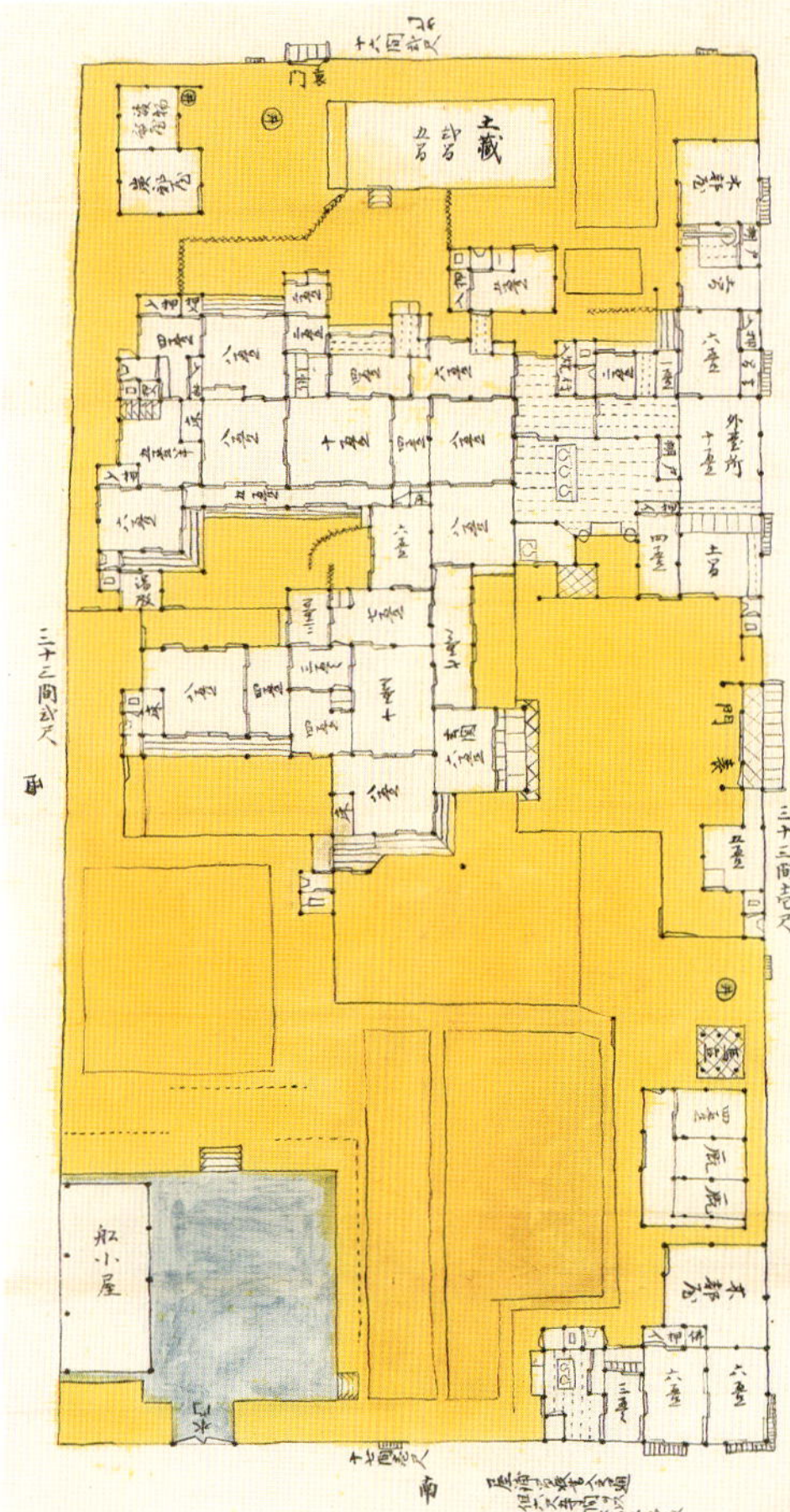

黒澤家屋敷図

黒澤家蔵

江戸赤坂《あかさか》の松江藩邸

松江藩の江戸上《かみ》屋敷は、江戸城赤坂御門《あかさかごもん》の内（東京都港区）にあった。現在の衆議院議長公邸の西側である。この屋敷は、明治維新《いしん》後、一八七二年（明治五）に載仁親王《ことひとしんのう》の邸宅となる。

明治初め頃

軍服姿の松江藩兵

ボタン服にマントを羽織る。幕末に西洋流砲術稽古《ほうじゅつけいこ》取締方《とりしまりかた》を務め、明治初期には砲士隊長を務めた羽山松太《はやまつた》郎《ろう》氏と思われる。

松江市蔵

1867年(慶応3)7月17日撮影　撮影:上野彦馬《うえのひこま》　撮影場所:長崎　藤間亨氏蔵

コウモリ傘をもつ松江藩士
── 軍艦八雲丸《やくもまる》に乗り長崎へ

1867年（慶応３）、松江藩は二番八雲丸《やくもまる》で藩士を長崎へ派遣した。隠岐《おき》に漂着《ひょうちゃく》した琉球人《りゅうきゅうじん》の薩摩《さつま》送還《そうかん》と、蒸気船《じょうきせん》購入の商談のためであった。７月17日、乗組員一行は、長崎で日本における写真師の開祖、上野彦馬《うえのひこま》に撮影してもらった。彦馬《ひこま》は、坂本龍馬《りょうま》を撮影したことでも有名である。

松江藩鐔《つば》師《し》の第一人者、春田《はるた》毎幹《つねもと》

春田は、甲冑《かっちゅう》師の流れをくむ金工《きんこう》として著名であり、春田毎幹《はるたつねもと》は雲州《うんしゅう》春田派を代表する金工《きんこう》である。作品は全て鐔《つば》であり、名工として評価が高い。この鐔《つば》は、その力強さ、巧《たくみ》さ、迫力をよく示す作品である。

表

裏

鉄地連獅子透鐔《てつじれんじしすかしつば》
銘「雲陽住《うんようじゅう》 春田毎幹《はるたつねもと》」
17世紀　松江市蔵

粋《いき》な八角形の鐔《つば》

谷元貞《たにもとさだ》は、松江藩金工《きんこう》谷派《たには》の別家で、寿嶽軒《じゅがくけん》、寿岳斉《じゅがくさい》、松雲亭《しょううんてい》と号《ごう》す。作りの入念なこと、毛彫《けぼ》りの確かさ、浪《なみ》の力強さが、技量の高さを示している。

表

裏

素銅地波濤図鐔《すあかじはとうずつば》
銘「谷元貞《たにもとさだ》」
19世紀　松江市蔵

藩主松平家へ納められた、谷豊重《たにとよしげ》の傑作

谷豊重《たにとよしげ》は、松江藩お抱えの金工谷派《きんこうたには》の二代目。江戸の名工尾崎直政《おざきなおまさ》門下で技を磨き、谷派の第一人者とされる。品位を重んじる作風が特長である。

表

裏

赤銅金象嵌雲龍図鐔《しゃくどうきんぞうがんうんりゅうずつば》　銘「雲陽住谷豊重作《うんようじゅうたにとよしげ》」
18世紀　松江市蔵

葵紋金据象嵌小柄《あおいもんきんすえぞうがんこづか》　銘「雲陽住谷豊重作《うんようじゅうたにとよしげ》」
18世紀　松江市蔵

広瀬藩主《ひろせはんしゅ》が松平藩主へ贈った鐔《つば》

春田宗義《はるたむねよし》は、幕末の金工《きんこう》。もと松江藩武器師で、後に広瀬藩の金工となったとされ、地金の鍛錬《たんれん》を宗義《むねよし》が行っている。松江藩松平《まつだいら》家の旧蔵品。

表

表銘「春田宗義謹作焉《はるたむねよしつつしんでつくる》」

裏

裏銘「雲陽廣瀬住宮崎壽信《うんようひろせじゅうみやざきひさのぶ》（花押）」

葵紋散大小鐔《あおいもんちらしだいしょうつば》（大）
19世紀　松江市蔵

表

表銘「春田宗義謹　鍛之《はるたむねよしつつしんでこれをきたえる》」

裏

裏銘「雲陽廣瀬　住宮崎壽信《うんようひろせじゅうみやざきひさのぶ》（花押）」

葵紋散大小鐔《あおいもんちらしだいしょうつば》（小）
19世紀　松江市蔵

松江藩金工《きんこう》、谷豊充《たにとよみつ》の傑作

谷豊充《たにとよみつ》は、松江に住む谷派の金工で、彫られた海老が今にも跳ね出しそうな傑作である。

海老図象嵌小柄《えびずぞうがんこづか》　銘「谷豊充《たにとよみつ》（花押）」
江戸後期　松江市蔵

第4章

藩政改革とその後の松江藩

一 松江藩の人材育成

藩主のための学問から、藩士のための藩校、庶民のための私塾《しじゅく》・寺子屋《てらこや》へ

藩の教育は、一六四一年に林羅山《はやしらざん》の門人、黒澤石斎《くろさわせきさい》を藩の儒者《じゅしゃ》に採用したことに始まります。その後、江戸では宇佐美灊水《うさみしんすい》が、国許《くにもと》松江では桃白鹿《ももはくろく》がそれぞれ儒者《じゅしゃ》を務めました。国許《くにもと》では、藩校《はんこう》「文明館《ぶんめいかん》」が開かれ、藩士の子弟《してい》教育が行われました。庶民へ門戸を広げた私塾《しじゅく》も盛んで、雑賀町《さいかまち》を中心に、儒学《じゅがく》・兵学・算術など熱心な教育が行われました。なかでも澤野含斎《さわのがんさい》の「培塾《ばいじゅく》」からは、若槻禮次郎《わかつきれいじろう》や梅謙次郎《うめけんじろう》らを輩出《はいしゅつ》しています。

松江藩初の儒者《じゅしゃ》、黒澤石斎《くろさわせきさい》

石斎《せきさい》五十歳の時の自画《じが》像。松平直政《まつだいらなおまさ》は幕府の儒者《じゅしゃ》、林羅山《はやしらざん》の推挙《すいきょ》を得て、石斎《せきさい》を松江藩に迎え入れた。次期藩主綱隆《つなたか》の学問の師となる。兜《かぶと》の前部（前立《まえだて》）が「巻き物」で、石斎《せきさい》の学問に懸《か》ける意気込みが感じられる。

黒澤石斎肖像画《くろさわせきさいしょうぞうが》
1661年（寛文元）8月1日
黒澤家蔵

藩校修道館《しゅうどうかん》の教科書

和刻本「康熙字典《こうきじてん》」一箱四十冊
1863年(文久3)春　江戸　山城屋佐兵衛発行
印文「雲州蔵書《うんしゅうぞうしょ》」
松江市蔵

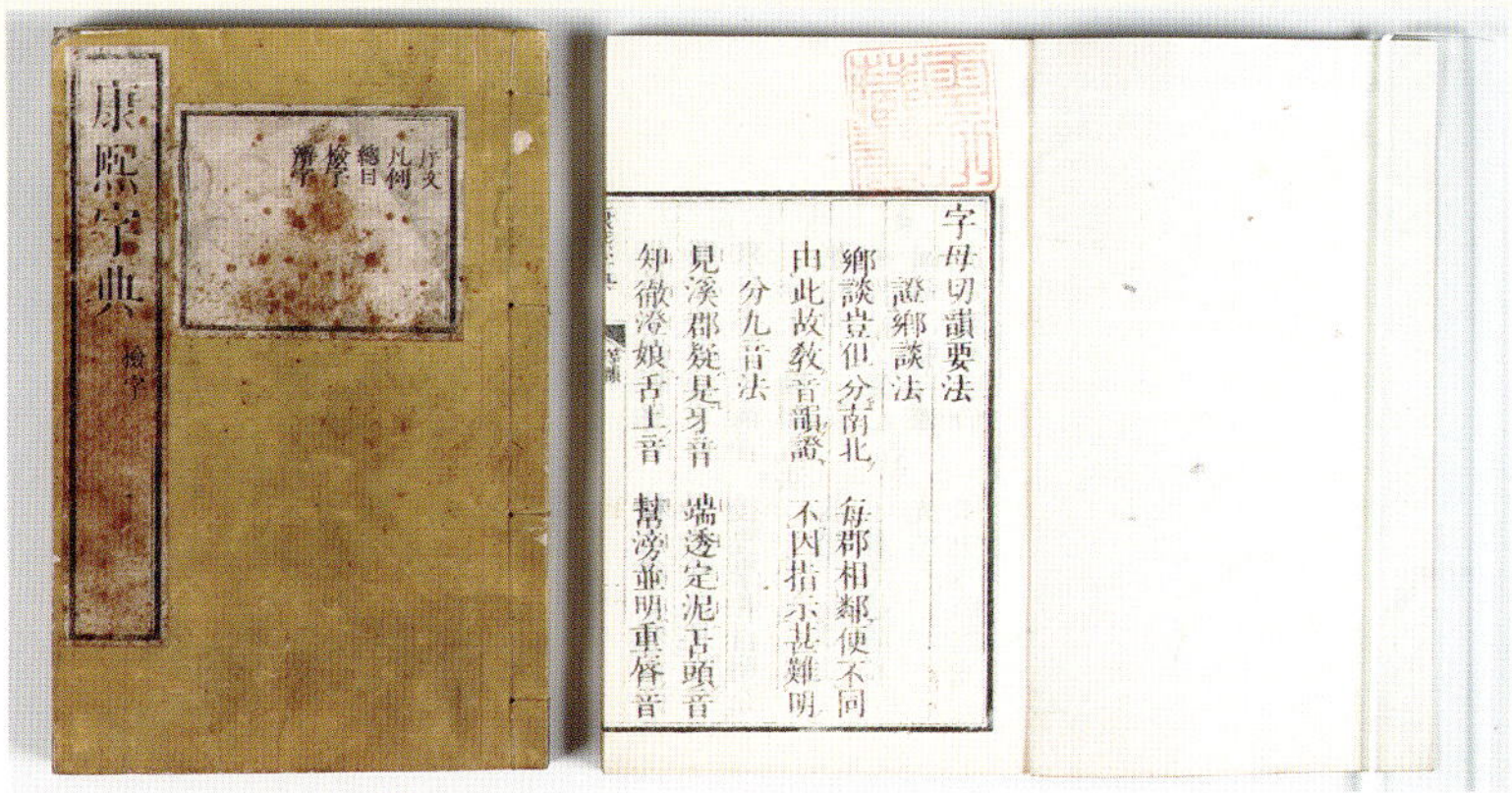

澤野含斎《さわのがんさい》使用の書籍箱

江戸時代末〜明治時代
松江市立雑賀《さいか》小学校蔵

寺子屋の教科書「手本《てほん》」

松江市蔵

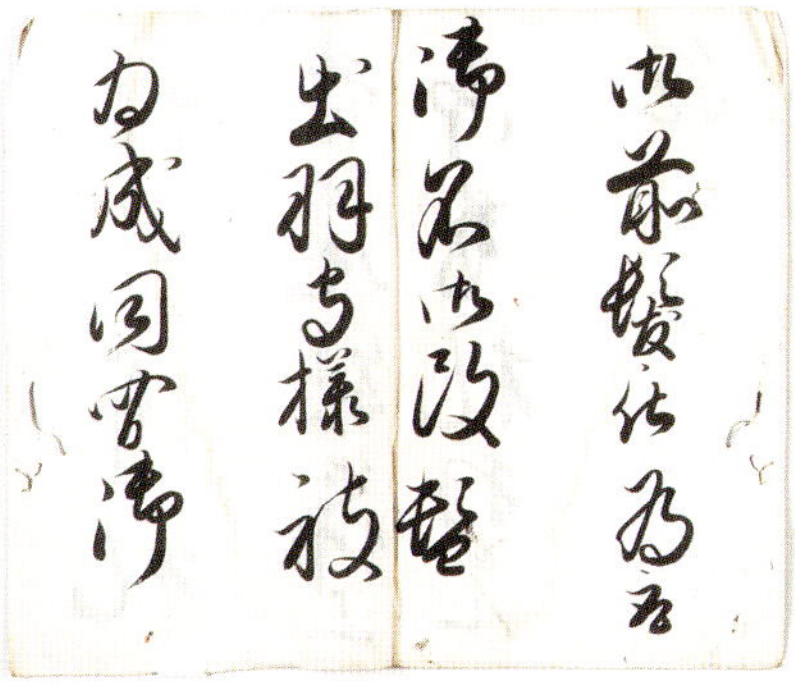

藩校と私塾の流れ

藩校

文明館《ぶんめいかん》
一七五八年

桃白鹿《ももはくろく》（一七二二～一八〇一）
石見国《いわみ》の医者坂根方寿《さかねかたとし》の長男。十五歳の時、桃《もも》家の養子となる。江戸で林信篤《はやしのぶあつ》に学び、藩主松平宗衍《まつだいらむねのぶ》の招きにより藩の儒者《じゅしゃ》として文明館《ぶんめいかん》で教えた。松平治郷《まつだいらはるさと》にも教え、明和《めいわ》（御立派《おたては》）の改革の顧問となった。

明教館《めいきょうかん》
一七八四年

文武館《ぶんぶかん》
一八六三年

桃節山《ももせつざん》（一八三二～七五）
松江藩の侍医《じい》杉貞庵《すぎていあん》の次男。桃《もも》家の養子となり、田村寧《たむらねい》我《が》や雨森精翁《あめのもりせいおう》に学び、江戸では昌平坂《しょうへいざか》学問所で学ぶ。帰郷し、城下各地に散在した諸家の教場を集め藩校文武《ぶんぶ》館《かん》を開設した。のち「人倫《じんりん》日用の道を修めるため」との目標から、修道館《しゅうどうかん》と改称し、一八七二年閉館した。

修道館《しゅうどうかん》
一八六五年

教えた人々

雨森精翁《あめのもりせいおう》（謙三郎、一八二二～八二）

澤野含斎《さわのがんさい》（修輔、一八二八～一九〇三）

内村鱸香《うちむらろこう》（友輔、一八二一～一九〇一）

藩校で学び、

私塾

藩士妹尾《せのお》清左衛門の三男。藩費で大坂に遊学し、のちに江戸の昌平坂《しょうへいざか》学問所で学んだ。帰国後、私塾養正塾《ようせいじゅく》を開き、藩校修道館《しゅうどうかん》教授も勤めた。一八六四年に藩主松平定安の生母里方である雨森《あめのもり》姓を継いだ。

養正塾《ようせいじゅく》（内中原町） 一八五〇年

亦楽舎《えきらくしゃ》（出雲市） 一八七八年

主な塾生

澤野《さわの》含斎《がんさい》

松江に生まれ、江戸の昌平坂《しょうへいざか》学問所で学ぶ。雨森精翁《あめのもりせいおう》の門人。藩主松平定安《まつだいらさだやす》父子の侍講《じこう》となり、修道館《しゅうどうかん》でも教えた。忠孝にもとづく精神を、培《つちか》い育てることを目指した私塾培塾《ばいじゅく》を雑賀町《さいかまち》に開いた。

培塾《ばいじゅく》（雑賀町） 一八五五年

主な塾生

若槻禮次郎《わかつきれいじろう》
島根県初の内閣総理大臣

梅《うめ》 謙次郎《けんじろう》
民法の父・法学者

松江の商家の三男。大坂に遊学し、江戸の昌平坂《しょうへいざか》学問所で学ぶ。藩校文武館《ぶんぶかん》、修《しゅう》道館《どうかん》で儒学を教える。明治維新時、「大義親を滅ぼす」と唱え、松江藩の藩論を形成、版籍奉還《はんせきほうかん》の決行をも建言した。一八七四年に私塾相長舎《そうちょうしゃ》を開く。忠孝を重んじる教育で、門弟三千人を擁する山陰随一の私塾だった。

相長舎《そうちょうしゃ》（西茶町） 一八七四年

主な塾生

若槻禮次郎《わかつきれいじろう》
梅《うめ》 謙次郎《けんじろう》

岸《きし》 清一《せいいち》
近代日本スポーツの父

長谷川辰之助《はせがわたつのすけ》
（後の二葉亭四迷）
小説家

二

二度の藩政改革

徹底した経費《けいひ》節減《せつげん》と殖産興業《しょくさんこうぎょう》により、財政再建に成功

十八世紀に入ると、米価の下落、たび重なる天災などにより、全国的に各藩の財政が逼迫《ひっぱく》し、改革が行われます。松江藩では、まず江戸藩邸の出費を抑《おさ》え、藩士の人員整理を行い、経費を節減《せつげん》しました。さらに、数々の産業を育成して、藩外へ売却し、大きな利益を得ました。その結果、四十九万両もの借金を返済し、財政の建て直しに成功したのです。

松江藩、借金返済への道のり

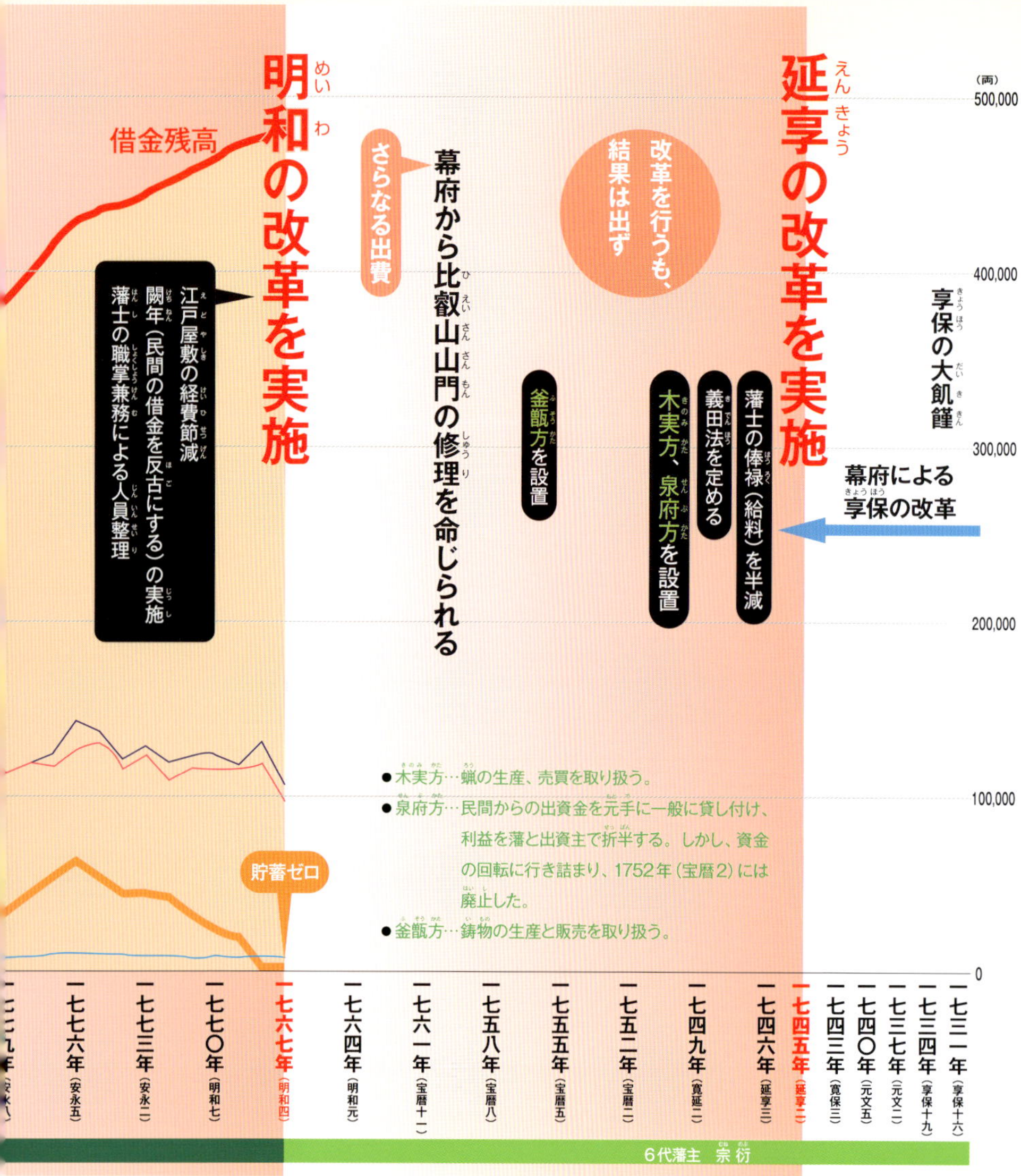

その場しのぎの資金調達《しきんちょうたつ》——義田《ぎでん》

長期分の年貢《ねんぐ》を前納《ぜんのう》する見返りに、以後の年貢を免除《めんじょ》する方法。一時的に藩財政《はんざいせい》を潤したものの、翌年から義田《ぎでん》分の年貢収入が減少し、農民に土地所有権を与えてしまうという問題を残した。

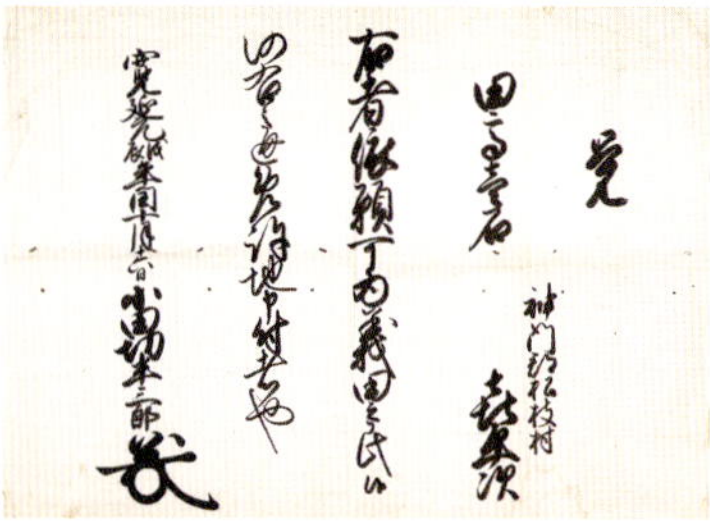

義田証文《ぎでんしょうもん》　1748年(寛延元)閏《うるう》10月16日　松江市蔵

覚
田高壱石
神門郡松枝村
喜平次
右者依願可為義田之民候、
仍右之通免許地申付者也、
寛延元戊辰年閏十月十六日 小田切半三郎(花押)

意味
小田切半三郎から喜平次宛て願い出により義田の民とし、田地一石分の税を免除する。

財政規模の約４倍にあたる借金を返済した

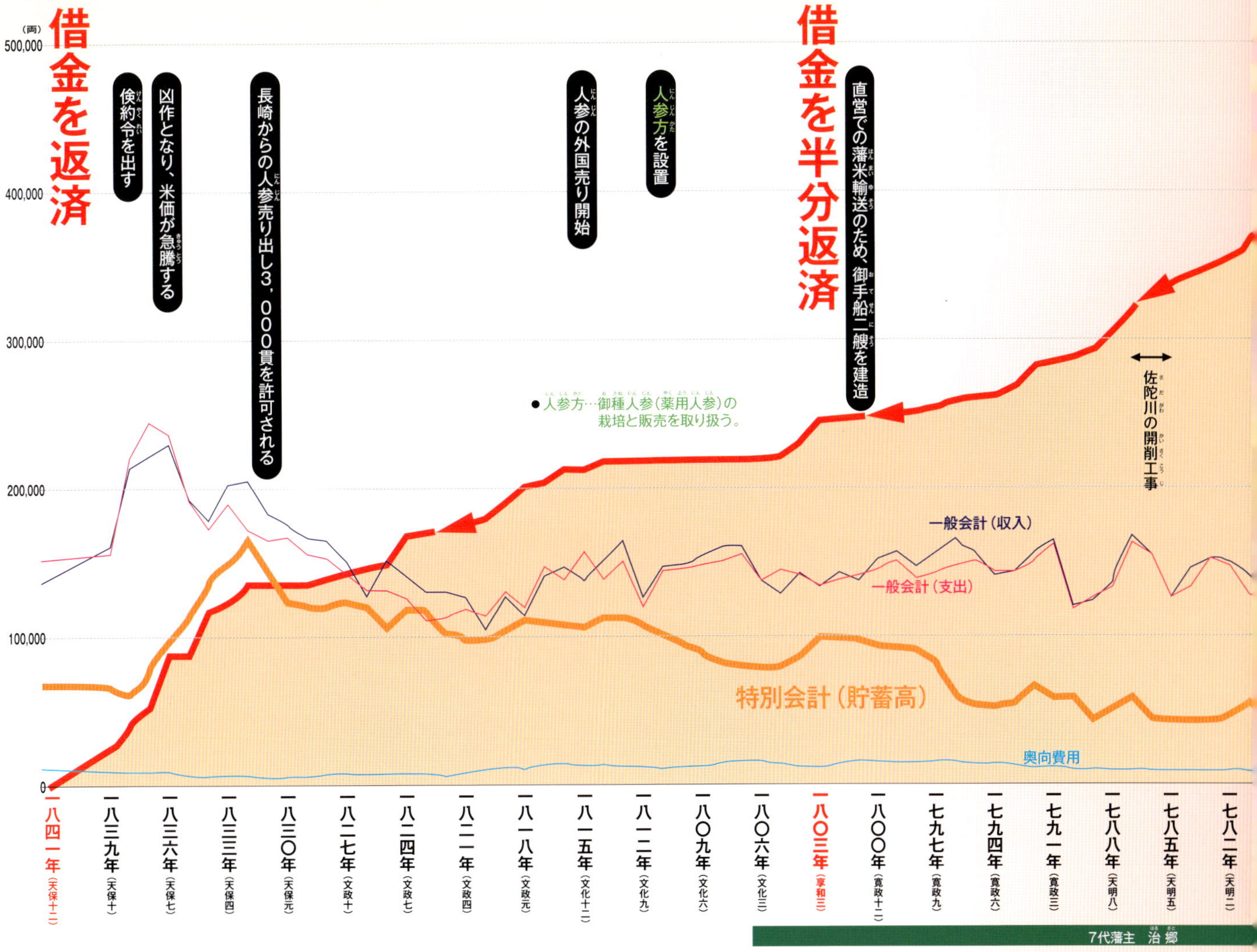

宗衍《むねのぶ》に引退を決意させた「出羽様御滅亡《でわさまごめつぼう》」の噂《うわさ》

延享《えんきょう》の改革が行き詰まりを見せ、江戸では一両さえも融通《ゆうずう》できないと記されている。

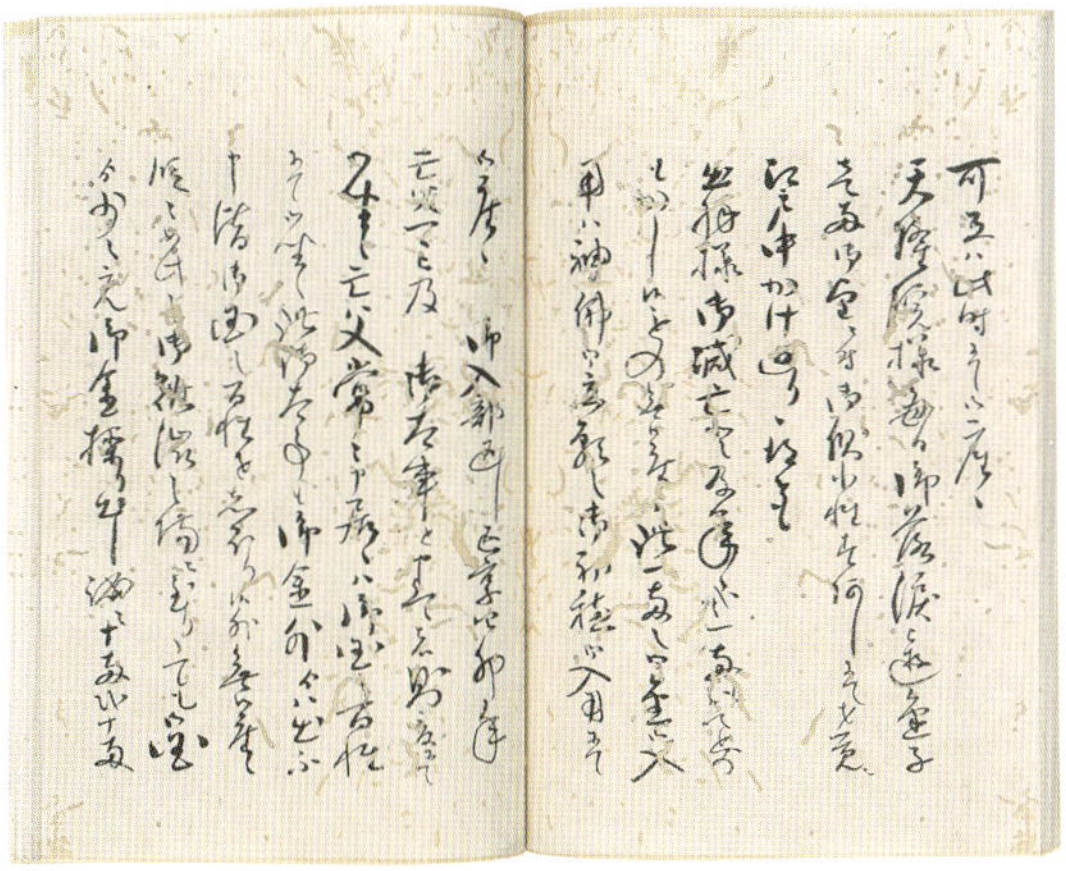

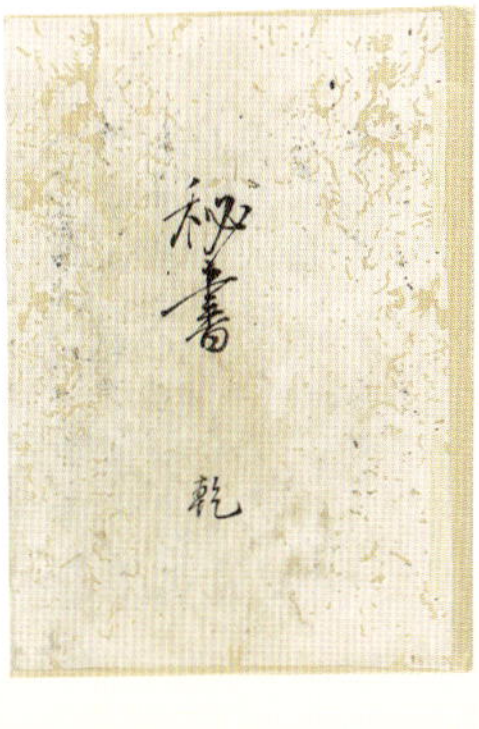

秘書《ひしょ》
朝日千助(朝日丹波の子) 著
島根県立図書館蔵

宗衍《むねのぶ》が諭《さと》した藩士の心構え

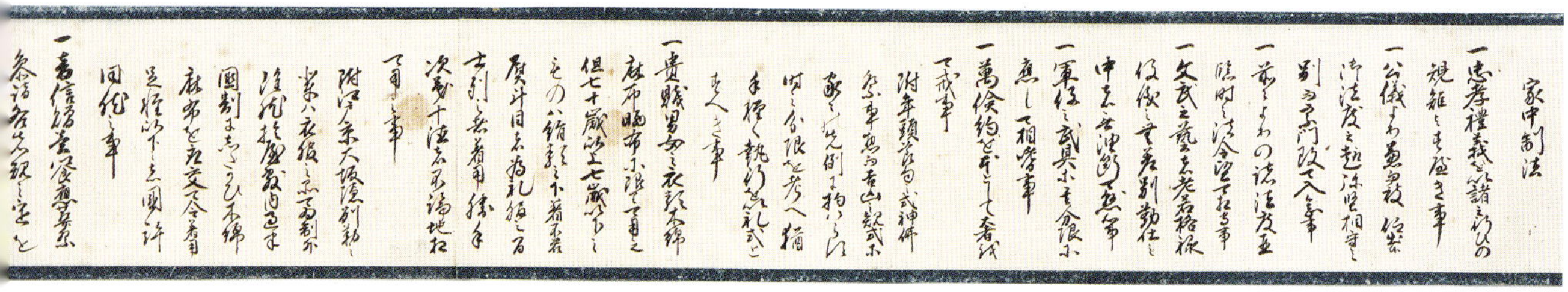

家中制法
一忠孝礼儀を以、諸之行ひの
規矩とすべき事、
一公儀より兼而被　仰出候
御法度之趣、弥堅相守之、
別而宗門改可入念事、
一前々よりの諸法度並
臨時之法令、堅可相守事、
一文武之芸者、老若格禄
役儀之無差別、勤仕之
中者無油断可懸心事、
一軍役之武具等、其分限に
応し可相嗜事、
一万倹約を本として奢を
可戒事、
　附、年頭節句之式神仏
　祭事、惣而吉凶之規式等
　家々の先例に拘ハらす
　時之分限を考へ、猶
　手軽く執行を以礼式と
　すへき事、
一貴賎男女之衣類、木綿・
麻布・晒布に限り可用之、
但七十歳以上、七歳以下之
ものハ、絹類之下着不苦、
熨斗目は為礼服之間、
士列之者着用勝手
次第、十徳は不論地相
可用之事、
　附、江戸・京・大坂・隠州勤之
　輩ハ、衣服之品、可為制外、
　雖然、於屋敷内過半
　国別にしたかひ木綿・
　麻布を取交、可令着用、
　足軽以下之者、国許
　同然之事、
(以下略)

意味

家中が守るべき決まり。
①忠孝や礼儀に基づく行動をとりなさい。②③以前発布された法度はきちんと守りなさい。④文武の芸は、常に心がけて行うように。⑤武具はその身に応じて嗜むこと。⑥倹約し、ぜいたくしないように。附けたり、年頭の節句や神仏の祭りは、家々の先例にこだわらないで、その身に応じた形で行うこと。⑦服装は、男女とも木綿・麻布・晒布《さらしぬの》に限ること。ただし七〇歳以上の者と七歳以下の者は、絹類の下着をつけても良い。のし目は礼服であるので、士列の者は自由に使ってよい。附けたり、江戸・京都・大坂・隠岐勤めの者は、この制限を設けない。しかし屋敷内の多くは、国内の法と同様とするように。足軽は国許と同様とする。⑧手紙や贈答・饗応や葬祭・参詣は、先に出された法を守り、慎んで行うこと。⑨結婚式は、前条に準じるように心がけ、手軽に行うこと。⑩家屋敷は、身に応じた住まいとし、無益の飾りをしたものは好ましくない。ただし、屋敷の表側は見苦しくないように心がけること。⑪格式に応じた尊卑の礼を乱さないように。⑫それぞれの職役に、心の底から尽して、私しないように勤めること。頭奉行たるものは、権威にたかぶらないように。⑬国法家法をわきまえない様な者がいる時は、その頭奉行より、支配下へ常に申し聞かせるように。⑭徒党は天下の御禁制である。理由があっても許されない。⑮時に新たな勤役が廻ってきても、その格式に合わせること。⑯寺社郷町の法度は、先規のとおり違背してはいけない。奉行から申し伝える内容を吟味して聞くこと。⑰妻子や召使の男女は、諸法度の弁《わきま》えなく、時には、法を忘れて犯すものがあるが、何分、禁制なので、常日頃から主人がきちんと言い聞かせること。⑱延享四年(一七四七)八月より国政を、諸士一統・諸役人へ直に出して聞かす内容は、今後、所が替わっても大事な点は変わらないので忘れないように。右の条々は必ず守ること。宝暦二年正月。

家中制法《かちゅうせいほう》　1752年(宝暦2)正月　松江市蔵

七十二年間で四十九万両の借金を返済

松平治郷《はるさと》が藩主であった時からの、財政収支簿《ざいせいしゅうしぼ》。大坂にある蔵屋敷《くらやしき》では、年貢米の販売を商人が請け負っていた。この蔵元《くらもと》商人への借金を返済した記録である。年度ごとに収入（元）と支出（払）に分け、朱墨で項目を、黒墨で金額を記す。

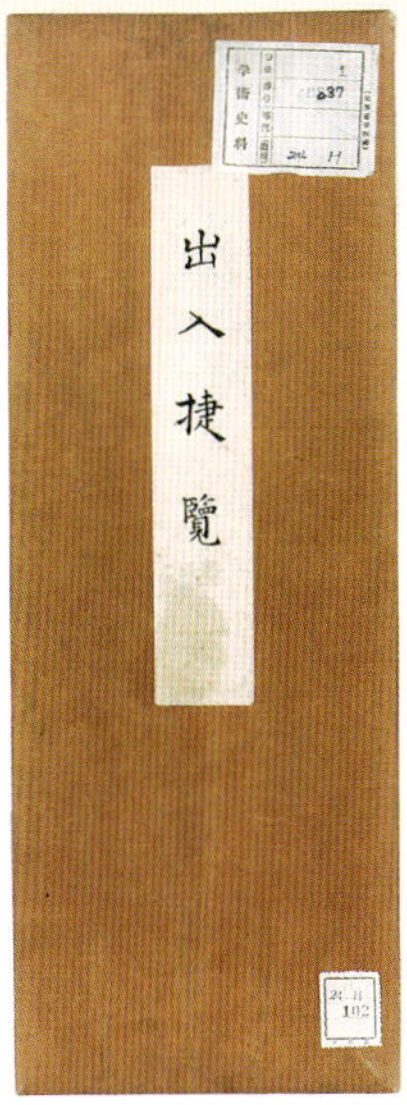

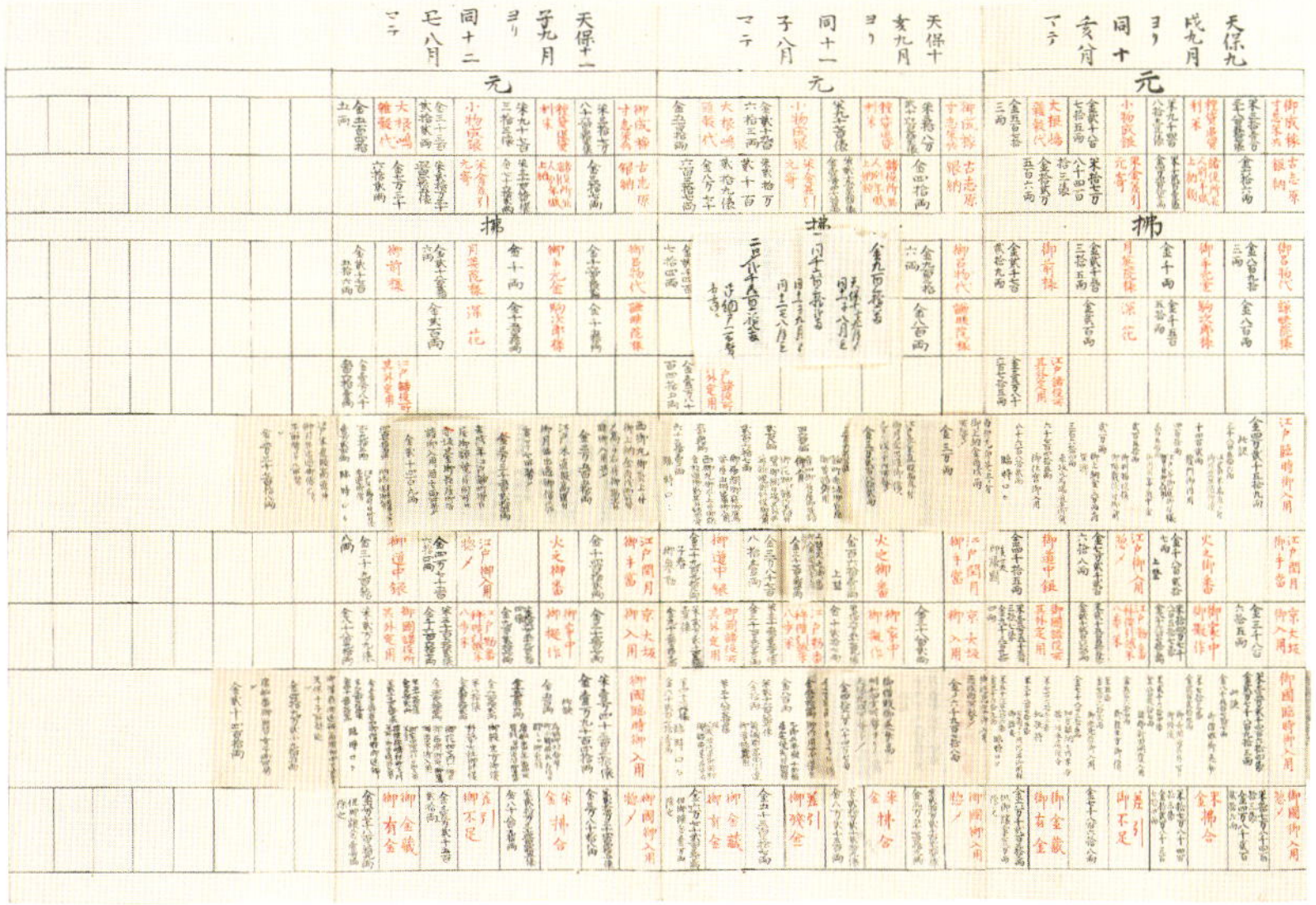

出入捷覧《でいりしょうらん》
大学共同利用機関法人　人間文化研究機構　国文学研究資料館蔵

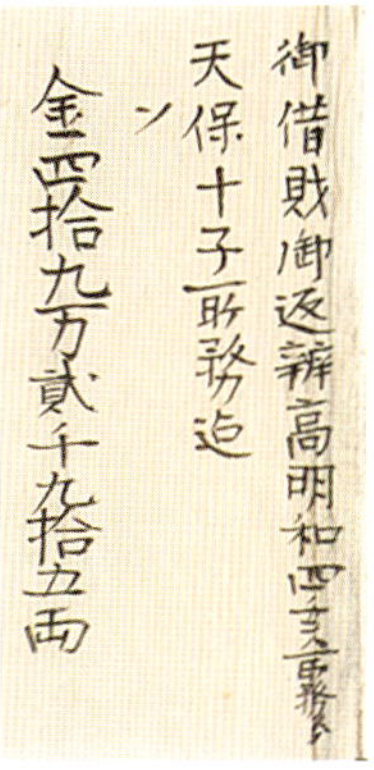

（左下張り紙）

御借財御返弁高、明和四亥所務より
天保十子所務迄
〆
金四拾九万弐千九拾五両

意味

返済した借金の額は、一七六七年から一八三九年まで金四九二、〇九五両である。（略）

松江藩が発行した紙幣

御札座《おふだざ》と呼ばれる発行所が京店《きょうみせ》に開設され、新屋《あたらしや》伝《でん》右《え》衛門《もん》などの豪商《ごうしょう》が札元《ふだもと》となった。

藩札《はんさつ》
松江市蔵

表

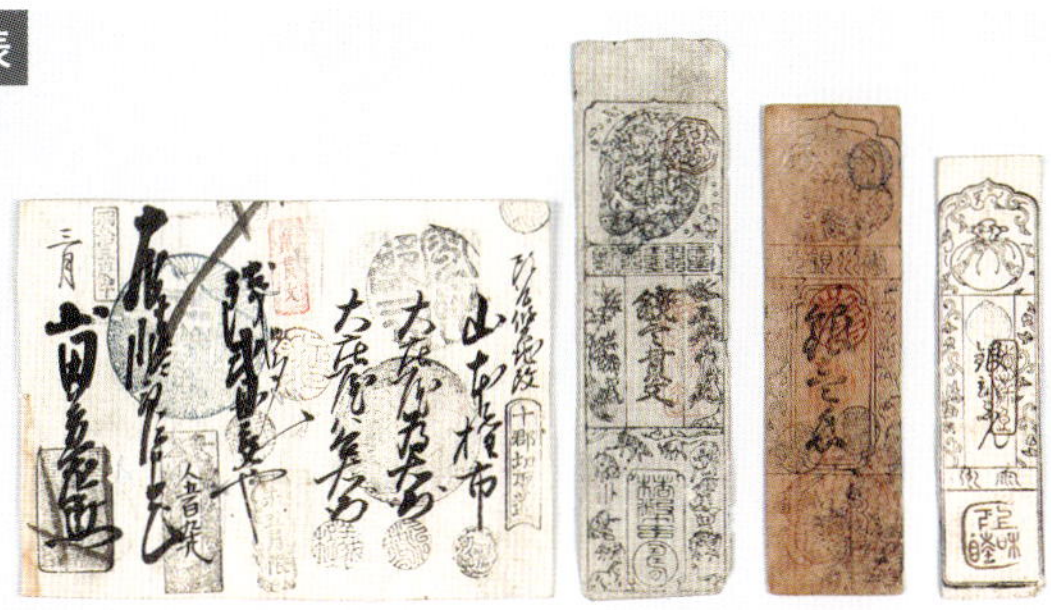

裏

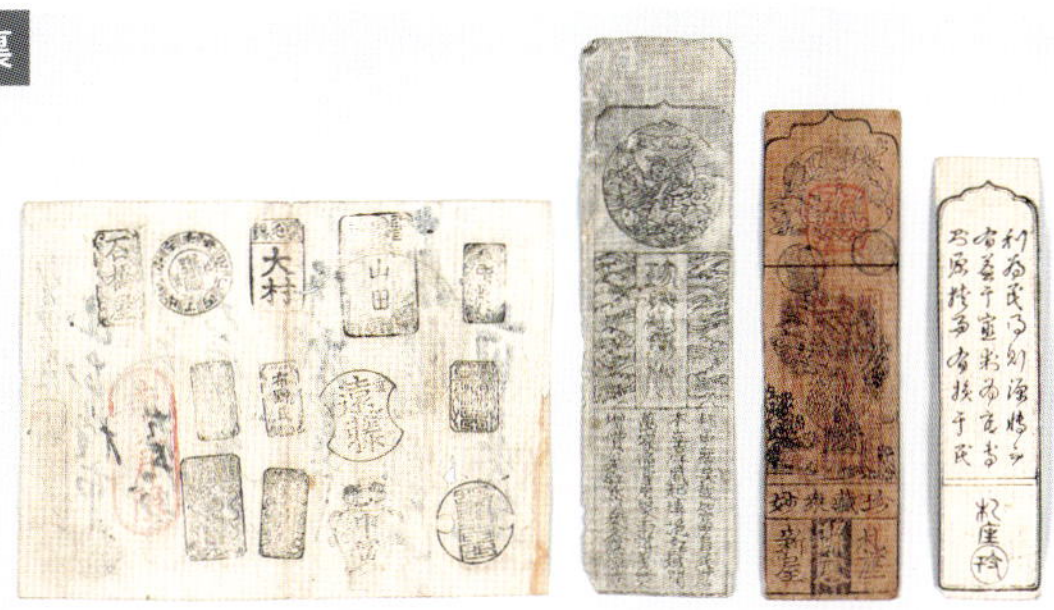

三 幕末の松江藩

親藩《しんぱん》として、時代の流れに翻弄《ほんろう》されながら明治を迎える

広く日本海に接し、異国船の脅威《きょうい》を間近に感じていた松江藩では、いち早く二隻の軍艦を購入し、西洋式の砲術を積極的に採《と》り入れ、防備を固めました。こうした軍備を生かし、長州征討《ちょうしゅうせいとう》では、親藩《しんぱん》として長州藩と戦います。しかし、王政復古《おうせいふっこ》が成《な》り、鳥羽《とば》・伏見《ふしみ》の戦いで旧幕府軍が敗退すると、ついに松江藩は勤王《きんのう》の立場を示し、維新政府《いしんせいふ》に与《くみ》しました。

幕末と明治を繋《つな》いだ藩主 ― 松平定安《さだやす》

藤間亨氏蔵

諸藩の中でもいち早く購入した軍艦

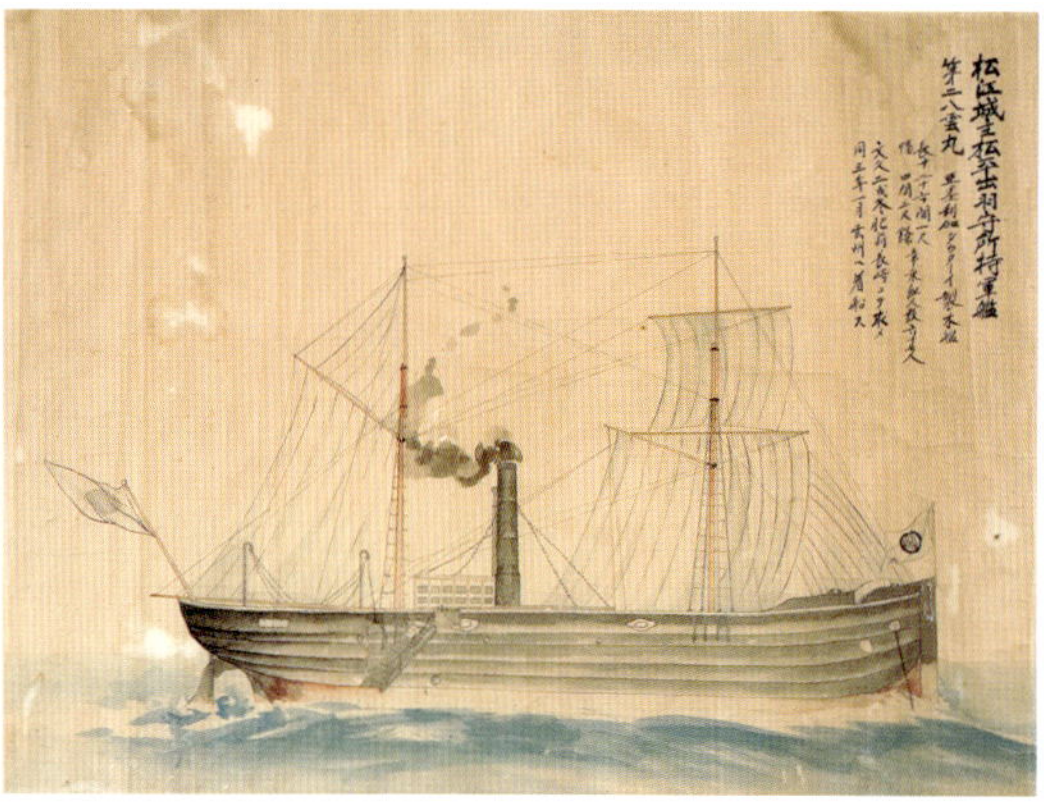

松江城主松平出羽守所持《まつえじょうしゅまつだいらでわのかみしょじ》
軍艦二番八雲丸《ぐんかんにばんやくもまる》

個人蔵

軍備の西洋化

発火装置を改良し、火縄銃よりも操作しやすくなった。

管打式洋式小銃《かんうちしきようしきしょうじゅう》 1867年(慶応3)英国製　松江市蔵

長州征討の経過 ― 親藩の松江藩、石州口《せきしゅうぐち》で奮闘する

1864年(元治元)
第一次長州征討《ちょうしゅうせいとう》

7月23日、幕府は長州征討《ちょうしゅうせいとう》の勅許《ちょっきょ》を得て、一斉攻撃《いっせいこうげき》に入る命令を下し、松江藩も石州口《せきしゅうぐち》からの攻撃に備え、出雲国内に陣《じん》を置いた。しかし、11月11日、長州藩が幕府軍総督《そうとく》の徳川慶勝《とくがわよしかつ》に謝罪したため、戦闘はなく、終結した。

1866年(慶応2)
第二次長州征討《ちょうしゅうせいとう》

6月7日、幕府は周防《すおう》国大島《おおしま》を攻撃し、第二次長州征討《ちょうしゅうせいとう》が勃発《ぼっぱつ》する。長州藩を取り巻く4つの境界、大島口《おおじまぐち》、芸州《げいしゅう》口《ぐち》、石州口《せきしゅうぐち》、小倉口《こくらぐち》で戦闘が行われた。松江藩は、紀州藩《きしゅうはん》主《しゅ》を総督《そうとく》とする石州口《せきしゅうぐち》に陣《じん》を置いた。約2か月半ののち、8月29日に終結した。

- ❶ 6月7日　**松江藩の軍艦一番八雲丸《やくもまる》が幕府の御用船《ごようせん》として参戦する**
- ❷ 6月17日　益田の戦い。幕府軍が敗退する
- ❸ 7月13日　**松江藩が長州藩と戦い、退かせる**
- ❹ 7月16日　幕府軍の敗退
- ❺ 7月18日　**浜田藩主の松平武聰《まつだいらたけあきら》夫妻を二番八雲丸《やくもまる》で松江へ護送する**
- ❻ 7月18日　大森銀山《おおもりぎんざん》が陥落《かんらく》。代官所へ長州藩が入る
- ❼ 8月　**出雲国境にて松江藩が長州藩と対峙《たいじ》する**

8月20日　将軍徳川家茂《いえもち》の死を公表
21日　休戦の談判
29日　幕府から退去命令
⟶出雲国内への侵攻はなかった

国境《くにざかい》に迫る長州軍の様子を伝える

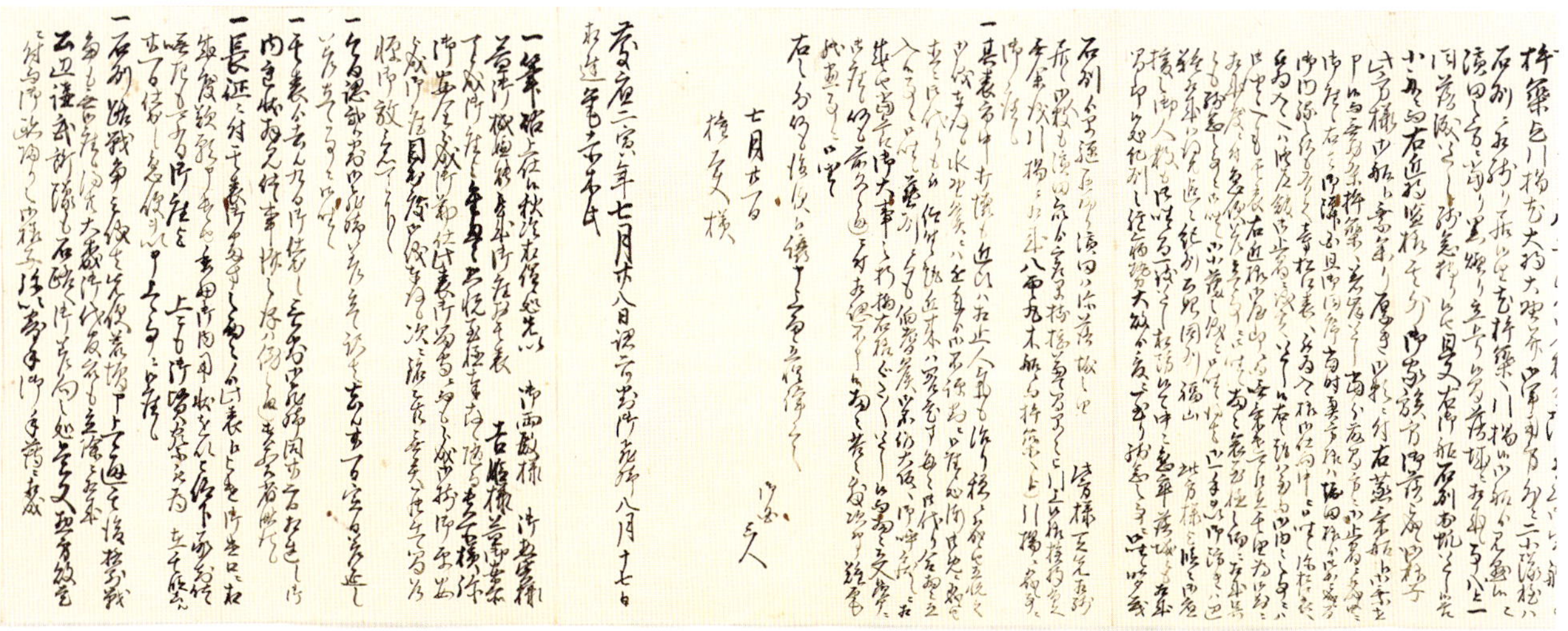

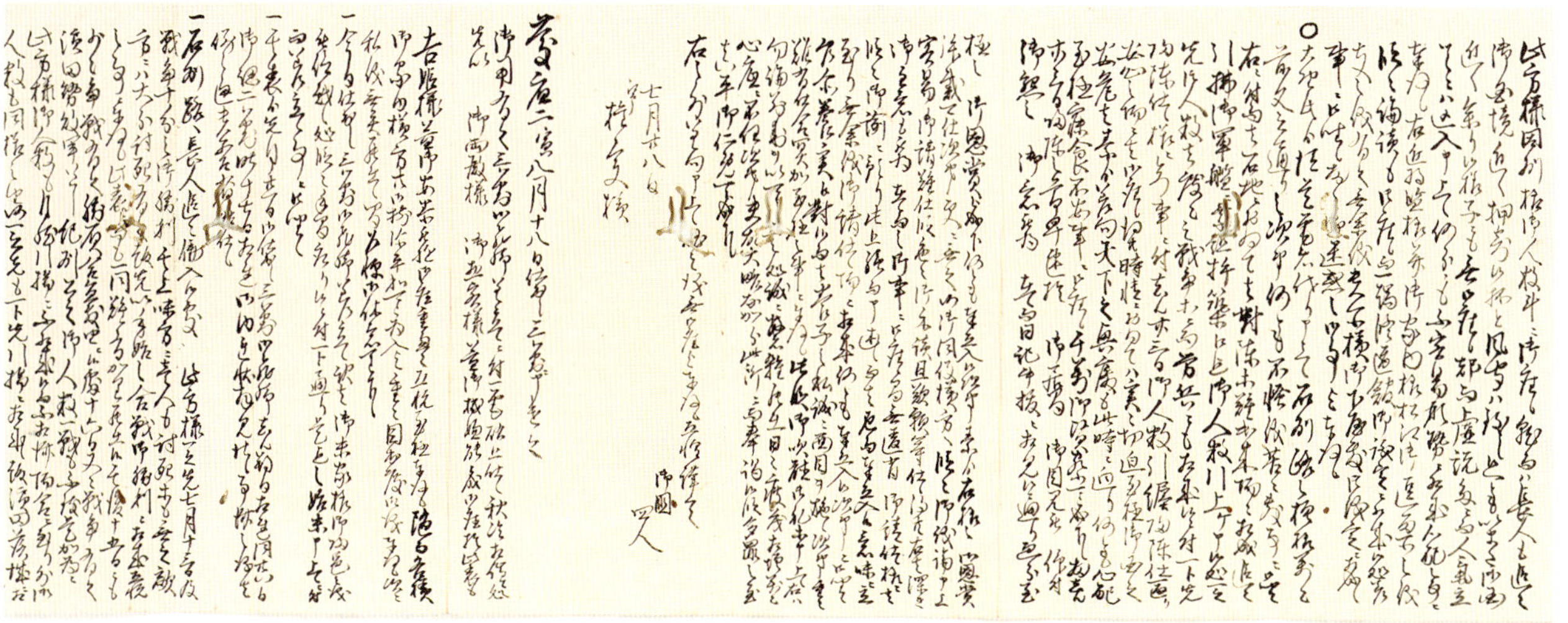

（略）就而《ついて》ハ長人《長州人》も追々
御国境近く押寄候杯《など》と風聞ハ致し候へとも、いまた御国
近く参り候様子ニも無御座候、都而《すべて》虚説多ニ而人気立
候ニハ込入《こまりいり》申上候、何分ニも不容易形勢ニ相成、心配之事ニ
奉存候、（略）

内外《ないがい》御《ご》用状《ようじょう》頭書《とうしょ》

1866年(慶応2)7月28日条
三谷健司氏蔵

意味

松江の家老四人から江戸の家老三谷権太夫宛て
長州の軍勢も、追々出雲国境近くへ押し寄せてくるとの噂ですが、来る様子もありません。どれも虚説で、人々の気持ちが荒立ち困っています。いずれにせよ大変な情勢で心配です。

山陰道鎮撫使事件《さんいんどうちんぶしじけん》 ── 松江藩最大の危機

一八六七年（慶応三）十月十四日　大政奉還《たいせいほうかん》（幕府が朝廷へ政権を返還）
一八六八年（慶応四）一月　三日　鳥羽伏見《とばふしみ》の戦い（幕府が朝敵となる）
五日　山陰道鎮撫使《さんいんどうちんぶし》が組織され、派遣される
八日　松平定安《まつだいらさだやす》は勤王《きんのう》の意思を家臣へ伝える

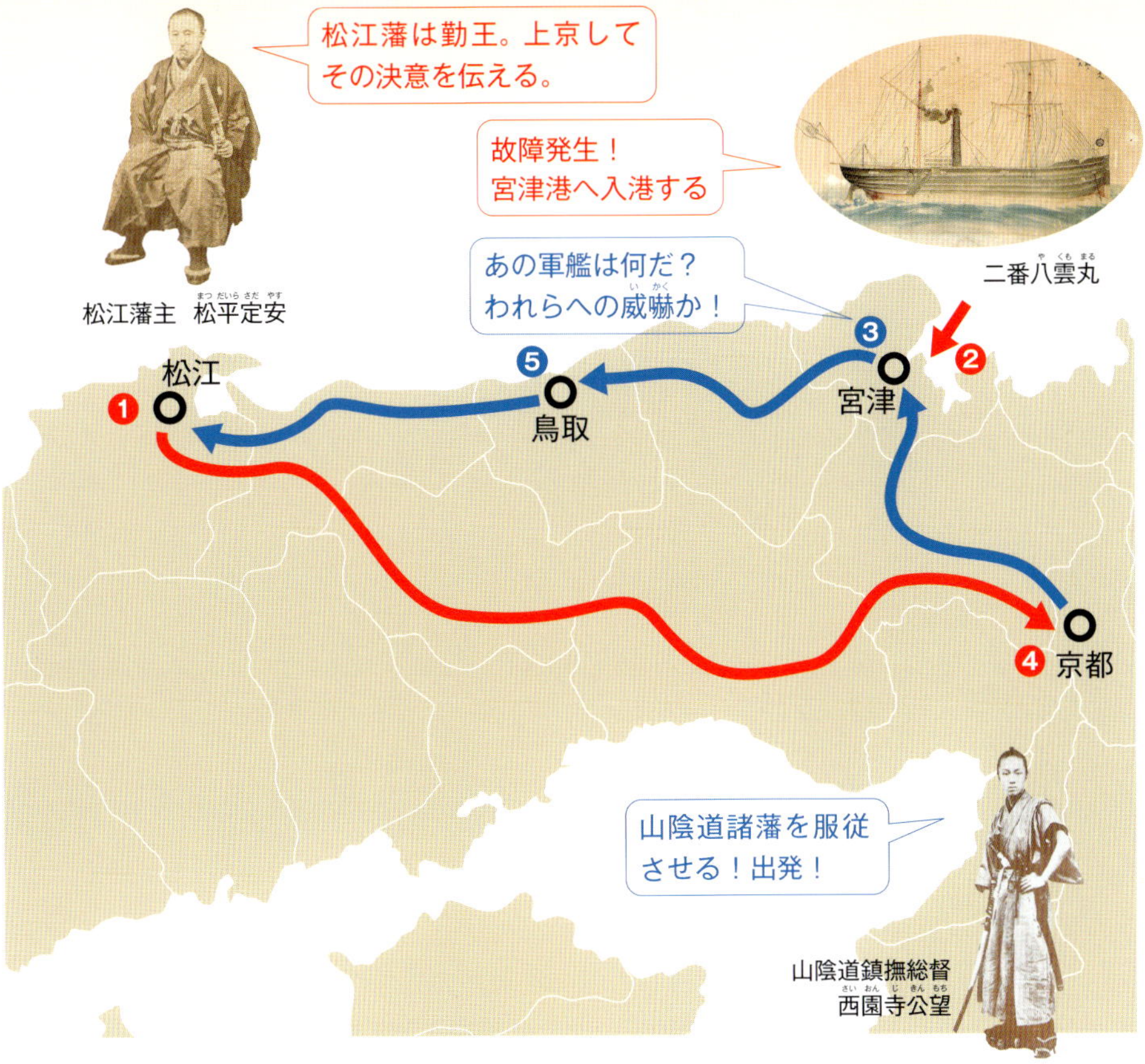

松江藩主　松平定安《まつだいらさだやす》
二番八雲丸《やくもまる》
山陰道鎮撫総督
西園寺公望《さいおんじきんもち》

❶ 1月19日　**松平定安《まつだいらさだやす》は勤王《きんのう》の意思を伝えるため、京都へ出発**
❷ 27日　**故障のため、松江藩の軍艦二番八雲丸《やくもまる》が宮津《みやづ》港へ入港**
❸ 同日　宮津《みやづ》付近にいた鎮撫使《ちんぶし》は、八雲丸《やくもまる》の行動を威嚇《いかく》と見なし、港で勾留《こうりゅう》
❹ 29日　**松平定安《まつだいらさだやす》が京都へ到着する**
❺ 2月5日　松江藩の行動に対し、鳥取に着いた鎮撫使《ちんぶし》は嫌疑《けんぎ》をかける

1　宿営地《しゅくえいち》の近くへ、軍艦が入港したこと
2　鎮撫使《ちんぶし》を避けた道を通り、挨拶をしなかったこと

2月13日　鎮撫使《ちんぶし》は4か条の中から、ひとつを選び謝罪するよう要求

一、出雲国の半分を朝廷へ献上する
一、家老の死をもって、謝罪する
一、藩主の後継ぎを人質として差し出す
一、国境において決戦をする

藩主不在のため
家老合議で決定

筆頭家老の大橋筑後《おおはしちくご》は切腹《せっぷく》を覚悟した。しかし、2月25日になり嫌疑が晴れ、勤王《きんのう》を誓うことで謝罪が成立した。3日後鎮撫使《ちんぶし》一行は松江城へ入り、危機を脱した。

侠女《きょうじょ》 玄丹《げんたん》お加代《かよ》

加代《かよ》は針医、錦織玄丹《にしこおりげんたん》の娘。松江に滞在中の鎮撫使《ちんぶし》一行の宴席《えんせき》で、刀の刃先に刺されたかまぼこを、悠然《ゆうぜん》と口で受けたという逸話《いつわ》がある。　高見良平氏蔵

維新政府《いしんせいふ》の任務を帯びた一番《いちばん》八雲丸《やくもまる》

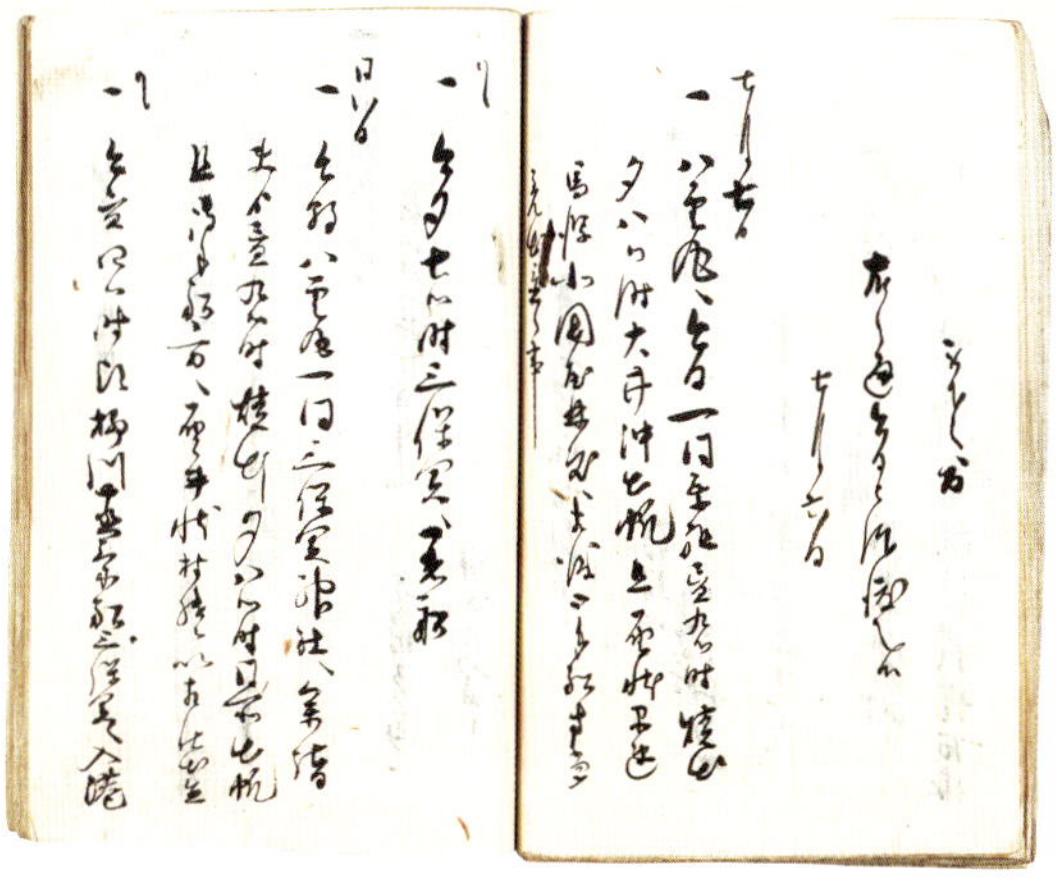

越後航海日記《えちごこうかいにっき》　1868年（明治元）7月7日条　中山英男氏蔵

十五時頃、八雲丸《やくもまる》は城下の東方にある大井沖《おおいおき》を出帆《しゅっぱん》した。奥羽戦争《おううせんそう》に出兵中の、長州藩への石炭補給が目的であった。

七月七日
一　八雲丸へ今日一同乗組、昼九ツ時焼出、
　夕八ツ時大井沖出帆、且届状早速
　馬潟北国屋林蔵へ相渡、御手船方当ヲ
　差出シ置候事、
同日
一　今夕七ツ時、三保関へ着船、
同八日
一　今朝、八雲丸一同、三保関神社へ参詣、
　夫より昼九ツ時焼出し、夕八ツ時同所出帆、
　且御手船方へ届候書状村継ヲ以相仕出し置、
（略）

意味

七月七日、八雲丸へ一同乗り込み、正午にボイラーに火を入れ、午後三時に大井沖へ出航した。届け状を馬潟の北国屋林蔵へ渡し、御手船方《おてせん》宛ての文も出した。同日午後五時、美保関《みほのせき》に着船した。八日朝、八雲丸乗組員一同は美保関神社へ参詣し、それから正午にボイラーに火を入れ、午後三時に出航した。御手船方へ届ける書状を村継ぎで出した。

松江の文明開化

一八七一年（明治四）、散髪脱刀令《さんぱつだっとうれい》が出されると、各地で散髪《さんぱつ》屋が開業した。一八七〇年（明治三）に来日したワレットに学んだ旧松江藩士の瀧野多三郎《たきのたさぶろう》は、二年後、松江で初めて散髪《さんぱつ》屋を開業し、十八年間営業した。

散髪用具《さんぱつようぐ》　松江市蔵　（瀧野家《たきのけ》旧蔵）

第5章

松江藩を支えた産業

一

雲陽国益鑑《うんようこくえきかがみ》

松江藩で生み出された商品は藩外へ売り出され、利益をもたらした

藩政改革《はんせいかいかく》で殖産興業《しょくさんこうぎょう》に力を入れた松江藩は、数々の特産品を生み出しました。藩が直営で生産・販売した御種人参《おたねにんじん》や、櫨《はぜ》蝋《ろう》、鉄《てつ》のほか、民間流通した木綿《もめん》やその他の商品も藩財政の立て直しに大きく役立ちました。こうした産業を相撲《すもう》に見立てた番付《ばんづけ》が、雲陽国益鑑《うんようこくえきかがみ》です。この番付から、松江藩内における産業を知ることができ、当時の生活がよみがえります。

国に収益をもたらす産業は何か？

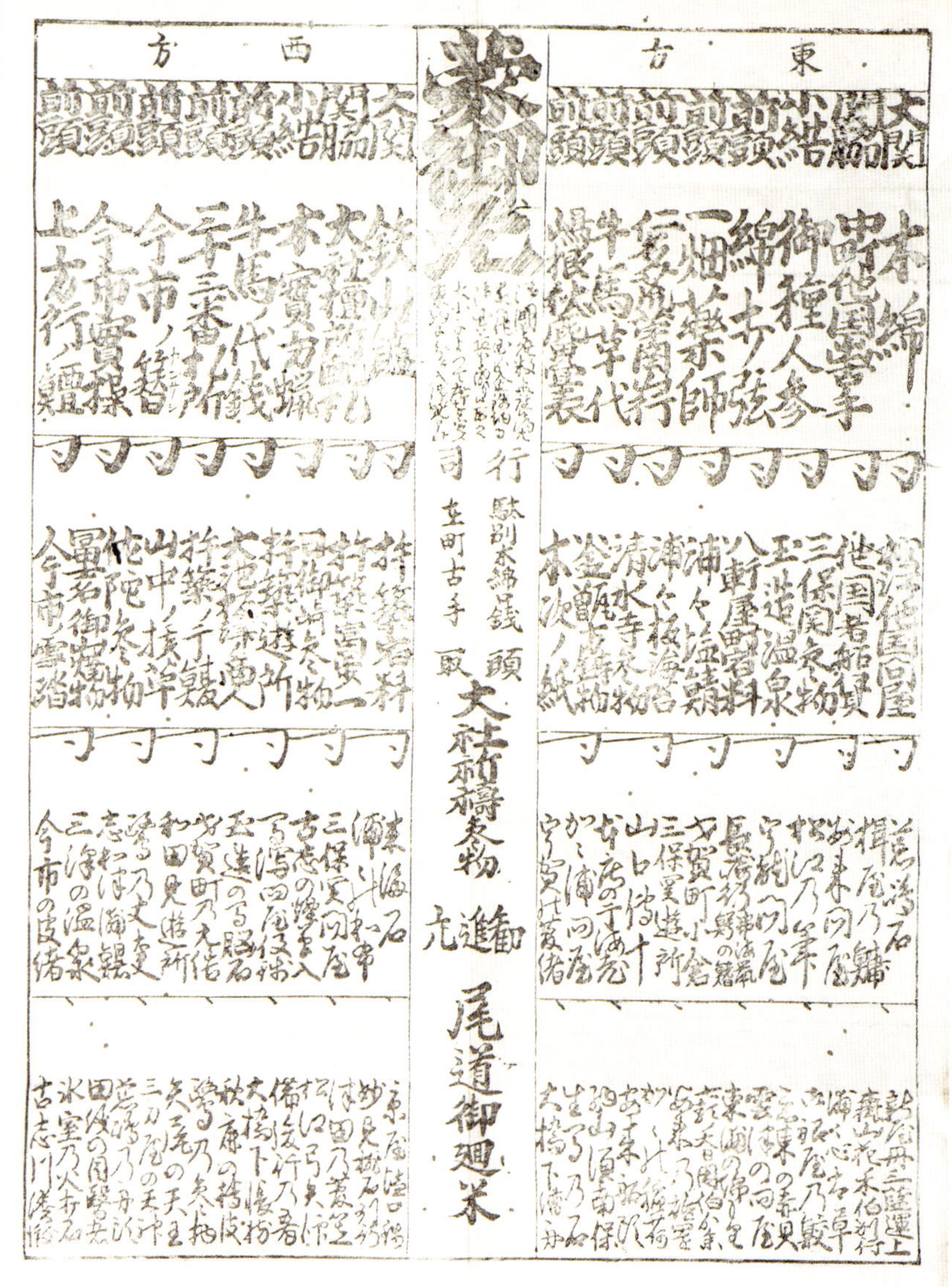

雲陽国益鑑《うんようこくえきかがみ》　神田忠興氏蔵

巡礼の道

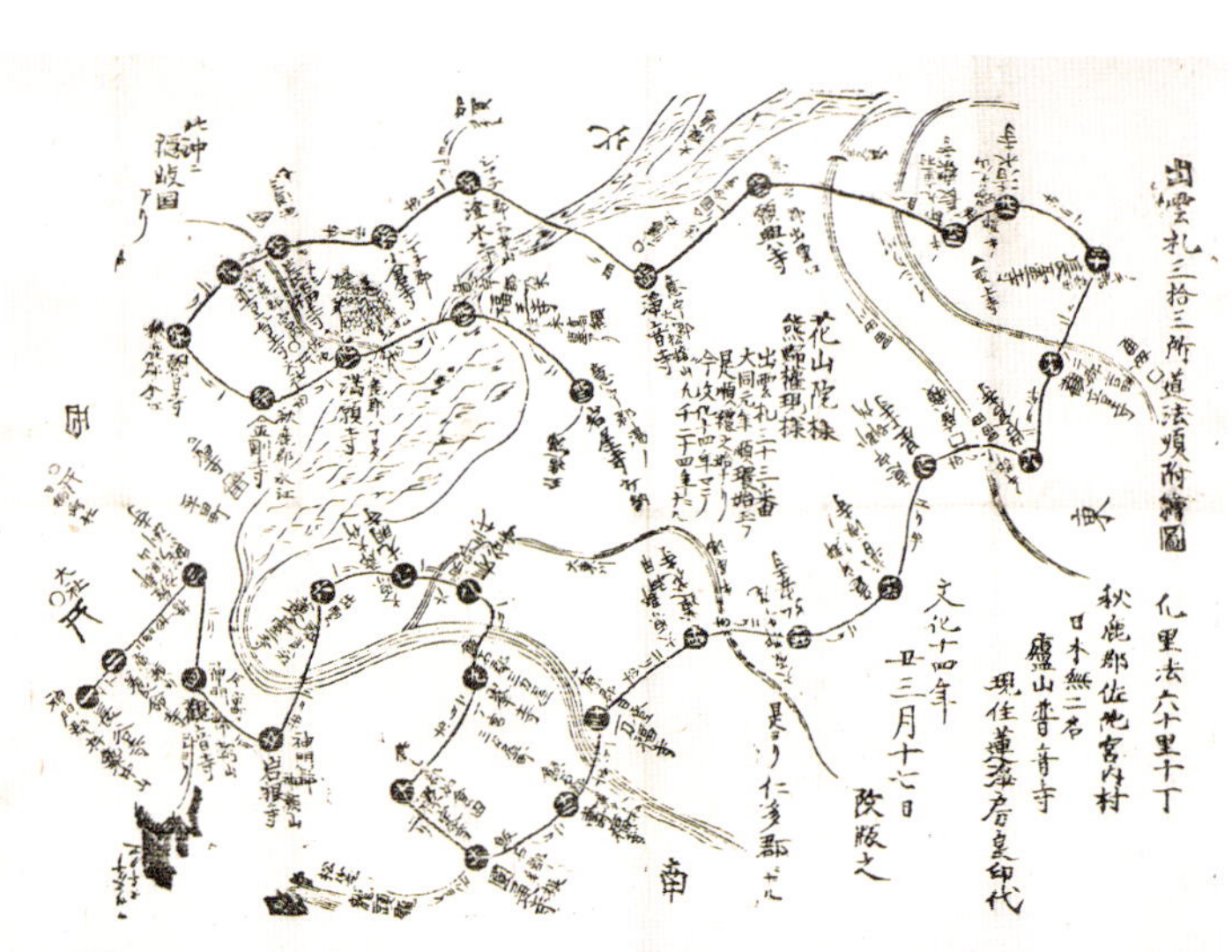

出雲札三十三所道法順附絵図《いずもふださんじゅうさんしょみちのりじゅんづけえず》

松江市蔵

出雲国内33か所の観音霊場《かんのんれいじょう》を巡礼《じゅんれい》する道筋を記した絵図である。江戸時代、出雲札《いずもふだ》に関する出版物は数多く、その盛《せい》行《こう》ぶりがうかがえる。

江戸時代に復活した装飾品《そうしょくひん》作り

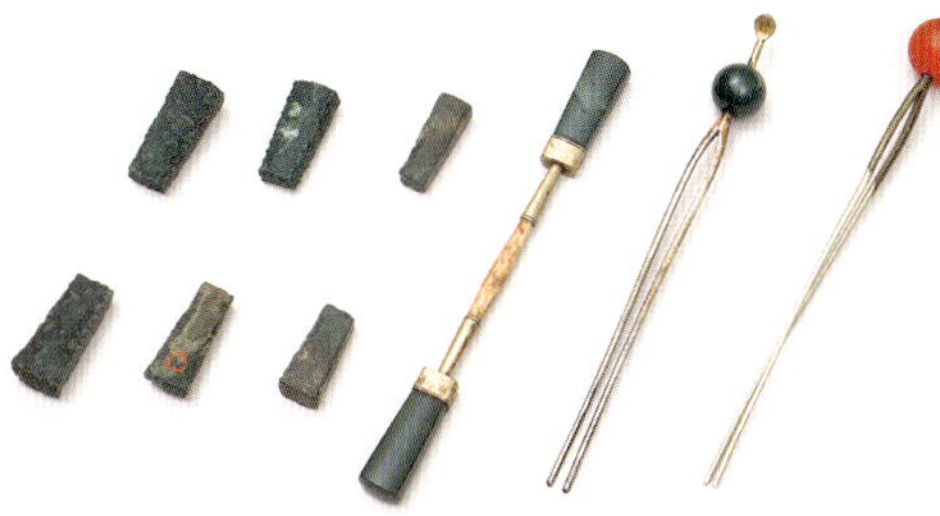

玉造《たまつくり》の瑪瑙細工《めのうざいく》　松江市蔵

松江市《まつえし》玉湯町《たまゆちょう》で産出する。古代から勾玉《まがたま》や管玉《くだたま》に加工し、朝廷へも献上《けんじょう》していた。加工技術は中世に一旦途絶えたが、天保年間（一八三〇〜四三）に復活した。製品には簪《かんざし》、笄《こうがい》といった髪飾りや、煙草《たばこ》入れの根付《ねつけ》などがある。

お茶道具から生活雑器まで生産した

布志名焼《ふじなやき》の焼物　松江市蔵

箱の蓋《ふた》には「雲善造《うんぜんぞう》」とある。松江藩の御用《ごよう》窯《がま》「雲善窯《うんぜんがま》」で造られた火鉢《ひばち》である。

やわらかく、吸湿性《きゅうしつせい》に優れた石材

荒島石《あらしまいし》　松江市蔵

安来市荒島町《やすぎしあらしまちょう》で産出する。土蔵などの建築用石材をはじめ、竈《くど》、井戸、貯水槽《ちょすいそう》、流し場や炬燵《こたつ》石に加工された。

松江の人々に身近な石材

来待石《きまちいし》の狛犬《こまいぬ》
坪内正史氏 作
松江市蔵

松江市宍道町《まつえしししんじちょう》や玉湯町《たまゆちょう》で産出する。大量に採《と》れ、かつ細かな加工がしやすいことから、墓石や狛犬《こまいぬ》、屋根の棟石《むないし》や灯篭《とうろう》など、人々の暮らしの中で多く用いられてきた。

二 松江の蝋《ろう》と木実方《きのみかた》

収益を上げた藩営の蝋《ろう》製造

藩は木実方《きのみかた》という役所を設《もう》け、蝋《ろう》の生産を積極的にすすめました（延享《えんきょう》の改革）。とくに蝋《ろう》の原料となる櫨《はぜ》の木《き》の植樹を奨励《しょうれい》し、出雲国内で七十万本をめざします。藩営で蝋《ろう》生産を行い、民間での売買を禁止しました。品質がよく粘り気がある出雲産の蝋《ろう》は、大坂の蝋問屋《ろうどんや》に運ばれたのち、蝋燭《ろうそく》に加工され全国へ売り出されました。その収益は、藩財政の再建に貢献しました。

琉球櫨《りゅうきゅうはぜ》の実《み》

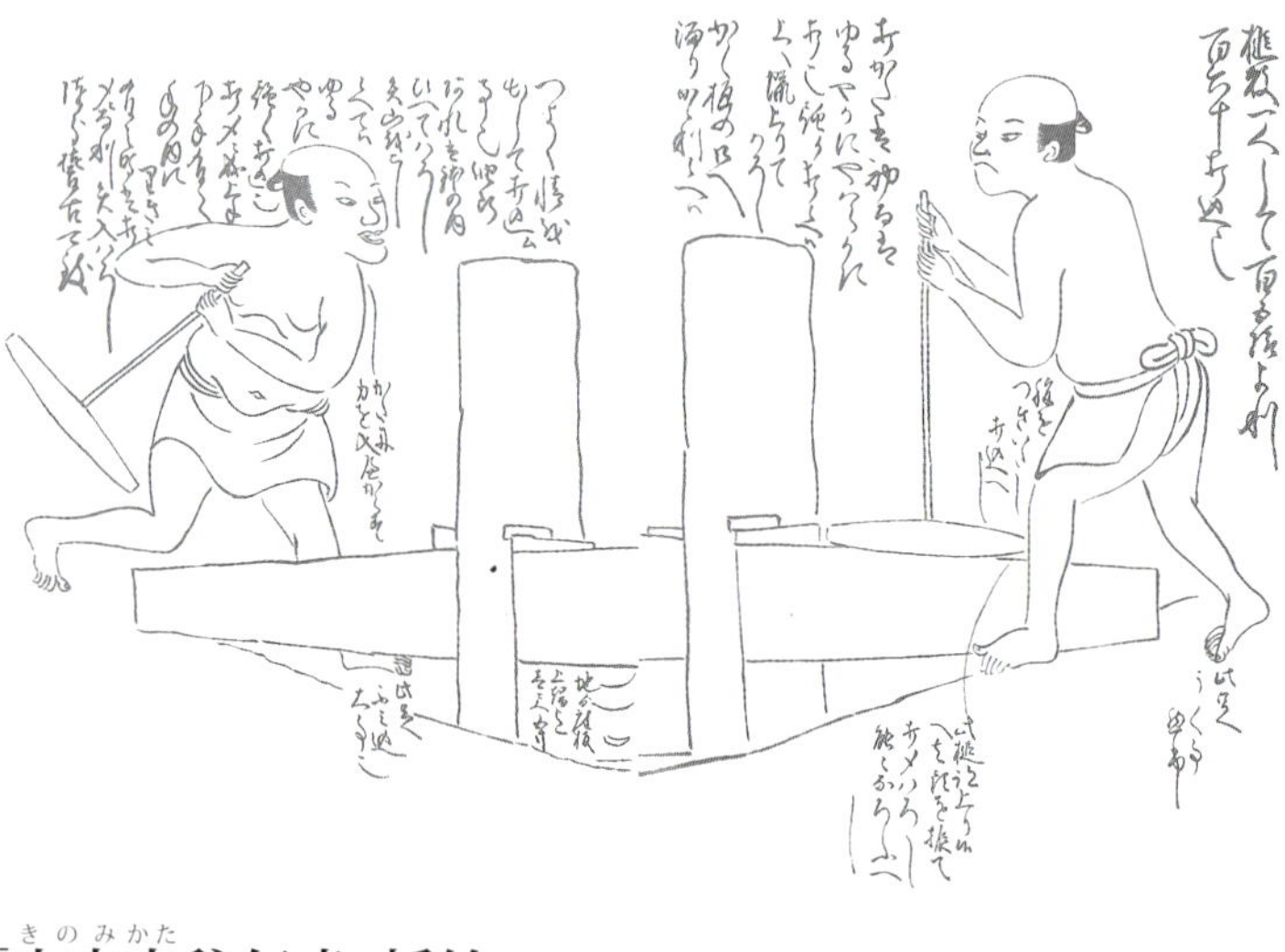

櫨《はぜ》の実《み》を絞《しぼ》り、蝋《ろう》を採る

「木実方《きのみかた》秘伝書」挿絵

木実方役所《きのみかたやくしょ》表門

城下京橋川沿《きょうはしがわ》いにあった。

櫨《はぜ》の木《き》のある山と里《さと》

上講武村山絵図《かみこうぶむらやまえず》（部分）
1769年（明和6）4月
松江・鹿島町上講武集会堂蔵

櫨《はぜ》の実《み》を藩へ納めるよう伝える木実方《きのみかた》の文書

木実方役所覚書《きのみかたやくしょおぼえがき》
1799年（寛政11）8月付　山根克彦氏蔵

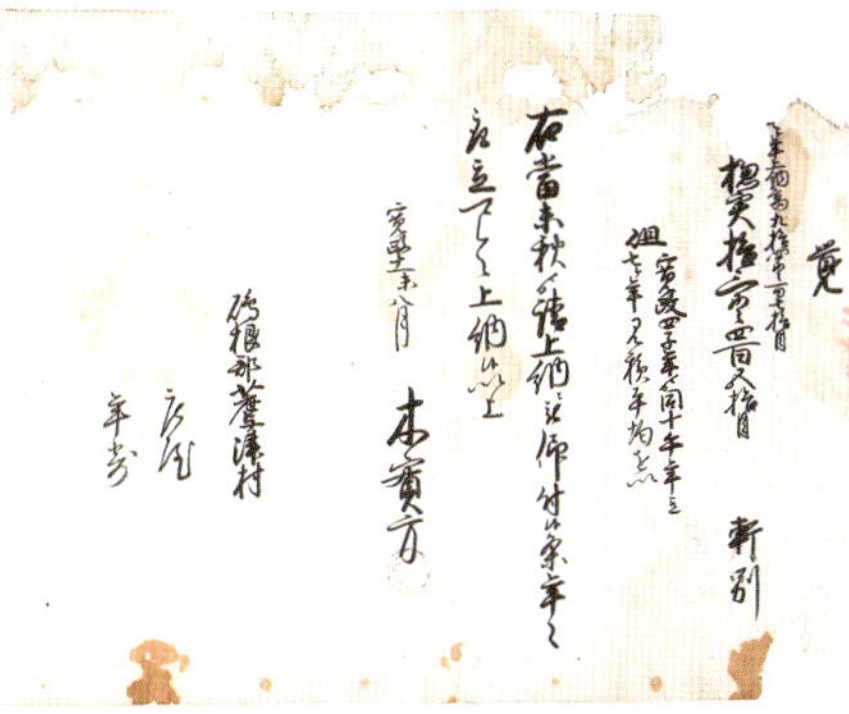

覚
七ケ年上納高九拾四貫百七拾目
櫨実拾三貫四百五拾目　軒別
但寛政四子年より同十年年迄
七ケ年見積平均を以、
右当未秋より請上納ニ被仰付候条、年々
取立可令上納候、以上
寛政十一未八月　木実方
島根郡薦津村
庄屋
年寄

意味

木実方から島根郡薦津《こもづ》村庄屋・年寄宛て
一軒につき毎年一三貫四五〇目の櫨《はぜ》の実を上納すること。今後七か年かけて九四貫一七〇目を上納する。これは寛政四～一〇年まで七年間の平均で算出した量である。今年の秋から上納するよう命じるので、家々から取り立てて上納しなさい。

※一貫＝三・七三六kg。軒《のき》別一年で五〇・二kg。七年で三五一・八kg。

松江藩の蝋《ろう》が取引される大坂の蝋《ろう》問屋

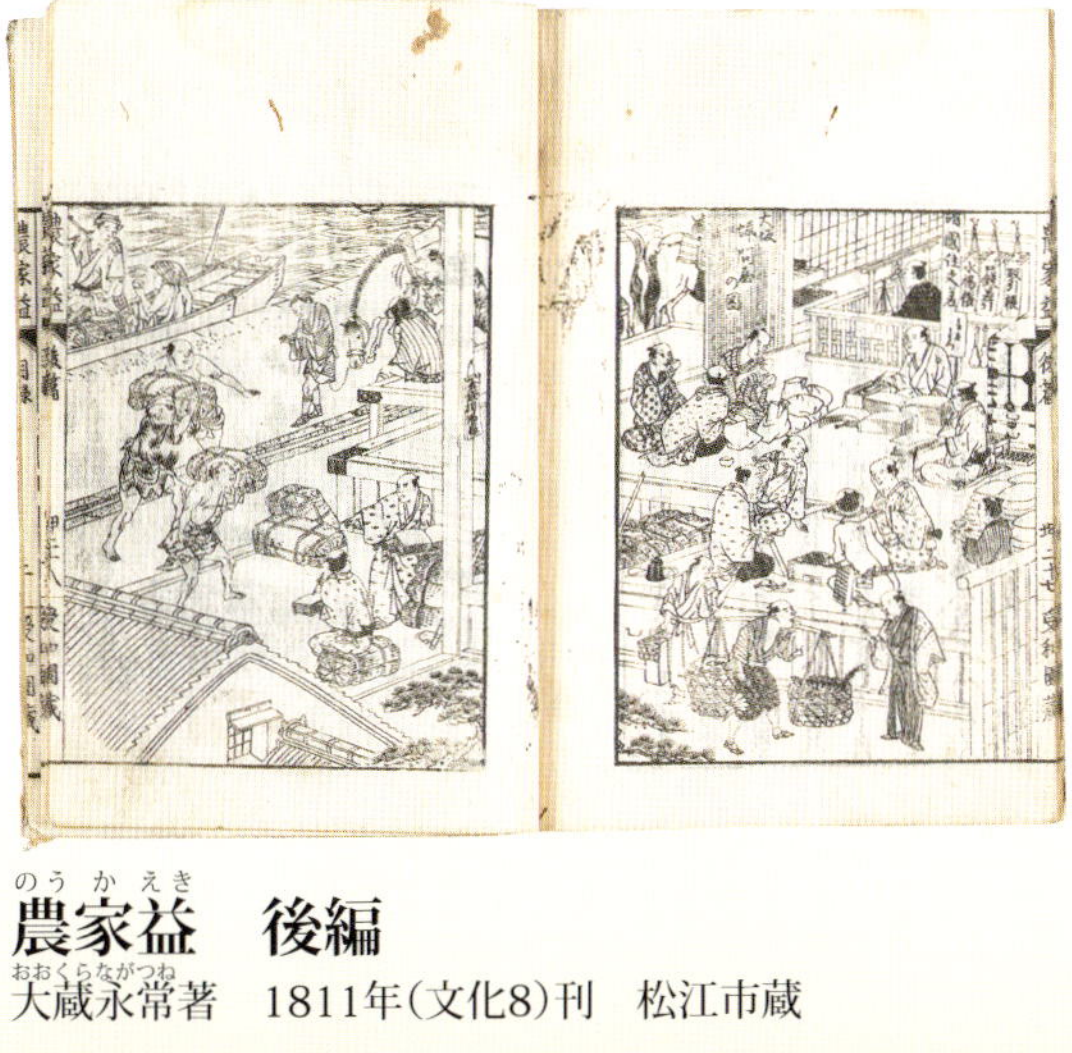

農家益《のうかえき》　後編
大蔵永常《おおくらながつね》著　1811年（文化8）刊　松江市蔵

蝋《ろう》作りを請《う》け負《お》う御用商人《ごようしょうにん》「新屋《あたらしや》」分家《ぶんけ》の屋敷

櫨《はぜ》の実《み》を砕《くだ》き、蝋《ろう》を絞《しぼ》り採《と》る工場

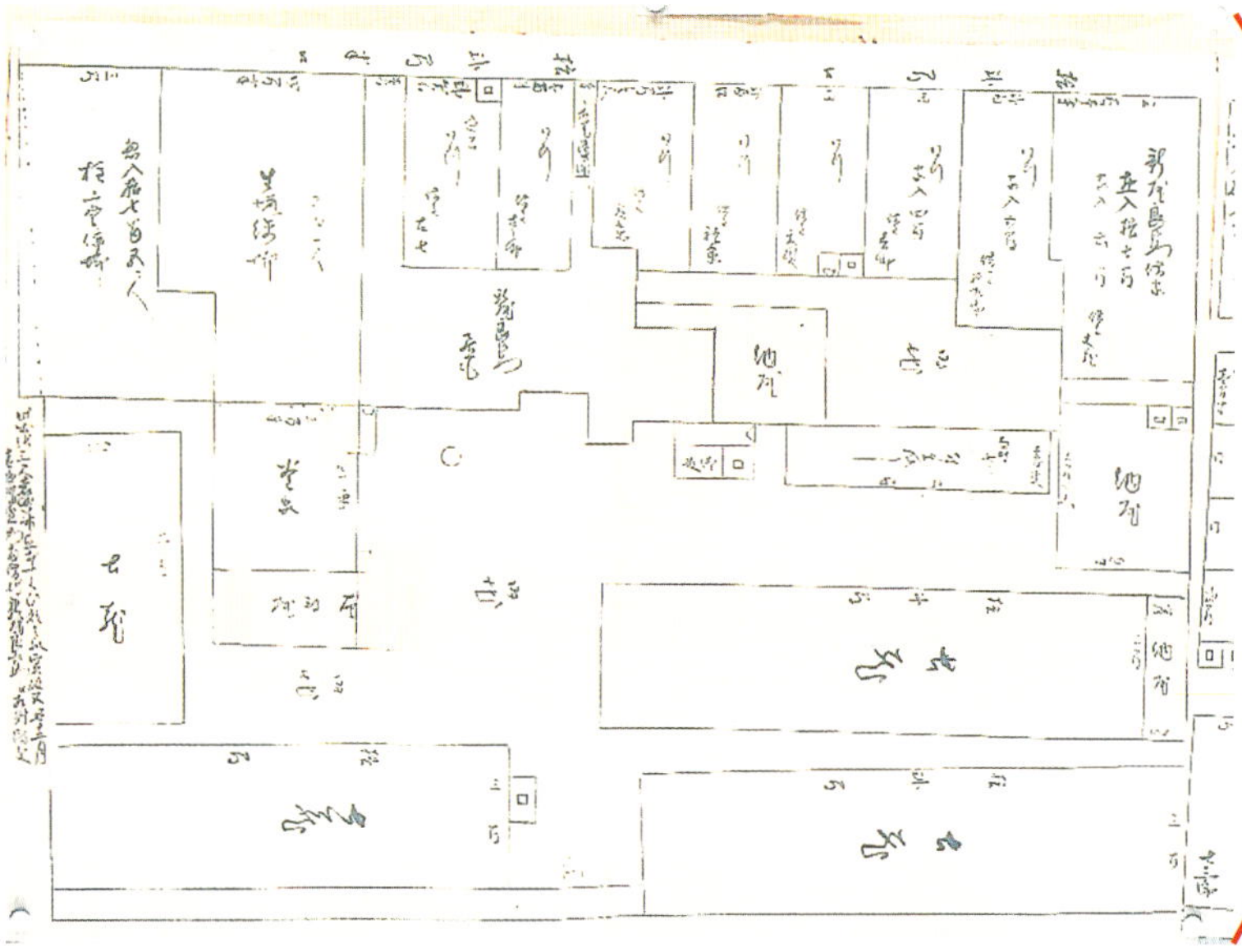

松江町人町絵図――和多見――（部分）

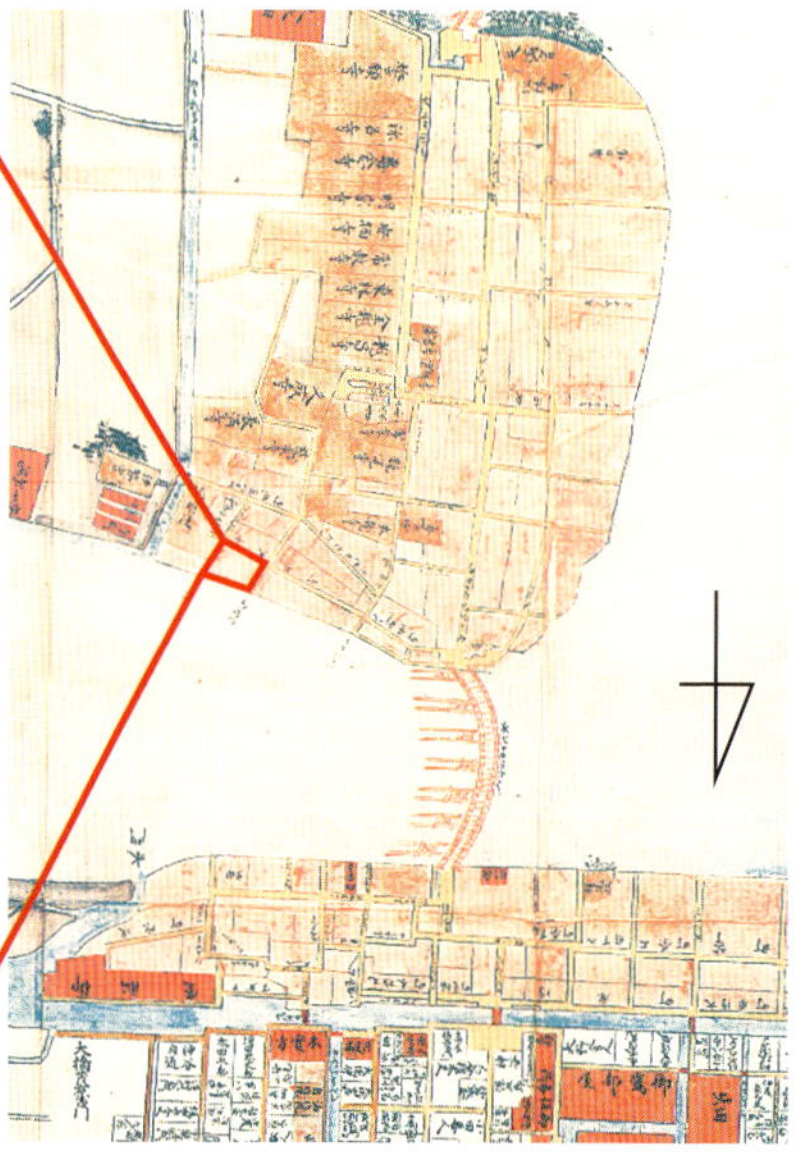

天保年間 松江城下絵図（部分）

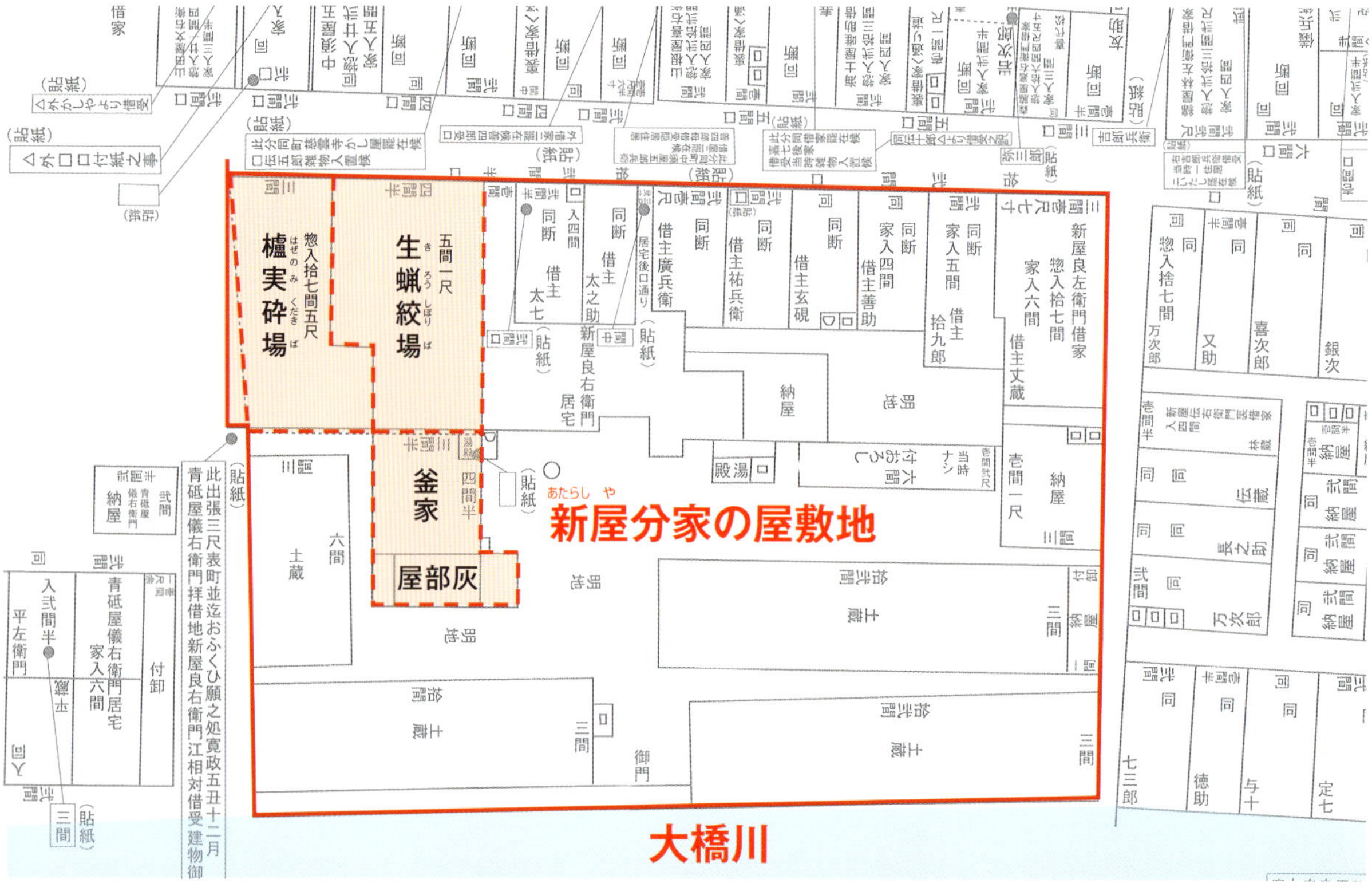

三 人参方《にんじんかた》

藩財政立て直しに寄与《きよ》した御種人参《おたねにんじん》の栽培

十八世紀後半、松江藩は失敗続きの人参《にんじん》栽培の廃止を検討していました。人参《にんじん》栽培の任にあった小村茂重《おむらもじゅう》はこれを惜《お》しみ、藩へ願い出て、一八〇四年に幕府の栽培地、下野国《しもつけ》（栃木県）日光《にっこう》へ向かいます。苦難の末、栽培・製造の秘訣《ひけつ》を伝授され、帰国後、松江藩での栽培を成功に導きます。そして人参方《にんじんかた》を設け、藩外へ売り出すと共に、長崎を通じて清国《しんこく》にも輸出し、莫大《ばくだい》な利益を生み出しました。

御種人参《おたねにんじん》――白参《はくさん》と紅参《こうさん》

御種人参《おたねにんじん》には、生《なま》の人参《にんじん》を乾燥させた白参《はくさん》（左）、蒸《む》して乾燥させた紅参《こうさん》（右）がある。江戸時代には大変高価な生薬《しょうやく》で、庶民には高嶺《ね》の花だった。

松江市・大根島《だいこんしま》産　島根県農業協同組合提供

日光で秘伝の製法を学ぶ小村茂重《おむらもじゅう》

本置文は、茂重《もじゅう》が子孫のために自らの経験を書き記したものである。写真の部分には、茂重が人参畑勤を仰せ付かるも、不作を憂い、製法を学ぶため下野《しもつけ》国（栃木県）日光へ向かい、実教院《じっきょういん》へ寄宿したことを記されている。

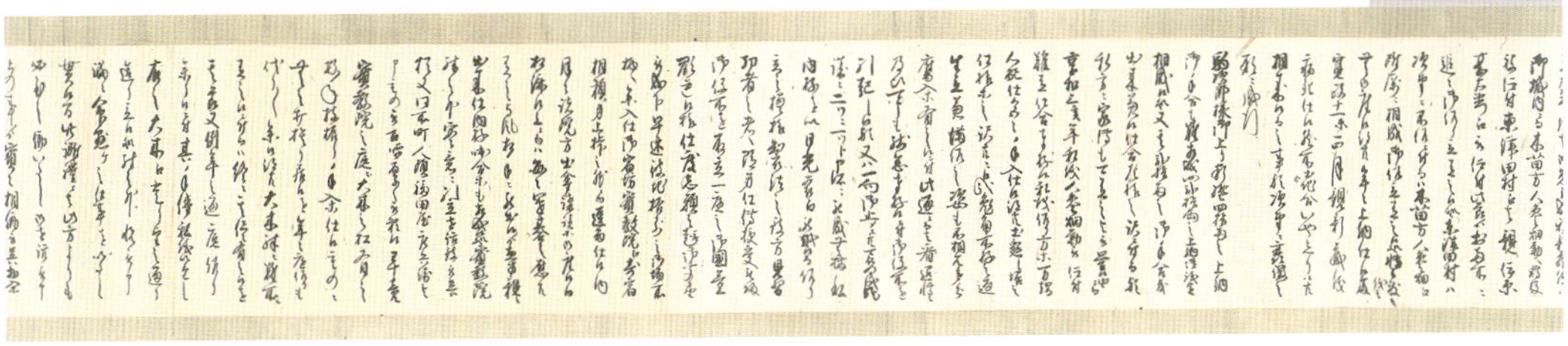

小村茂重置文《おむらもじゅうおきぶみ》
江戸時代（19世紀）
島根県立図書館蔵

（前略）
享和三年亥年、私儀人参畑勤被仰付
難有仕合奉存候、私儀作り方等万端
心配仕、色々手入仕候得共、土壟し、壌《こやし》之
仕様等之訳共ニ候哉、兎角所存之通
生立兼、満作之姿も不相見、多分
腐入等有之候ニ付、此通ニ而者看退転ニ
及ひ可申も残念奉存候ニ付、御役所を
引起し候歟、又ハ一向御止メニ共可被為成歟、
誠ニニツニニツト申所ニ罷成、無拠私
内存を以、日光表江罷越候而、作り
立之模様、製法之致方見習、
巧者之者へ随身仕、伝授受罷帰、
御役所を取立一廉之御国益
顕れ候様仕度志願之趣、御聞届
被成下、早速彼地格別之御場所
柄へ参入仕、御宿坊実教院江寄宿
相頼、身上拵之体ニ而逗留仕候内、
月々諸院方出会、講談等御座候而
相済候上ニ而ハ、毎々囲碁之慰共
有之、与風、相手ニ罷出候より、惣方親ミ
出来仕、内存咄合等も相成候処、実教院
殊之外実意ニ引立、世話致被呉、
猶又同所町人頭福田屋庄兵衛と
申もの被召呼、厚く被頼候、（以下略）

山陰道商工便覧《さんいんどうしょうこうびんらん》　1887年(明治20)刊

旧人参方《にんじんかた》役所の風景

一八一三年(文化十)頃、藩は天神川《てんじんがわ》沿いに人参方役所《にんじんかたやくしょ》、製造場、洗い場を集めて新築した。これにより、原材料の集荷から製造、製品の出荷まで、一貫した作業工程が確立した。同役所は、一八七三年(明治六)民間に払い下げられ、人参《にんじん》製造会社となる。

今に伝わる人参方《にんじんかた》の門

明治時代　松江市寺町《てらまち》

人参方《にんじんかた》の千両箱《せんりょうばこ》

御種人参《おたねにんじん》による莫大《ばくだい》な利益は、松江城三之丸に新たな銀蔵《かねぐら》を建てるまでになった。

1861年(文久元)11月
松江市蔵

中海《なかうみ》の江島《えしま》を干拓《かんたく》し人参《にんじん》を作る

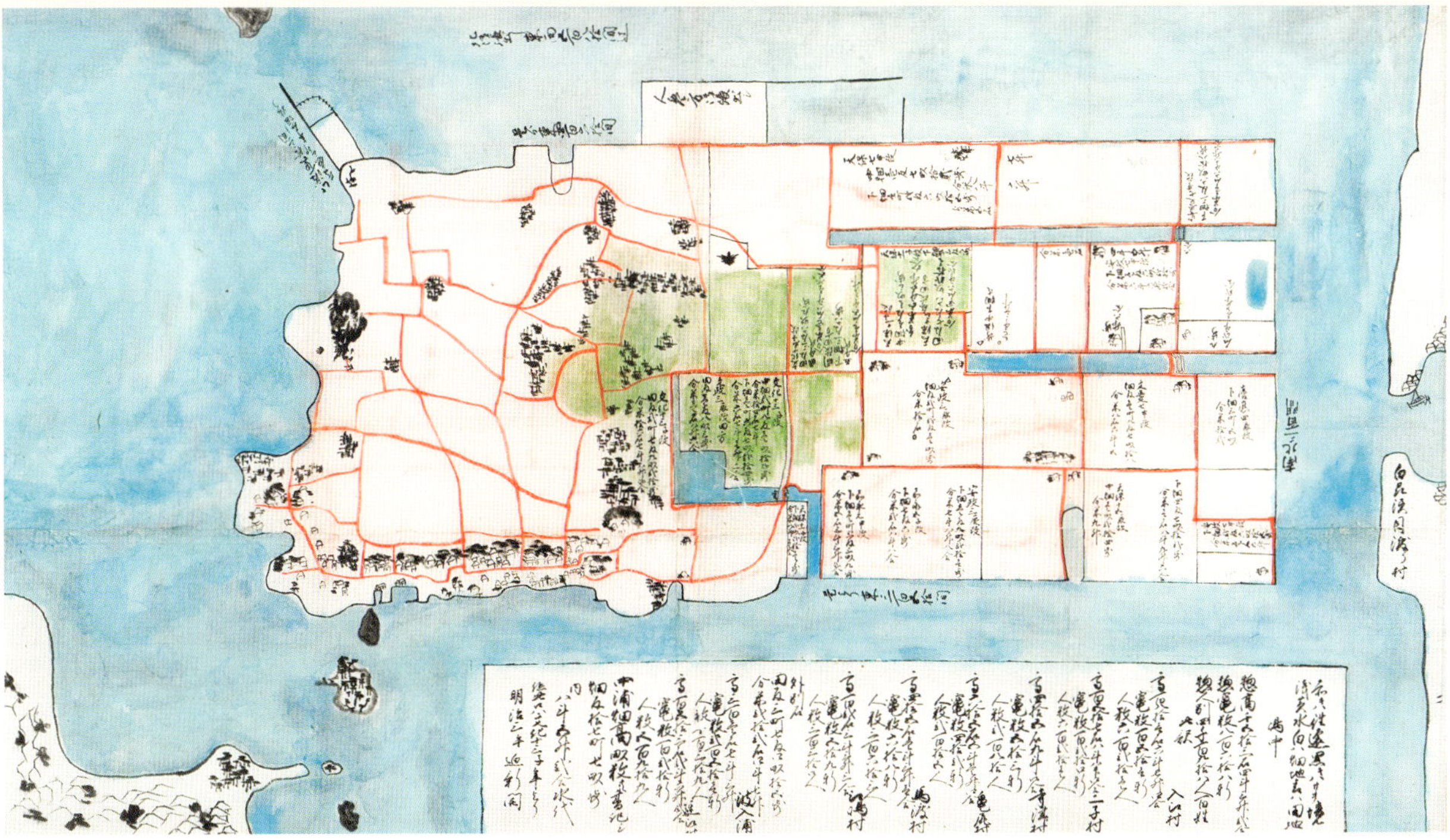

江島埋立絵図《えしまうめたてえず》
1870年（明治3）　松江市蔵

御種人参栽培《おたねにんじんさいばい》のため、大根島《だいこんしま》の広大な畑地《はたち》を取り上げた藩は、江島《えしま》沿岸を埋め立て、村民に土地を提供した。図の中央上部の「人参方御張出し《にんじんかたおはりだし》」も干拓地《かんたくち》の一つである。

大根島《だいこんしま》における栽培の様子

御種人参《おたねにんじん》は、種《たね》蒔《ま》き後一年目に間引《まび》き、本床《ほんどこ》に植え替える。成長速度が非常に遅く、六年目、根が充実したころ、掘り取りを行う。畑地の選定と土づくりが品質を左右し、二十～三十年間は同じ畑での栽培はできない。御種人参《おたねにんじん》は直射日光を嫌うため、日《ひ》覆《おお》いの片屋根を付けた、排水良好な畑で作る。大根島《だいこんしま》（松江市八束町）独特の風景である。

島根県農業協同組合提供

四 釜甑方《ふそうかた》

藩主導の鋳造《ちゅうぞう》により、鉄製品の供給《きょうきゅう》と価格を安定化

鉄《てつ》の生産は松江藩の主力産業であり、奥出雲《おくいずも》のたたら製鉄として有名です。鉄《てつ》を鋳造《ちゅうぞう》して鍋《なべ》や釜《かま》を製品化するには高い技術が必要であり、当初、松江藩は鉄《てつ》を専売《せんばい》品として藩外へ売り出すものの、鉄製品である鋳物《いもの》は他藩から買い取っていました。しかし、延享《えんきょう》の改革において、松江藩は釜甑方《ふそうかた》を設置し（一七五六年頃）、藩主導による鋳物《いもの》の鋳造《ちゅうぞう》を始めます。これにより、藩内での鋳物《いもの》の供給《きょうきゅう》と価格は安定します。幕末には、反射《はんしゃ》炉《ろ》が設置され、大砲《おおづつ》も鋳造《ちゅうぞう》しました。

鍋釜《なべかま》のもと —— 和銑《わずく》

製品の原材料となる銑《ずく》は、奥出雲《おくいずも》のたたら製鉄で生産されていた。たたら製鉄は、砂鉄から鉄（鉧《けら》や銑《ずく》）をつくるもので、鉧《けら》の良質な部分（玉鋼《たまはがね》）は日本刀の原材料となる。明治時代、島根県は全国の鉄生産量の半分を、中国地方では全国生産量の九割を生産している。松江藩は、他藩にさきがけ、一六四八年（慶安元）に藩の専売制にした。

銑《ずく》
松江市蔵
財団法人日本美術刀剣保存協会提供

釜甑方《ふそうかた》の販売用カタログ

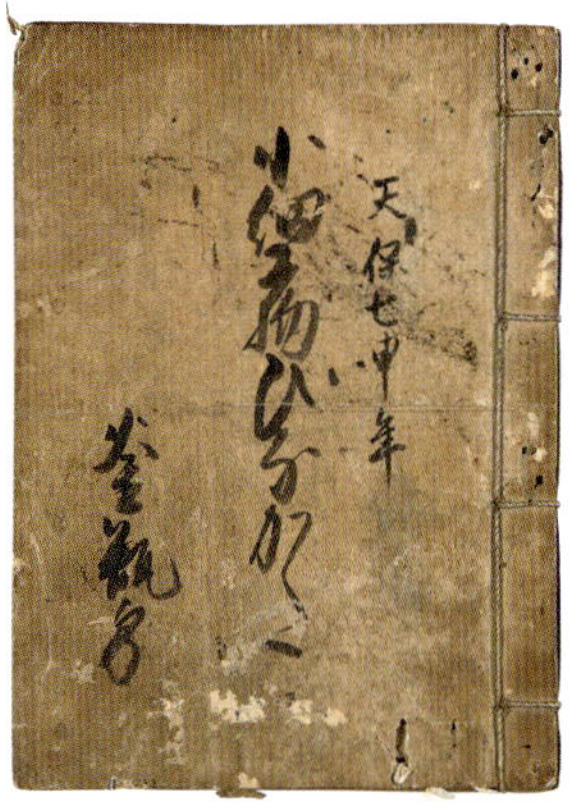

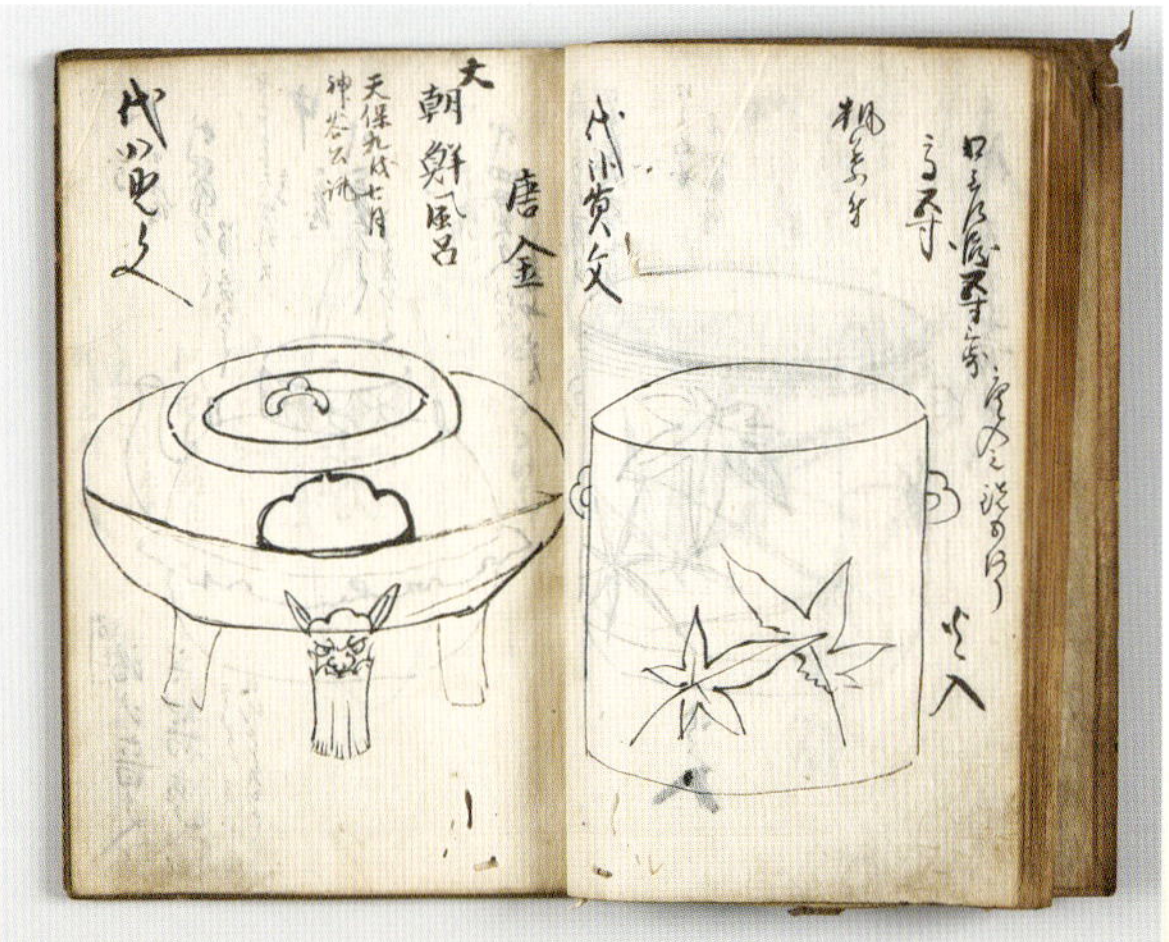

小細工物《こざいくもの》ひなかた
1836年（天保7）成立　松江市蔵

図面・寸法・値段・用途を記す。

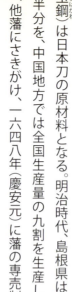

鋳物《いもの》を鋳造《ちゅうぞう》するための木型《きがた》

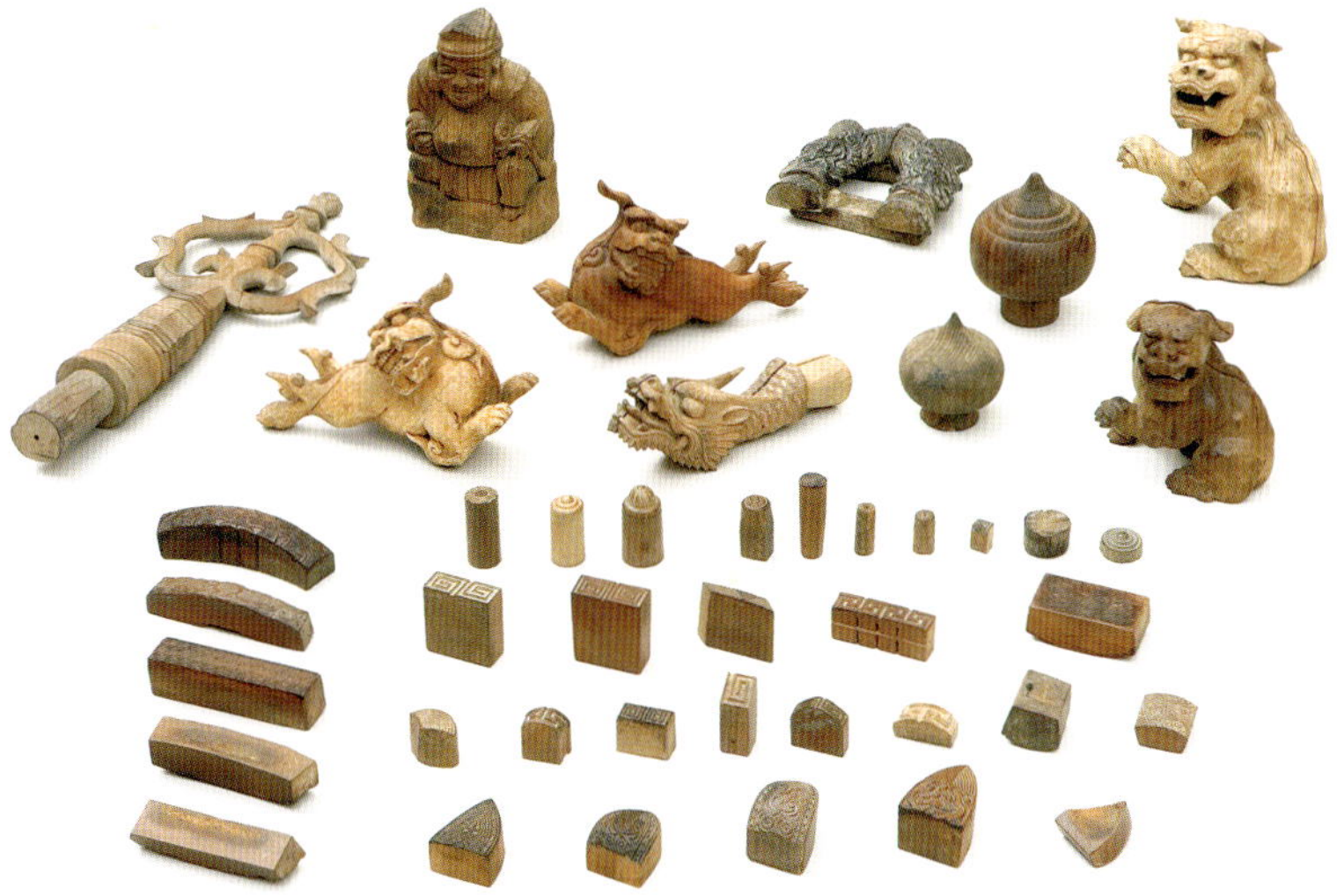

松江市蔵

松江藩の反射炉《はんしゃろ》 ― キューポラ

一八五五年（安政二）、藩は釜甑方《ふそうかた》（現在の幸町《さいわいまち》）に反射炉《はんしゃろ》を設けた。反射炉《はんしゃろ》とは、熱を反射させて金属を溶かす溶鉱炉《ようこうろ》のことで、大砲《おおづつ》等の武器を鋳造《ちゅうぞう》した。釜甑方《ふそうかた》が廃止される一八七三年（明治六）まで操業を続けた。

松江城下図（部分）

小村成章画　1876年（明治9）　松江市蔵

遠景

拡大図

五 木綿《もめん》

民間の流通網《りゅうつうもう》と藩の品質管理《ひんしつかんり》により、藩随一《ずいいち》の産業に成長した

松江藩では十七世紀頃から、木綿《もめん》の生産が始まり、麻に代わる衣料品の生地《きじ》として使われるようになりました。藩は綿作《わたさく》を奨励《しょうれい》し、取引の場として木綿市《もめんいち》を設置します。これは、民間の流通網を生かす一方で、雲州《うんしゅう》木綿《もめん》の品質を藩が管理できるシステムでした。木綿《もめん》の隆盛は染めと織りの技術を発達させ、多種多様な木綿《もめん》製品が次々と生み出されました。

松江藩内に広がる木綿市《もめんいち》

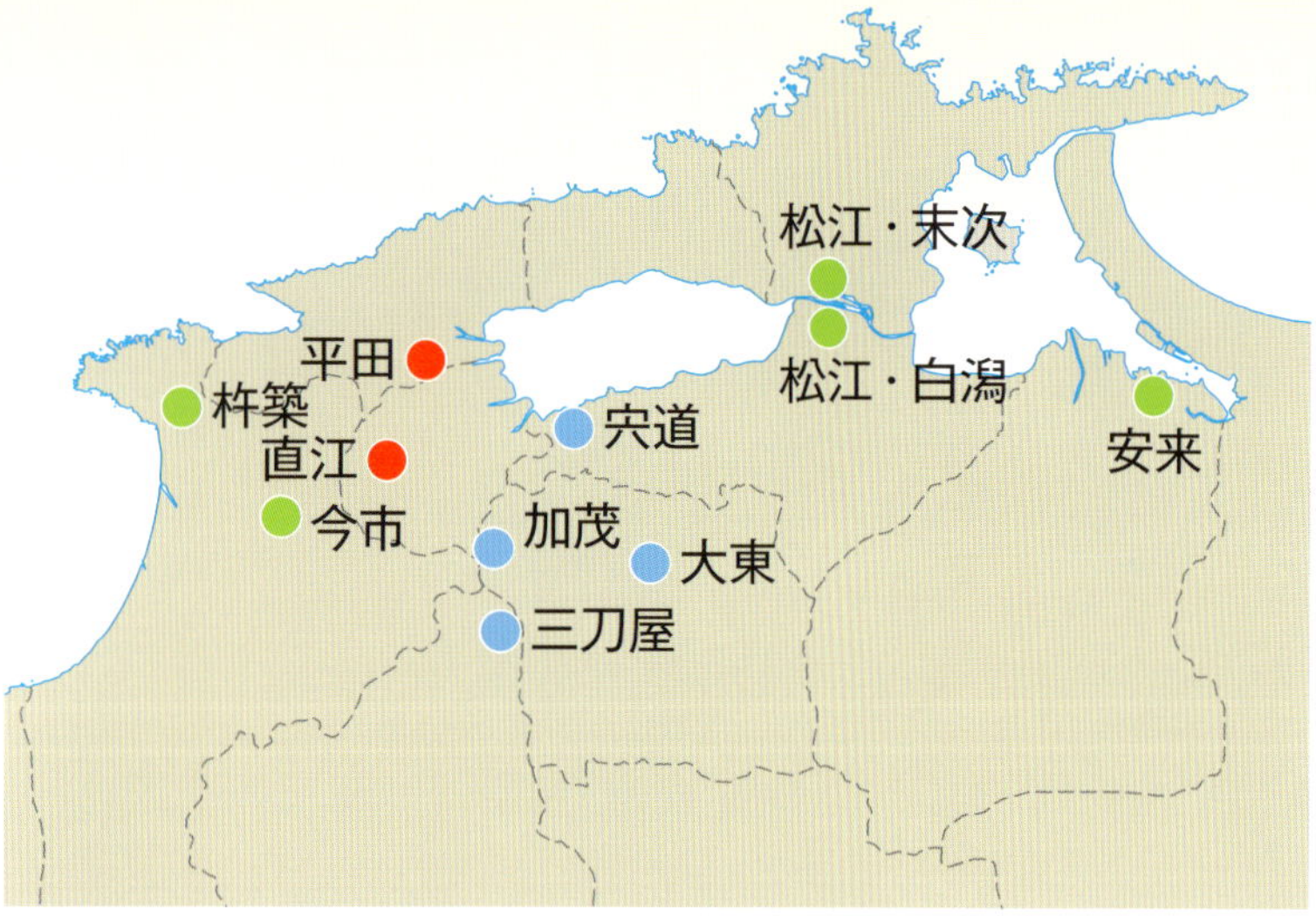

木綿市《もめんいち》が最初に開かれた時期と場所

●… 明和の改革（1767年）以前
●… 明和の改革以後
●… 不詳　今市《いまいち》1770年（明和７）以前
杵築《きづき》1792年（寛政４）以前
松江《まつえ》1807年（文化４）以前
安来《やすぎ》1811年（文化８）以前

母から娘へ受け継がれる縞模様《しまもよう》

小倉織《こくらおり》は綿織物《わたおりもの》の一種で、松江では足軽衆《あしがるしゅう》の妻女が内職で作っていたとされる。シンプルな縞模様《しまもよう》の小倉織《こくらおり》は、大変丈夫で、普段着として広く用いられた。

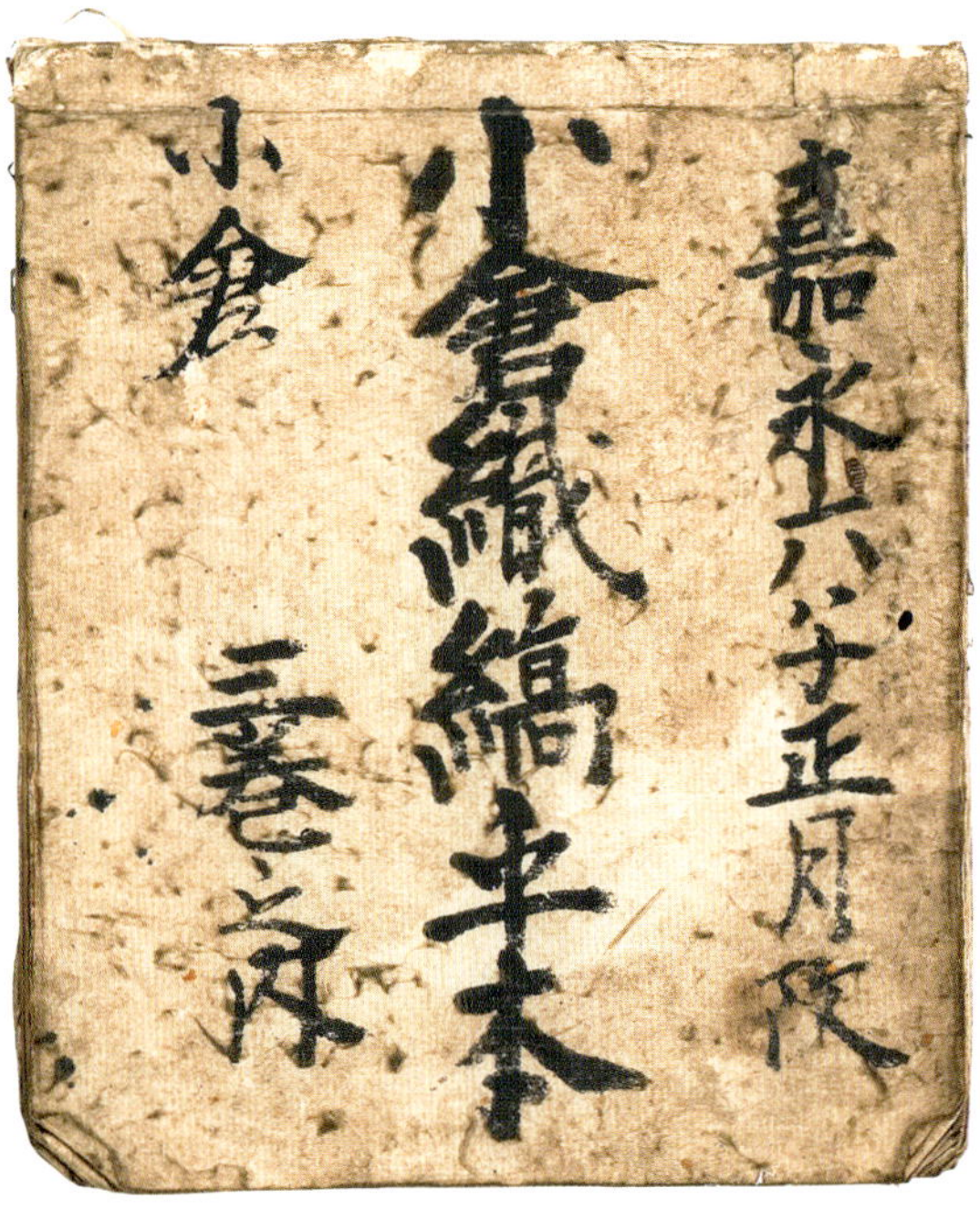

小倉織縞手本《こくらおりしまてほん》　松江市蔵

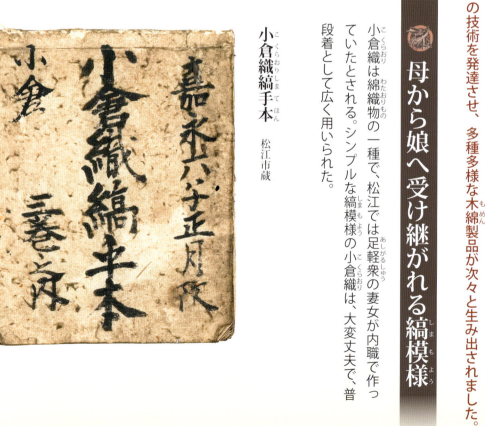

木綿《もめん》の売買の流れ

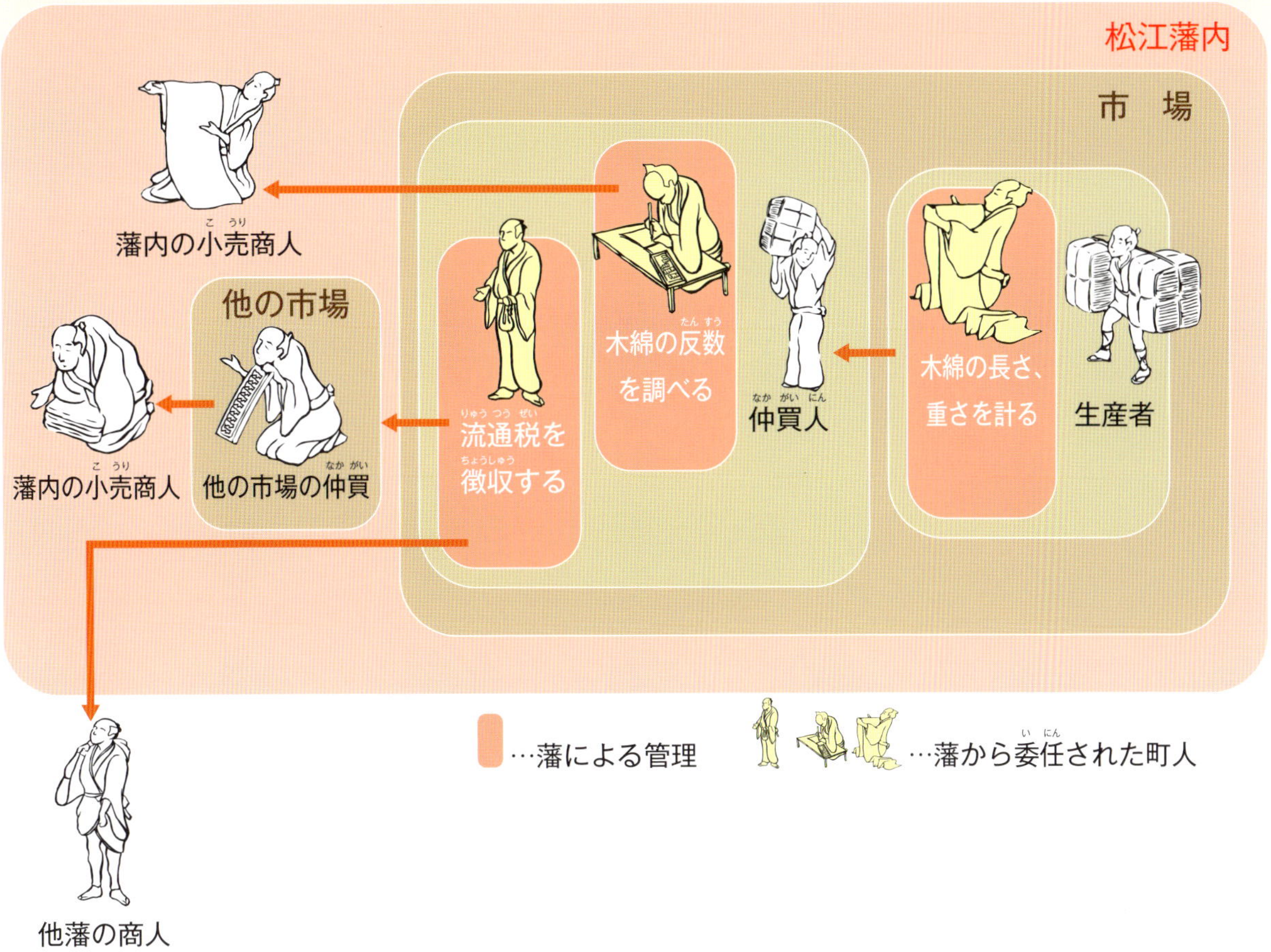

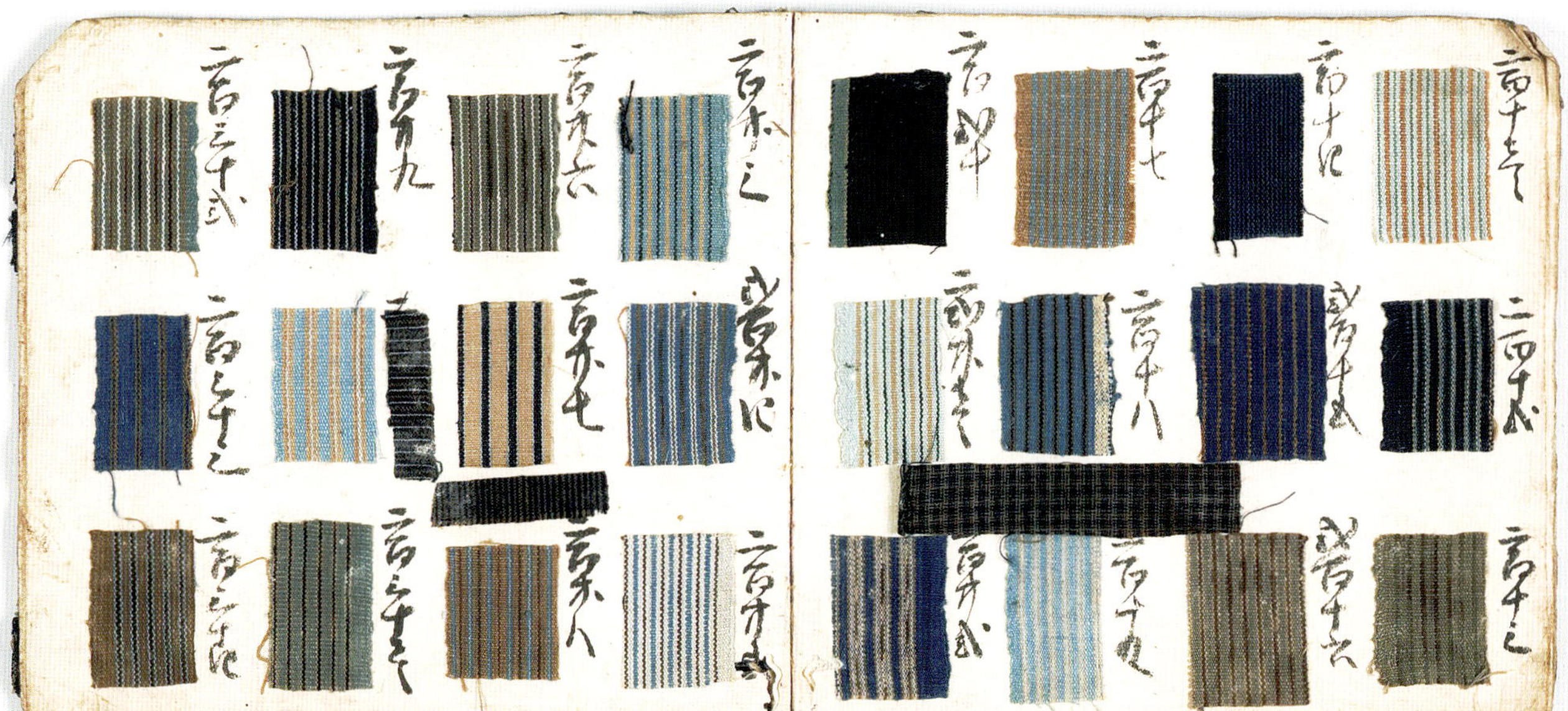

厳冬の漁を支える防寒着

木綿《もめん》製。庶民は古着を大切にリサイクルして使った。この着物は、古着にぼろ切れを当てて丈夫にし、袖《そで》は作業の邪魔にならないよう筒状にするなど、漁師ならではの工夫が施《ほどこ》されている。

ドンザ

松江市蔵

出雲地方独特の筒描《つつがき》藍染《あいぞ》め製品

柿渋紙《かきしぶがみ》で作った筒紙《つつがみ》に糊《のり》を入れ、絞《しぼ》り出して模《も》様《よう》を描き、藍甕《あいがめ》に繰り返し浸《ひた》して染《そ》め上げる技法。嫁入り道具の風呂敷《ふろしき》や、子供の湯上《ゆあ》げ、子負《こおい》帯《おび》に家紋《かもん》や吉祥文様《きっしょうもんよう》をあしらう。

筒描藍染《つつがきあいぞ》めの風呂敷《ふろしき》

松江市蔵

第6章

水とともに生きる

一

宍道湖《しんじこ》と中海《なかうみ》を結ぶ

内海《うちうみ》における物流の結節点、渡海場《とかいば》

渡海場《とかいば》の風景

大橋南岸の灘（船着き場）周辺は、渡海場《とかいば》と呼ばれ、交易や物資の集散地《しゅうさんち》として賑わった。大橋で結ばれた末次《すえつぐ》と白潟《しらかた》両地区は商人の町として発展してきた。

〈実物〉縮尺：1/100　時代：幕末　季節：陽春の朝日さす頃　奥が末次、手前が白潟地区

大橋川《おおはしがわ》で隔《へだ》てられた南北の町を結ぶ唯一の橋は大橋《おおはし》でした。その界隈《かいわい》は、宍道湖と中海を結ぶ拠点として賑《にぎ》わい、渡海場《とかいば》と呼ばれました。松江の渡海場《とかいば》に属さない船は、必ずこの場所で荷を下《お》ろさなければなりませんでした。また、藩船の船員が住んだ「御船屋《おふなや》」には、江戸や上方《かみがた》の大相撲《おおずもう》で活躍した力《りき》士《し》達も住み、後輩力士の指導にあたりました。

大橋《おおはし》と八軒屋町《はっけんやちょう》

末次と白潟を結ぶ大橋

御用商人新《あたらし》屋《や》の屋敷

大橋南岸の灘《なだ》

賑《にぎ》わった大橋《おおはし》の両岸

時は幕末。季節は春。日が昇り始めた早朝、中央に架かる大橋の上でお日様に向かって拝む人がいる。両岸には地蔵堂《じぞうどう》や番所《ばんしょ》、髪結床《かみゆいどこ》、制札場《せいさつば》が建ち並び、新鮮な野菜や魚介類《ぎょかいるい》を買い求める人たちでごった返している。

八軒屋町《はっけんやちょう》は、出雲国外から来た商人《あきんど》の宿屋と商取引の場を兼ねていた。

白潟《しらかた》は城下一の商人《あきんど》の町だから、通りに面して廻船問屋《かいせんどんや》が多く、町は活気に溢《あふ》れていた。

水の都は船が主役

宍道湖《しんじこ》方面から、ひらた船が渡海場《とかいば》（船の発着場）に着いた。男衆《おとこしゅう》が様々な物資を陸揚げしている。お腹《なか》が空《す》いたのか、塩味の桶茶《おけちゃ》（今のぼてぼて茶）を一気に飲み込む者もいる。

宍道湖では、幾艘《いくそう》もの船が四《よ》つ手網《であみ》で白魚漁《しらうおりょう》をし、大橋川には人を乗せて末次《すえつぐ》と白潟《しらかた》を行き来する小舟もみえる。杵築《きづき》大社（出雲大社）参詣《さんけい》も大橋のたもとから平田まで船で行く。

対岸の末次《すえつぐ》には、御用商人、新屋《あたらしや》伝《でん》右衛《え》門《もん》の一千坪余という広大な宅地があり、蝋《ろう》作りの工場や灘座敷《なだざしき》があった。一方で、遠く中海《なかうみ》方面へ出航していく大きな帆船《はんせん》もみえる。

五つの渡海場《とかいば》 ― 湖上運搬の作法 ―

宍道湖《しんじこ》・中海《なかうみ》には「内潟五ヶ津《うちかたごかつ》」と呼ばれる五つの「渡海場《とかいば》」があった。各渡海《とかい》場《ば》は、公用の人・荷物の運送を負担する代わりに、荷物の積み出しを独占できる地域を持っていた。

宍道湖《しんじこ》と中海《なかうみ》をつなぐ要衝《ようしょう》地にある松江《まつえ》渡海場《とかいば》（左頁上図の黄色丸）の場合、独占できる地域は、周辺の二十一地域であった（左頁上図の赤い丸）。

秋鹿《あいか》郡：古曽志《こそし》、浜佐陀《はまさだ》、寺津《てらづ》

島根郡：浜佐田《はまさだ》、黒田《くろだ》、川津《かわつ》、市成《いちなり》、大内谷《おおちだに》、西尾、朝酌《あさくみ》、矢田《やだ》、福富《ふくとみ》、大井《おおい》

意宇《いう》郡：野白《のしら》、福富《ふくとみ》、乃木《のぎ》、西津田、東津田、天間《てま》、馬潟《まかた》、竹矢《ちくや》

他の渡海場の船は、松江を素通りできず、松江渡海場で荷物を下し、荷物の継送《つぎおく》りをしなければならなかった。また、他の渡海場の船が松江渡海場から荷物の積み出しを行う場合、許可料金（「上銭《あげせん》」）を支払った。

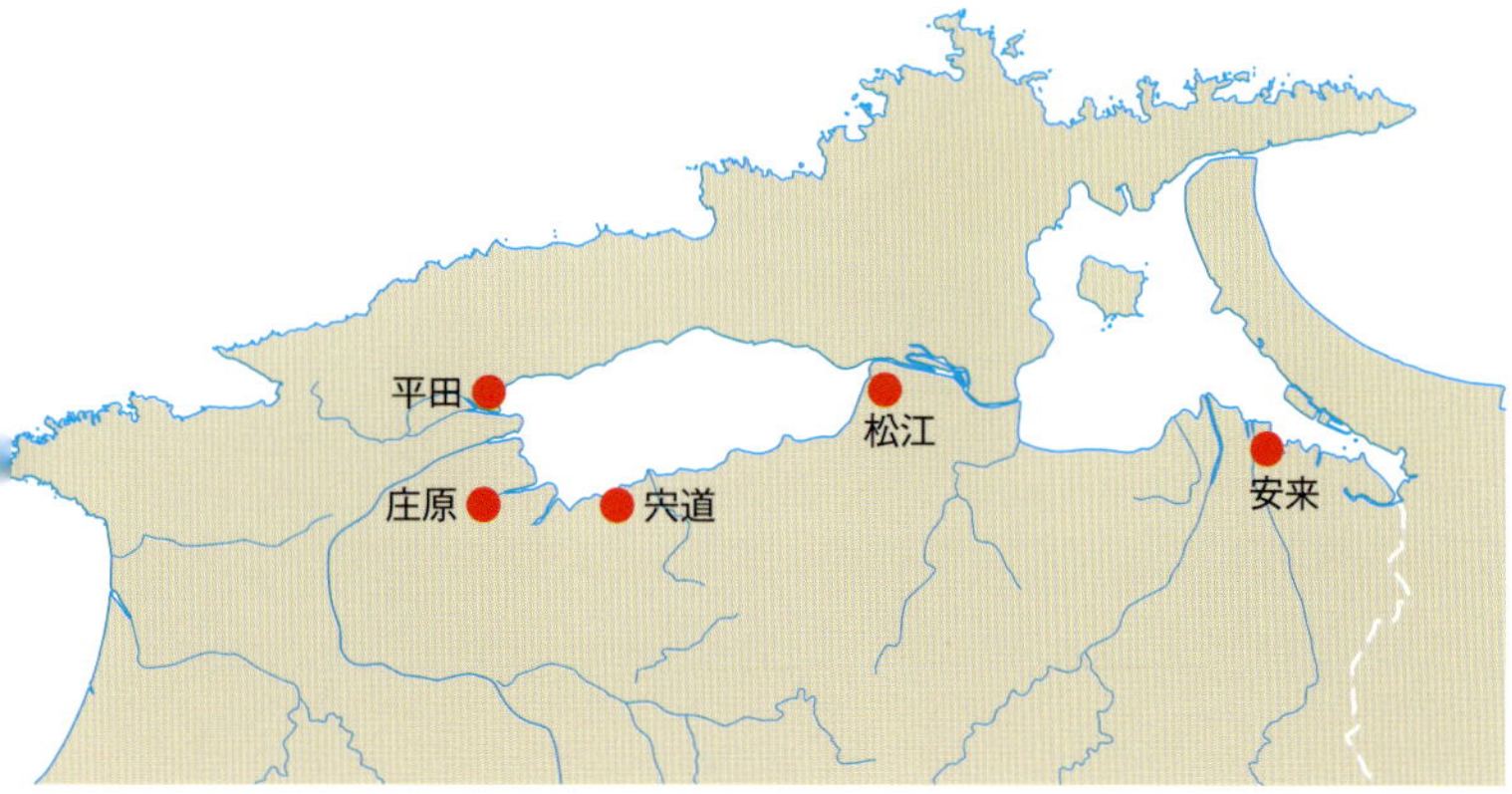

雲州力士《うんしゅうりきし》の住む松江藩御船屋《おふなや》

城下南東に位置する「御船屋《おふなや》」には、藩船の船員で下級武士の「御《お》水主《かこ》」が住んだ。彼らは相撲《すもう》などで体を鍛えた。雷電為右衛門《らいでんためえもん》をはじめ、江戸や上方《かみがた》の大相撲《おおずもう》で活躍する力士《りきし》もここに住み、引退後も後輩力士《りきし》の指導にあたった。

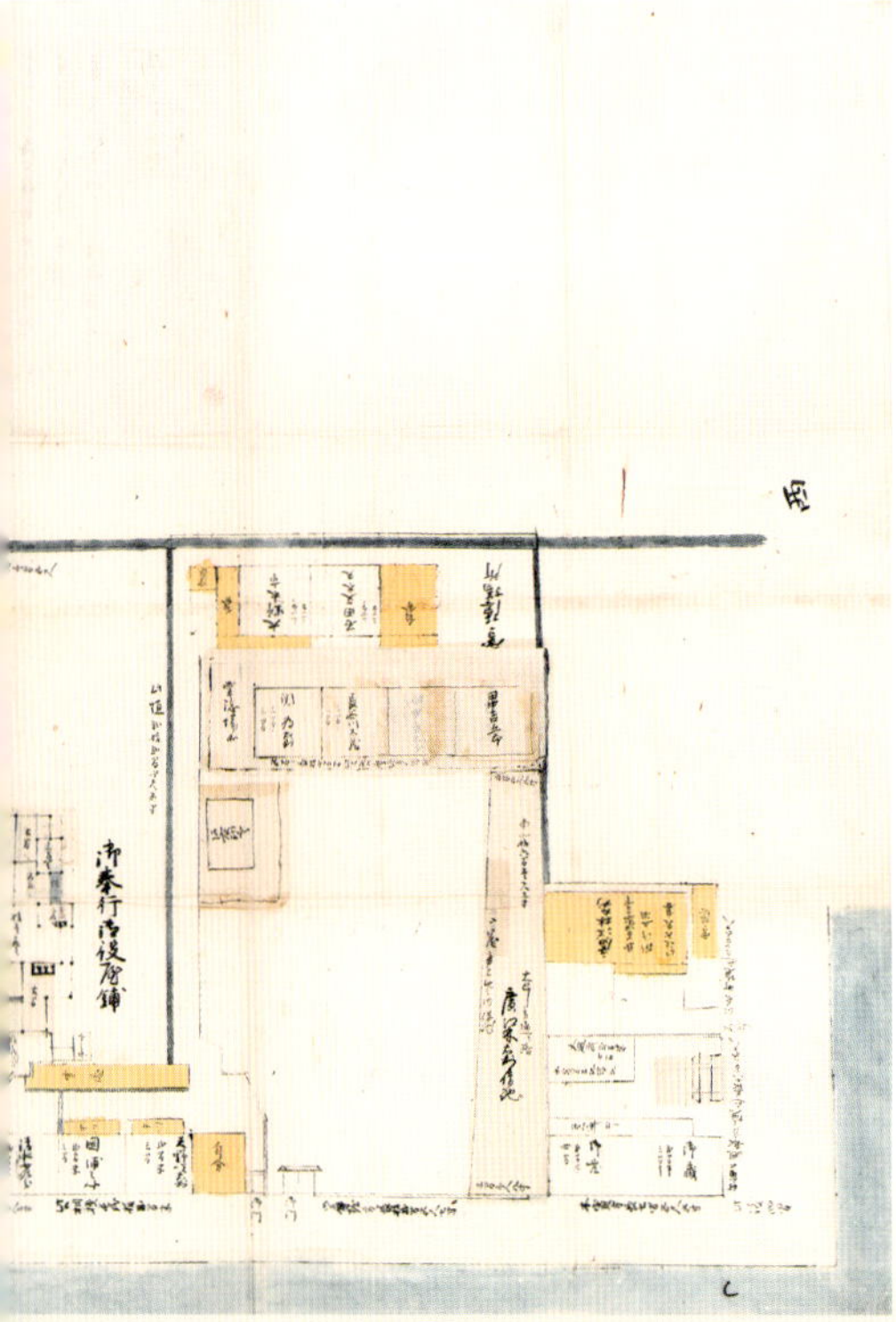

松江渡海場の独占領域

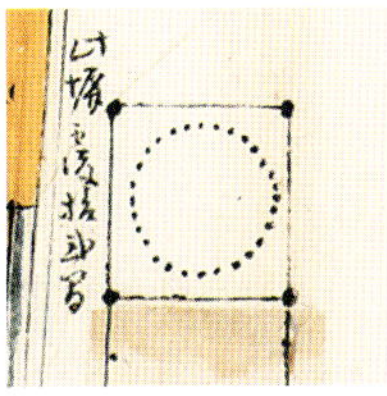

御船屋《おふなや》には土俵が設けられていた。

松江市指定文化財
御船屋《おふなや》分見《ぶんけん》絵図《えず》
1793～1800年(寛政5～12)頃制作
中山英男氏蔵

二 海の道は大坂へ通ず

藩米《はんまい》・特産物の輸送の拠点として賑《にぎ》わう美保関《みほのせき》や宇龍《うりゅう》、加賀《かか》

一六七一年に西廻《にしまわ》り航路《こうろ》が整備され、大坂への物資輸送が容易になります。日本海を航行する北前船《きたまえぶね》は、蝦夷地《えぞち》（北海道）の海産物など各地の商品を売買し、利益をあげました。この地域では、美保関《みほのせき》と宇龍《うりゅう》、さらに佐陀川《さだがわ》の開削《かいさく》で輸送に便利となった加賀湊《かかのみなと》が賑《にぎ》わいました。

美保関《みほのせき》のにぎわい

美保関《みほのせき》に鎮座《ちんざ》する美保《みほ》神社は、「エビスさん」と呼ばれ、商売繁盛と大漁《たいりょう》の守り神として海運業者や漁業者等の崇敬《すうけい》を集めた。北前船《きたまえぶね》の港として、美保関の問屋《とんや》と遊所《ゆうしょ》は有名で、「雲陽国益鑑《うんようこくえきかがみ》」にも登場する。

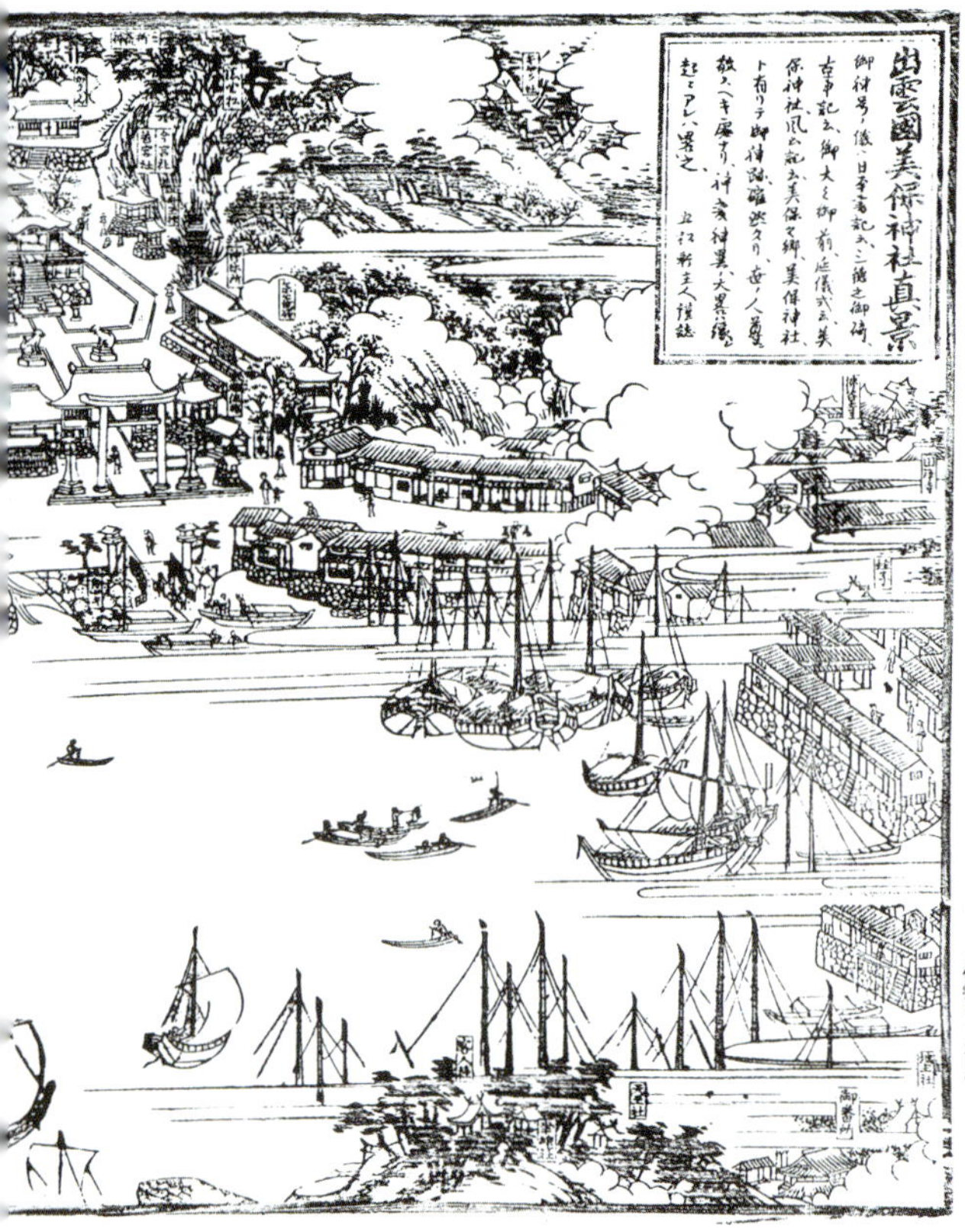

大坂 ― 松江間の航路を描く

松江藩では、大坂へ運ぶ米を「登米《のぼせまい》」と称し、藩の船（御手船《おてせん》）や商業船（廻船《かいせん》）で海上輸送した。この図は、大坂から瀬戸内海を抜け、下関《しものせき》から日本海岸を進み美保関《みほのせき》へ、そして中海《なかうみ》から松江へと至る航路が記されている。一方、陸路では、下部の一直線に描かれた「津田《つだ》の松原《まつばら》」を抜けると、すぐ松江城下である。

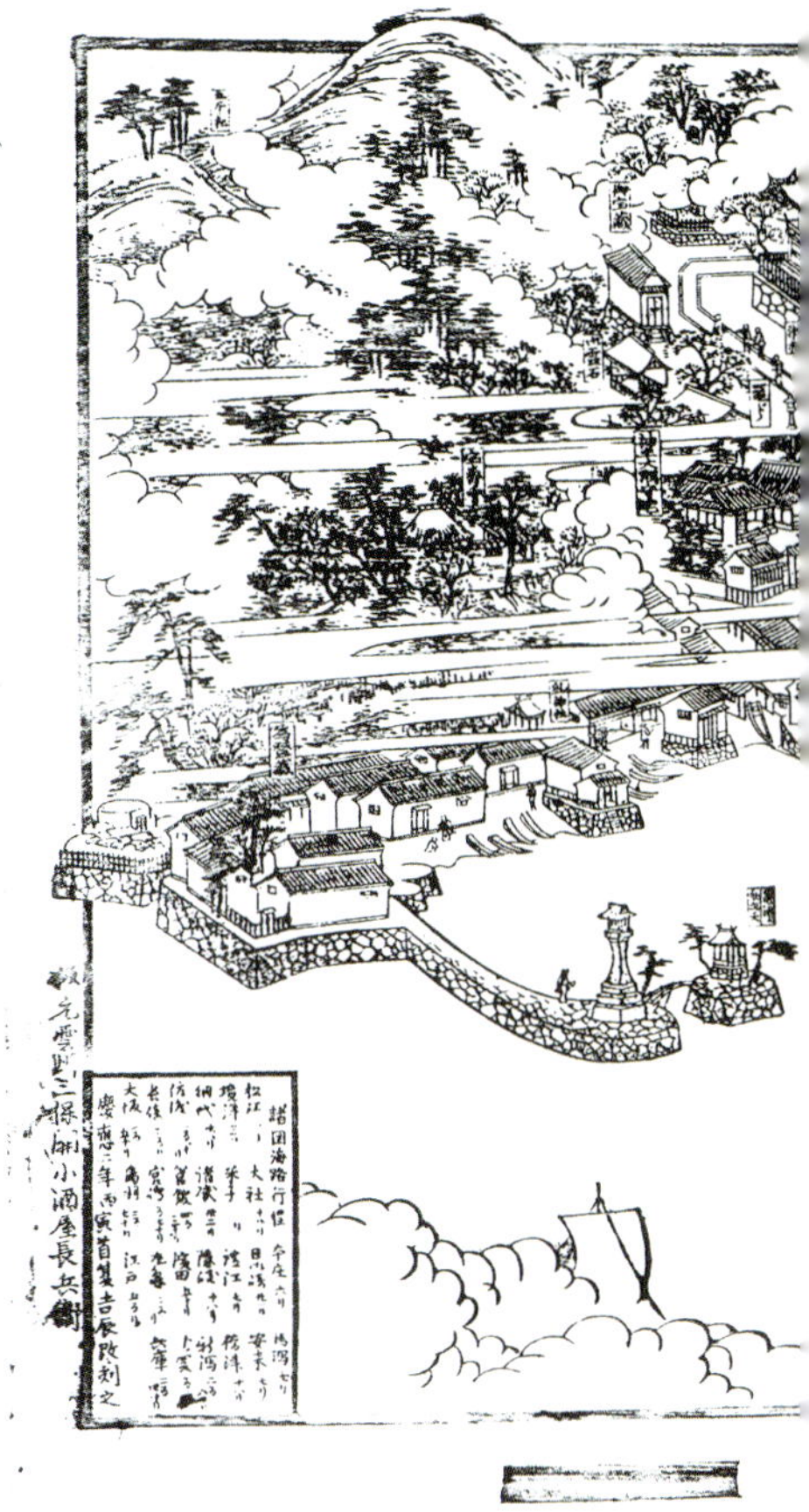

出雲《いずも》国美保《みほ》神社《じんじゃ》真景《しんけい》の図《ず》
1866年(慶応2)4月
松江市蔵

松江市指定文化財　大坂より松江航路図
江戸時代
全長17m36cm
中山英男氏蔵

日本海を航行する、地元廻船業《かいせんぎょう》の船

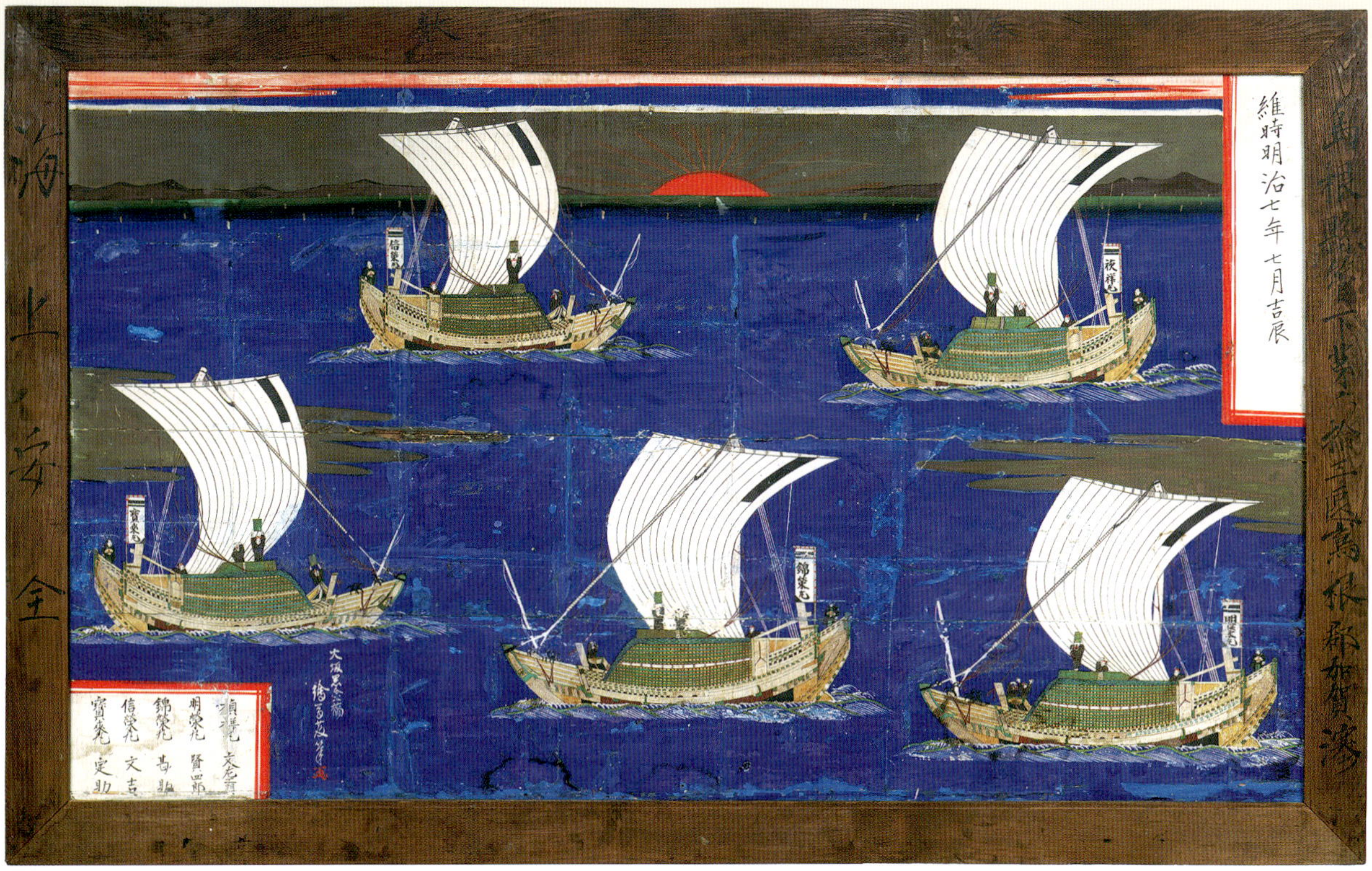

船絵馬《ふなえま》
1874年(明治7)7月
画「大坂黒金橋　絵馬藤筆画」
松江・加賀神社蔵
〈原図〉130×194cm(木枠を含む)

加賀《かか》の築堤《ちくてい》

佐陀川開削《さだがわかいさく》で、城下と日本海を最短で結ぶ航路が生まれると、加賀湊《かかのみなと》は藩米輸送の拠点となる。開削《かいさく》の三年後、七代藩主松平治《はる》郷《さと》(不昧《ふまい》)は、同湊の弱点である外海《そとうみ》からの荒波《あらなみ》を防ぐため、桂島《かつらじま》と櫛島《くしま》の間約三百メートルに、わずか十八日間で堤防を完成させた。

松江市島根町加賀《かか》
1790年(寛政2)6月10日着工―27日完成

三 水とのたたかい

水を制するは、土地を知ることに始まる

宍道湖《しんじこ》の水の出口は、中海《なかうみ》から日本海へ抜ける流路しかありませんでした。松江城下の大半は湿地帯《しっちたい》を埋めて造ったため、大雨になると、水に浸《つ》かることが度々ありました。清原太兵衛《きよはらたへえ》が、この問題を解決するために、湖水を日本海へ流す目的で行ったのが佐陀川《さだがわ》の開《かい》削《さく》です。治水《ちすい》への努力は、江戸時代以来つづけられ、現代においてもこの地域の課題となっています。

佐陀川《さだがわ》の開削《かいさく》 — 清原太兵衛《きよはらたへえ》

清原太兵衛《きよはらたへえ》（一七一一—八七）は、宍道湖《しんじこ》の水を日本海へ直接排水《はいすい》するため、佐陀川《さだがわ》を開削《かいさく》することを献策《けんさく》した。これを七代藩主松平治郷《はるさと》（不昧《ふまい》）は許可し、延《の》べ七万人を動員して完成した。これにより治水だけでなく、日本海へ向け最短距離で藩米を輸送することも可能となった。

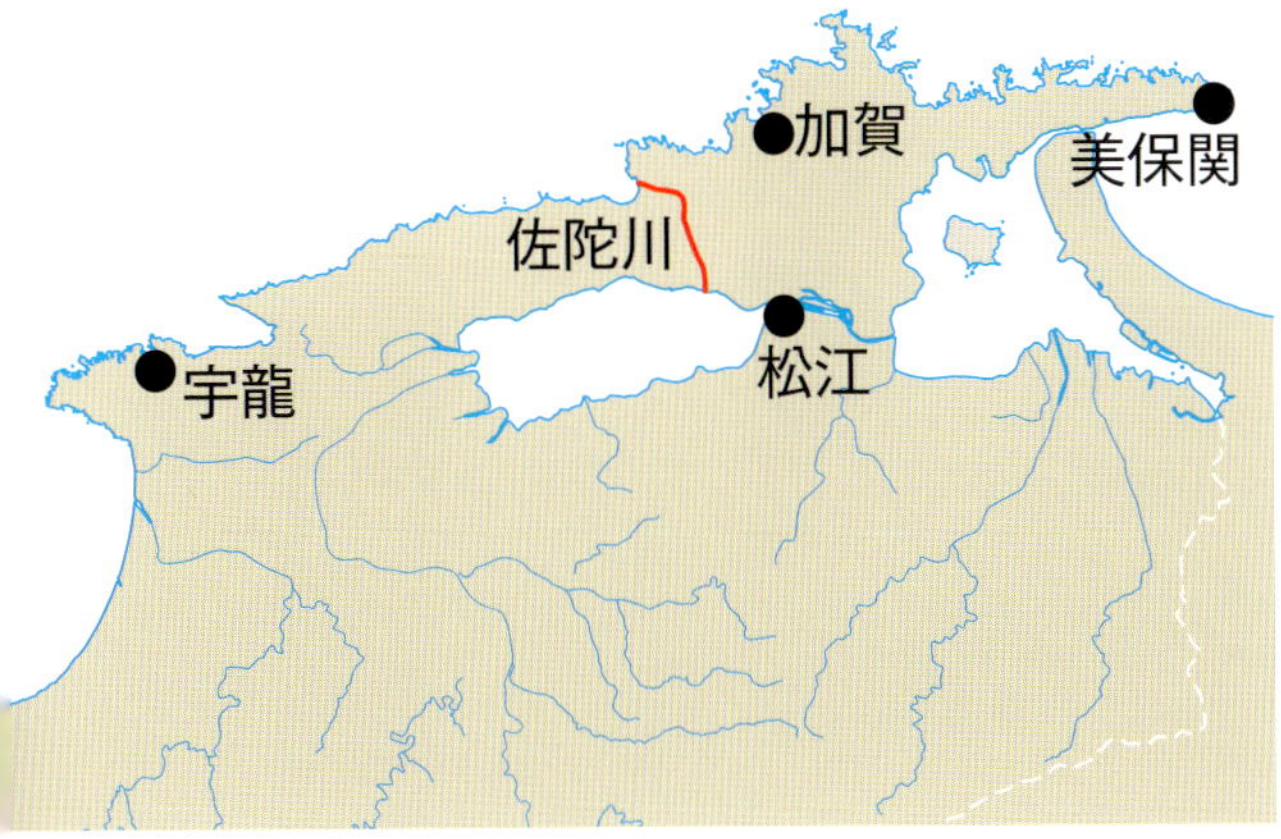

北を望む

南を望む

松江市浜佐田町《はまさだちょう》～鹿島町恵曇《えとも》
1785年（天明5）着手
1787年（天明7）完成

日吉《ひよし》の切《き》り通《どお》し ― 周藤弥兵衛《すとうやへえ》

初代周藤弥兵衛《すとうやへえ》の工事開始から三代にわたり約百年をかけ剣山《つるぎさん》を開削《かいさく》し、さらに堤防を築くことで、意宇川《いうがわ》の流路を固定し、洪水を回避した。

松江市八雲町《やくもちょう》日吉《ひよし》
1650年（慶安3）着手
1747年（延享4）完成

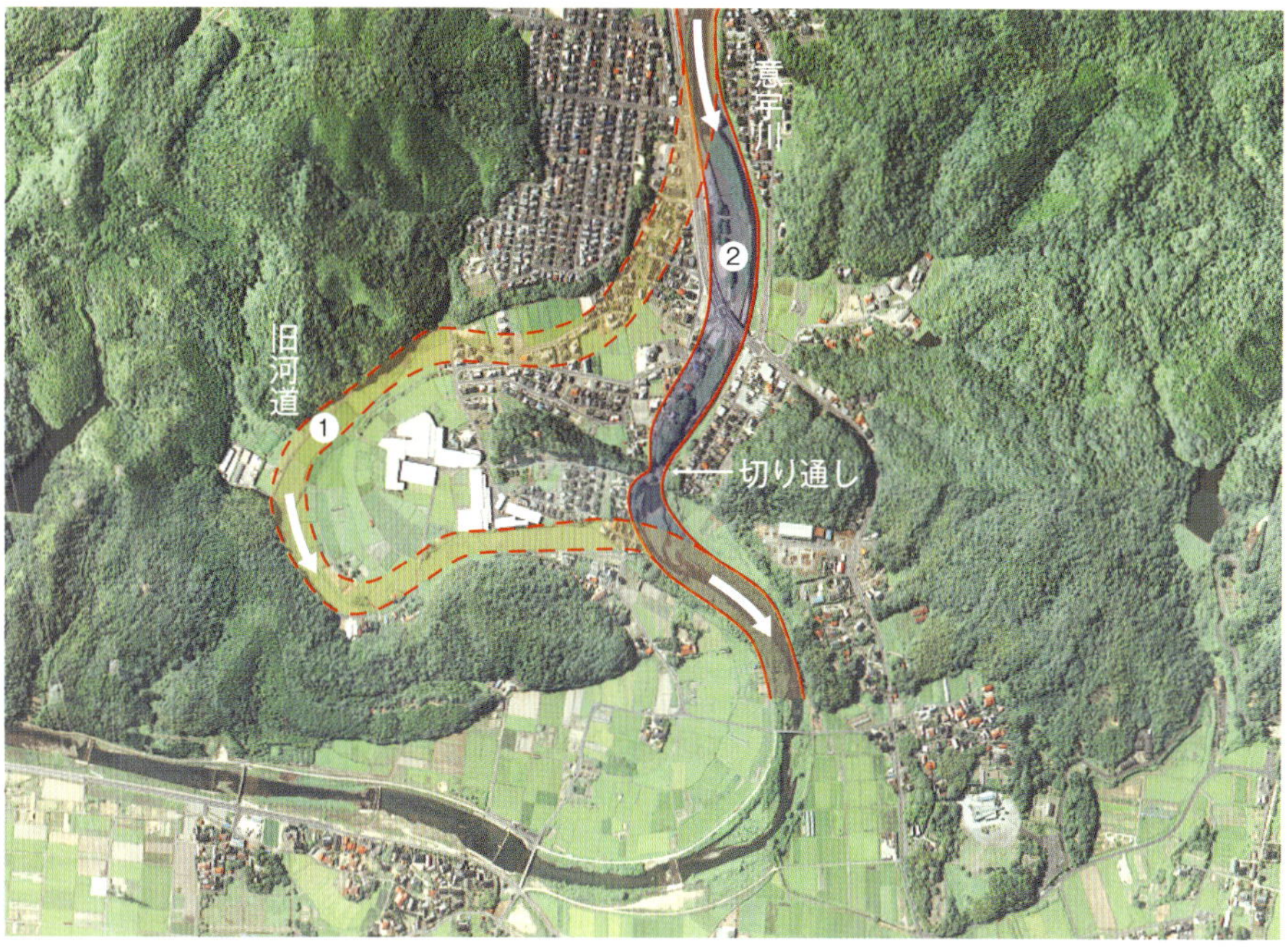

第1期　1650–52年

下流側より望む

松江藩の土木技術を集成

冨永《とみなが》家は、代々普請《ふしん》奉行《ぶぎょう》を務《つと》めた。蓄積《ちくせき》してきた土木《どぼく》技術を、後身に役立ててもらうことを意図して記されたのが「土工記《どこうき》」である。水留《みずどめ》の工法「出雲結《いずもゆい》」は、今でも水防訓練に用いられている。

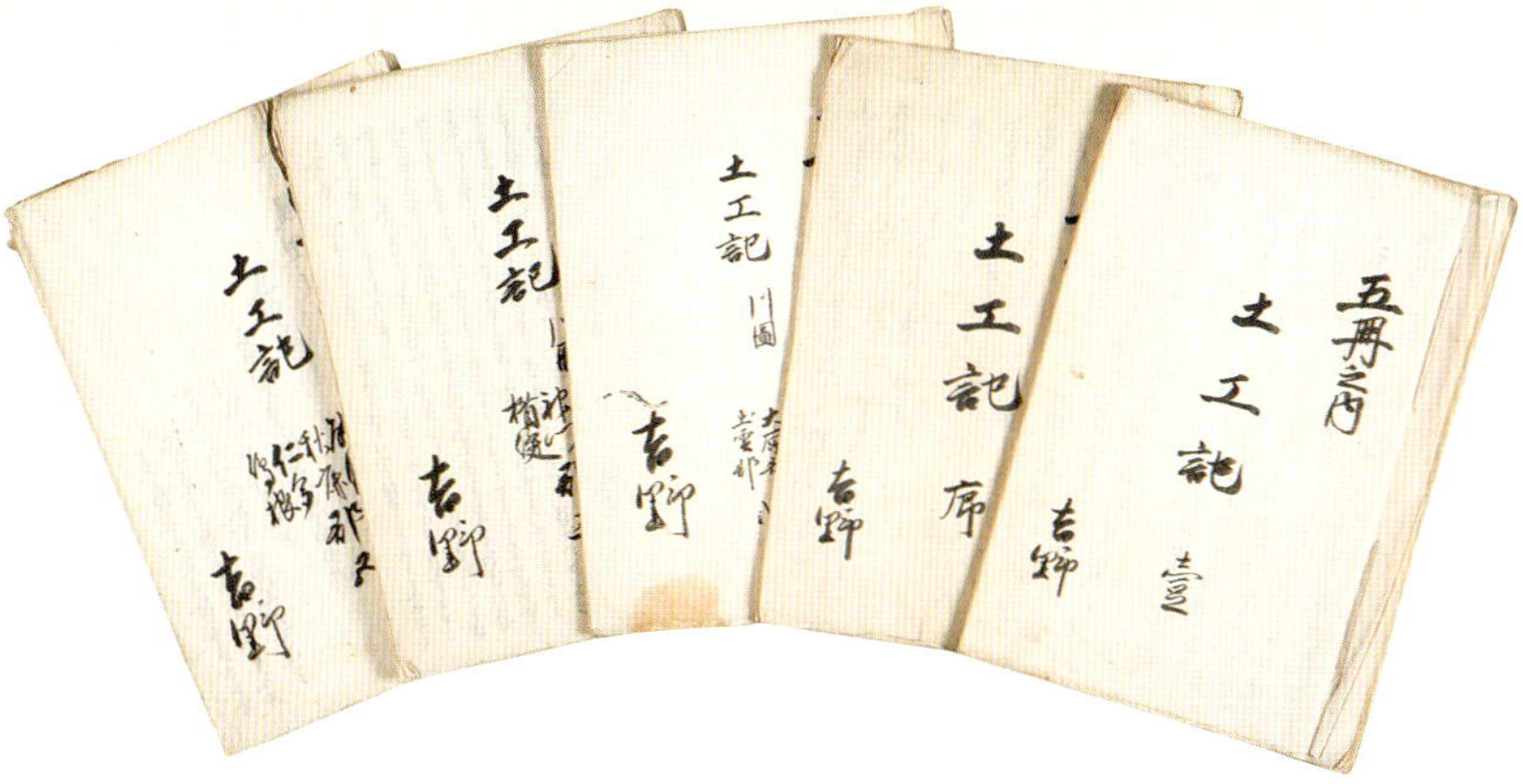

土工記《どこうき》 5冊
冨永顕頭《とみながてるあき》 著　1759年(宝暦9)頃　吉野蕃人氏蔵

出雲結《いずもゆい》

木の柱《はしら》と土を詰めた俵《たわら》で組み、水留《みずど》めに使った。

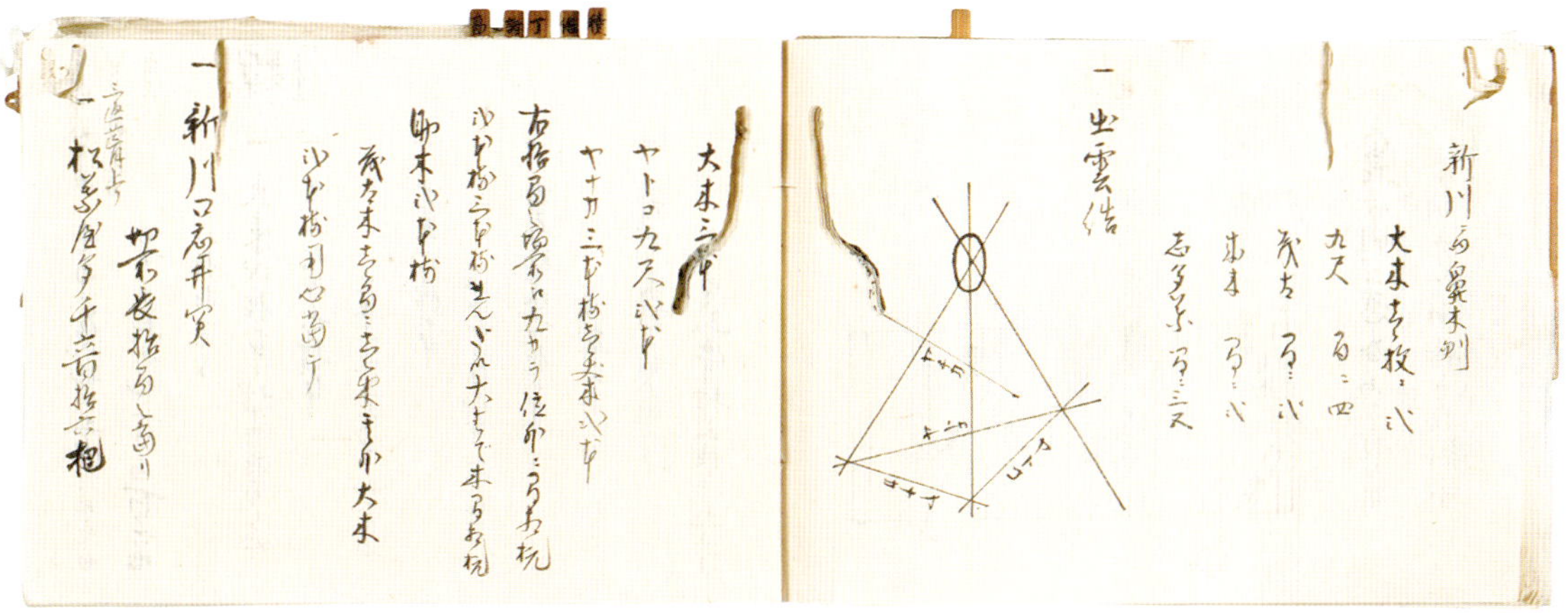

積方秘伝書《つみかたひでんしょ》
吉野蕃人氏蔵

雑賀町《さいかまち》に息づく算術の伝統 — 藤岡雄市《ふじおかゆういち》の測量術《そくりょうじゅつ》

松江の雑賀町《さいかまち》に生まれた藤岡雄市《ふじおかゆういち》(1820–49)は、江戸の算術家内田観斎《うちだかんさい》(関孝和《せきたかかず》の流派)と手紙のやり取りにより、算法《さんぽう》・測量《そくりょう》・天文《てんもん》・暦学《れきがく》を学び、松江にいながら20歳で免許状を受けた。その後、江戸に出て、江戸湾を測量、その精密さが評価された。わずか30歳で夭折《ようせつ》した。

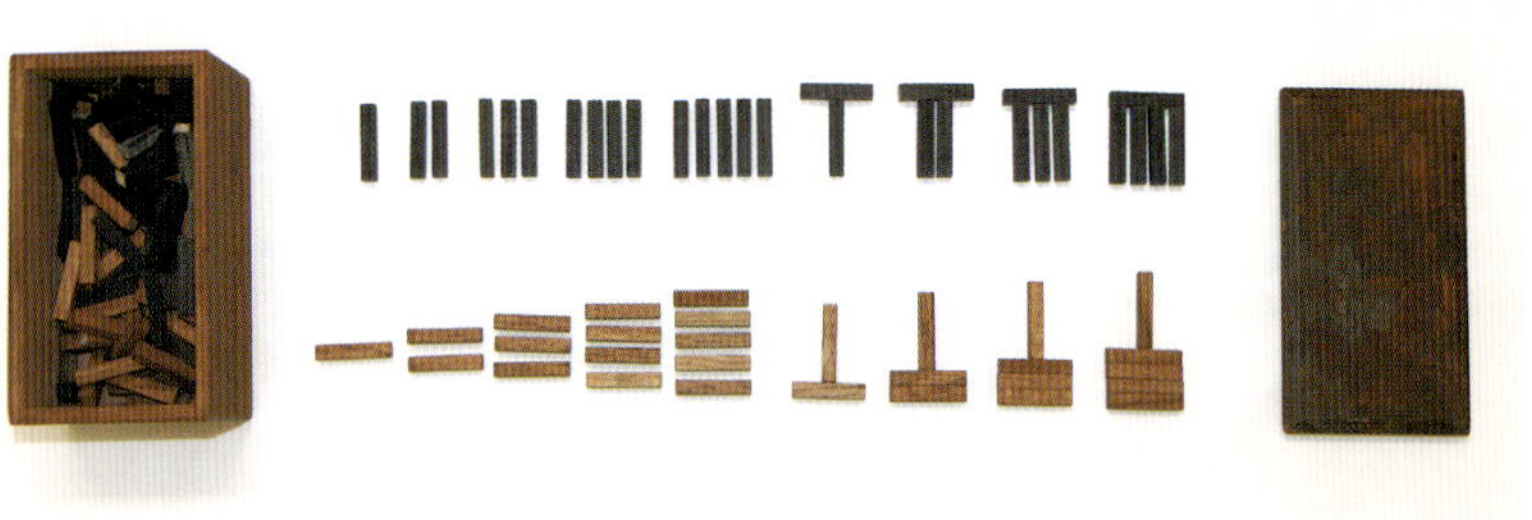

算木《さんぎ》

藤岡雄市《ふじおかゆういち》使用

数の計算に使う。正数(+)は白の算木を、負数《ふすう》(−)は黒の算木を使用した。

方位磁石《じしゃく》

藤岡雄市《ふじおかゆういち》使用

どの角度で持っても、磁石盤は平になり、方位がわかるようになっている。

鎖

藤岡雄市《ふじおかゆういち》使用

この鎖とコンパスで測量を行った。鎖部分は5寸ごとに印がつけてある。

物差《ものさ》し

藤岡雄市《ふじおかゆういち》使用

金属製で折りたたみ式になっている。

コンパス一本と鎖《くさり》だけで、速《すみ》やかに測量《そくりょう》する技法を説く

懐中《かいちゅう》型で携帯《けいたい》できるようになっている。

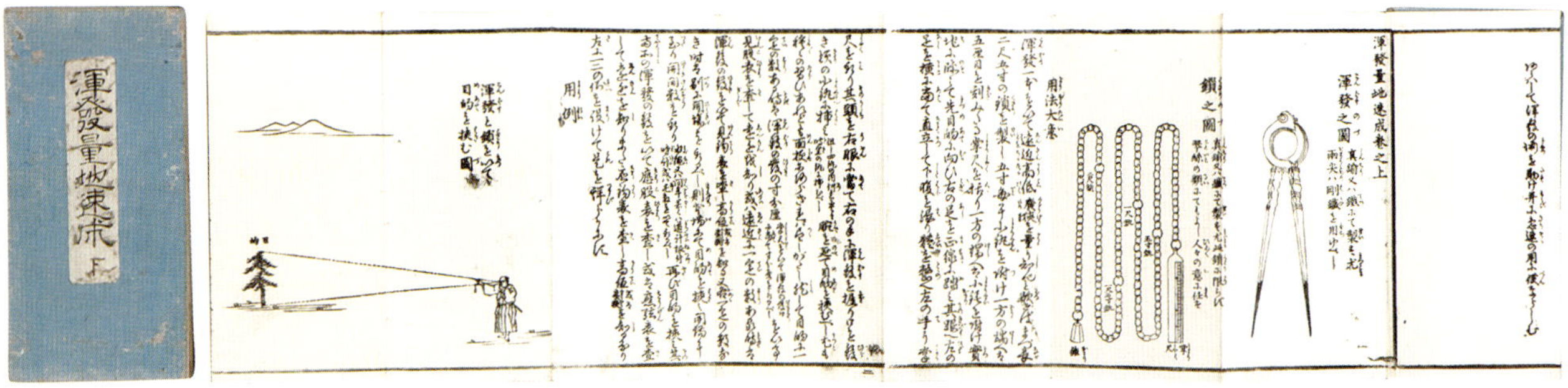

渾発量地速成《こんぱすりょうちそくせい》　上・下巻

藤岡雄市《ふじおかゆういち》 著

1846年(弘化3)5月

江戸で刊行

上掲すべて藤岡太作氏蔵

第7章

松江の息づかい

一

商人《あきんど》の日記帳

松江に住む町人《ちょうにん》の暮らしぶりに出会う

松江城下は、武家町《ぶけまち》、寺町《てらまち》、町人町《ちょうにんまち》が明確に分かれていました。町《ちょう》人町《にんまち》は城下の商業・流通の中心地で、商人《しょうにん》・職人《しょくにん》・町医者《まちいしゃ》・日雇《ひやとい》など、様々な立場の町人《ちょうにん》が入り混じって住んでいました。自分の家を持つのは一部の大きな商家で、大多数の町人《ちょうにん》は手狭《てぜま》な借家《しゃくや》住まいです。隣家と棟《むね》のつながる長屋《ながや》の生活では、共同井戸《いど》を使い、お互いをよく知り、助け合う親密《しんみつ》な近所づきあいがありました。

借家立ち退き騒動

おおけな商売人だった新屋《あたらしや》も苦しい時があーましてね。そげな時、手前にも悪い評判が立ってしまーまして、うちのもん誰んも、借家を追い出されそうになったことがあーました。何てて急な話だったもんでござぇまして、借家を一生懸命探しましたども、見つかーません。あとはもー、かん（神）さん、仏さんに頼むしかあーませだった。とこーが、長屋の皆さんが心配してござっしゃって、おかげさんで追い出されんこにすんました。借家に暮らすもんどうし、持ちつ持たれつ。人の情けはありがたいもんでござぇますねー。

※出雲弁で解説しています。

大相撲松江場所

手前ども庶民の娯楽ていいますと、お祭りの芝居や神楽、そーから、なんてて相撲でござぇます。出雲は、相撲の始まったところと言われちょーます。相撲が大好きな松江の殿さんは、名力士をがいに抱えちょられました。手前も相撲はごく好きでして、取り組み前によー稽古をのぞきにえきました。本番はてーますと、ご覧の通りでござぇますわ。

庶民《しょみん》の生《なま》の声を伝える

御用商人《ごようしょうにん》「新屋《あたらしや》」の奉公人《ほうこうにん》であった太助《たすけ》の日記。商売が苦しかった若い頃を忘れないようにと書きとめたことをきっかけに、四十七〜七十四歳までの出来事を記す。内容は、店の経営や日々の勤《つと》めのことから、家族のこと、災害、祭り、城下の噂話《うわさ》にまで及ぶ。江戸後期の松江城下に住んでいた庶民の暮らしや、興味・関心がうかがえる、絶好の史料である。

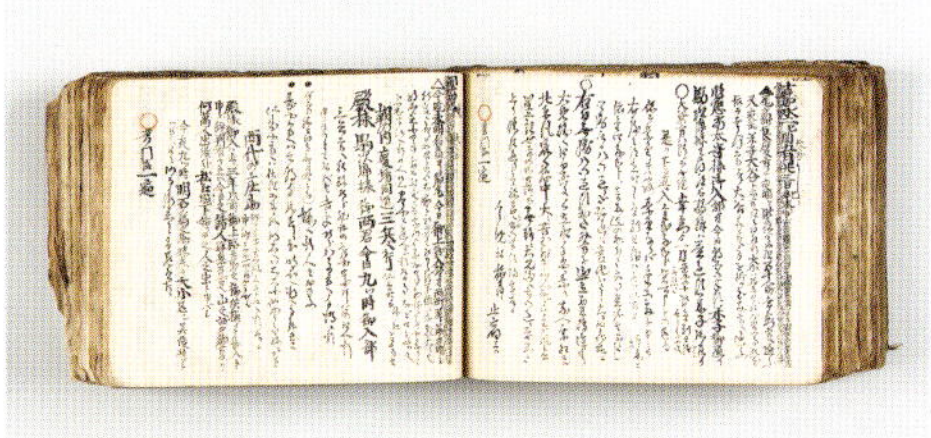

松江市指定文化財　大保恵日記《おぼえ》

1826〜54年（文政9〜嘉永7）　松江・信楽寺《しんぎょうじ》蔵

わが子への思い

手前と家内のきよとは、安蔵《やすぞう》、政次郎《まさじろう》の二人の倅《せがれ》に恵まれました。ふたーとも(二人共)、ほんに孝行息子でござぇました。とこーが、安蔵は27歳の若さで死んでしまーました。親よか先にえきて(逝きて)しまーなんてて、なんでですかねー。そげしたら次の年、今度は政次郎が風邪をこじらかいて、ひゃくんち(100日)も寝込んでしまーました。政次郎にまで、もしものことがあったら、手前どもは、どげさかいなと思いました。かん(神)さん、仏さんの御蔭《おかげ》で、政次郎の病はよーになおー(直り)ました。ほんに安心しましたわ。その後、おせ(大人)になった政次郎が新屋《あたらしや》で蝋絞《ろうしぼ》り職人になーまして、手前ども夫婦をえーしこにして(養って)ごいておーます。

働き者太助の副業

てまえは新屋の番頭なんでござぇますが、自分でも商売しちょーました。一つは紺屋《こうや》をやっとーました。とえっても、店は人に貸せて、次男を雇ってもらっちょーました。手前が得手《えて》としちょーましたのは、字を書くことでござぇました。そーで、人様の代筆もたえそ頼まれまして、毎日忙しことでしたわ。

切り絵　陶山広之

所狭《ところせま》しと並《なら》ぶ町人《ちょうにん》たちの住まい

松江大橋の南側に位置する町人町《ちょうにんまち》のうち、九つの町《まち》を描く。町屋《まちや》の持ち主と借家人《しゃくやにん》の名前を記し、一軒ごとの間口《まぐち》・奥行《おくゆき》だけでなく、井戸《いど》の位置や納屋《なや》、蔵《くら》などの建物も記載する。藩が課税《かぜい》と町人《ちょうにん》の居住地把握のために作らせた絵図と考えられる。

北

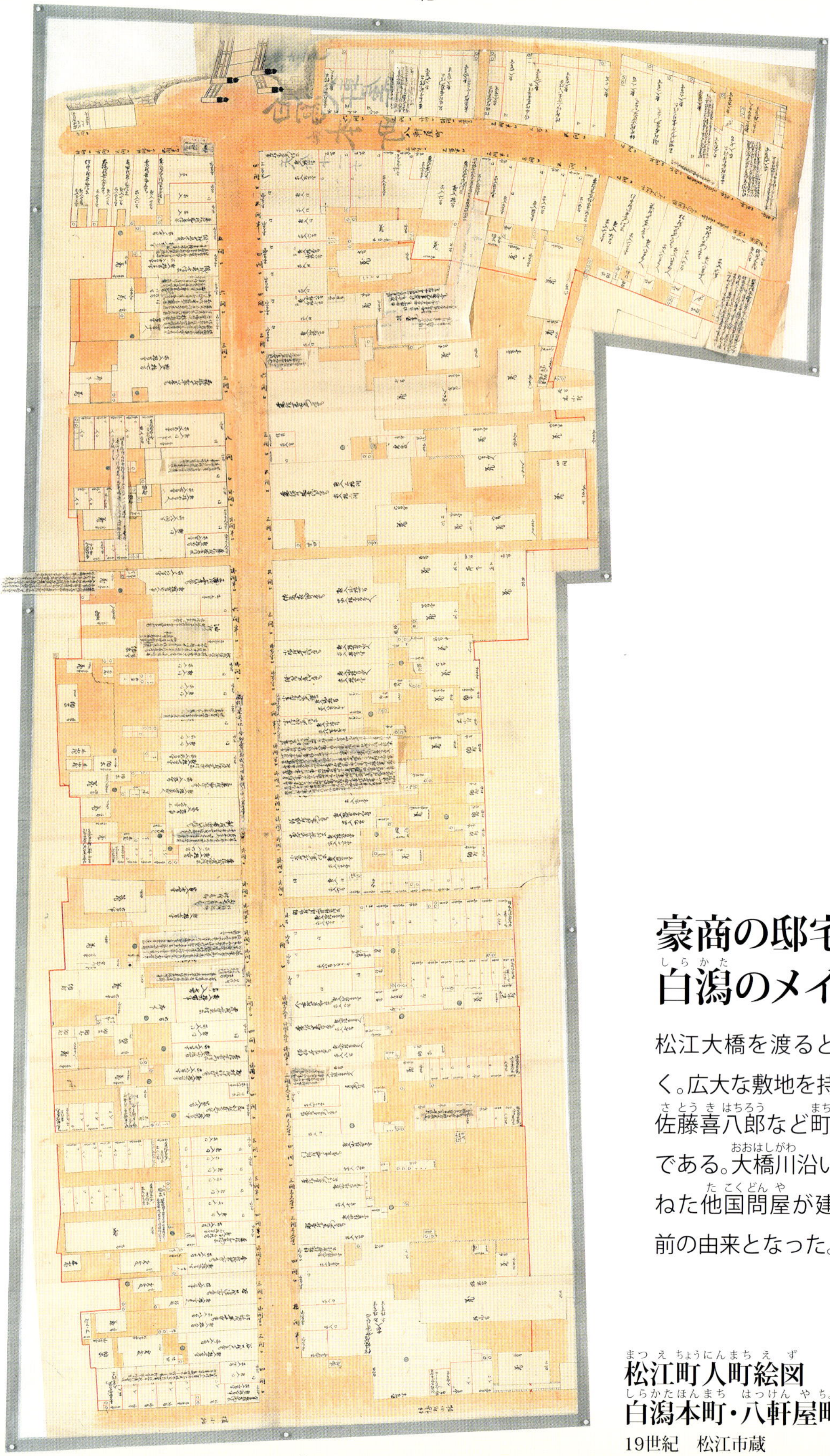

南

豪商の邸宅がならぶ、白潟《しらかた》のメインストリート

松江大橋を渡ると、幅の広い本通りが続く。広大な敷地を持つのは、森脇甚右衛門《もりわきじんえもん》、佐藤喜八郎《さとうきはちろう》など町役人《まちやくにん》も務めた商人たちである。大橋川《おおはしがわ》沿いには、8軒の船宿《ふなやど》を兼ねた他国問屋《たこくどんや》が建ち並び、八軒屋町《はっけんやちょう》の名前の由来となった。

松江町人町絵図《まつえちょうにんまちえず》
白潟本町《しらかたほんまち》・八軒屋町《はっけんやちょう》
19世紀　松江市蔵

間口《まぐち》二間《けん》の借家《しゃくや》が軒《のき》を連ねる

白潟天満宮《しらかたてんまんぐう》へと続く天神町《てんじんまち》通りに沿って、間口《まぐち》が二間《けん》（約三・六メートル）程度、奥行きが十三〜十七間《けん》（約二十三・四〜約三〇・六メートル）の細長い借家《しゃくや》が並んでいる。

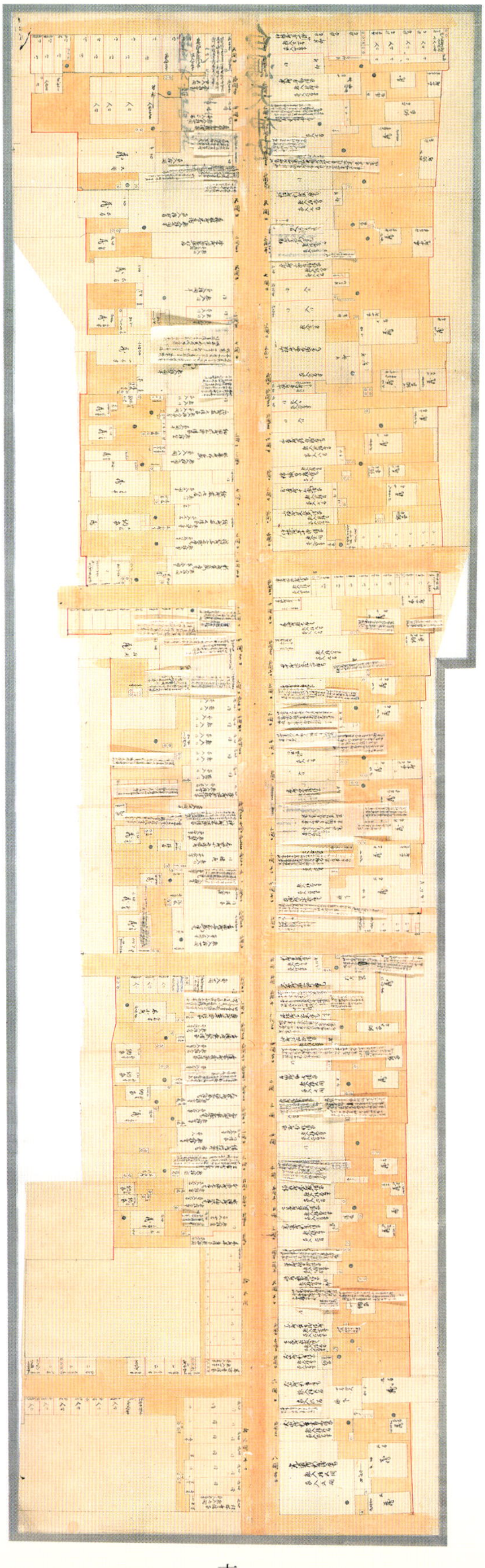

松江町人町絵図《まつえちょうにんまちえず》
天神町《てんじんまち》
19世紀　松江市蔵

北

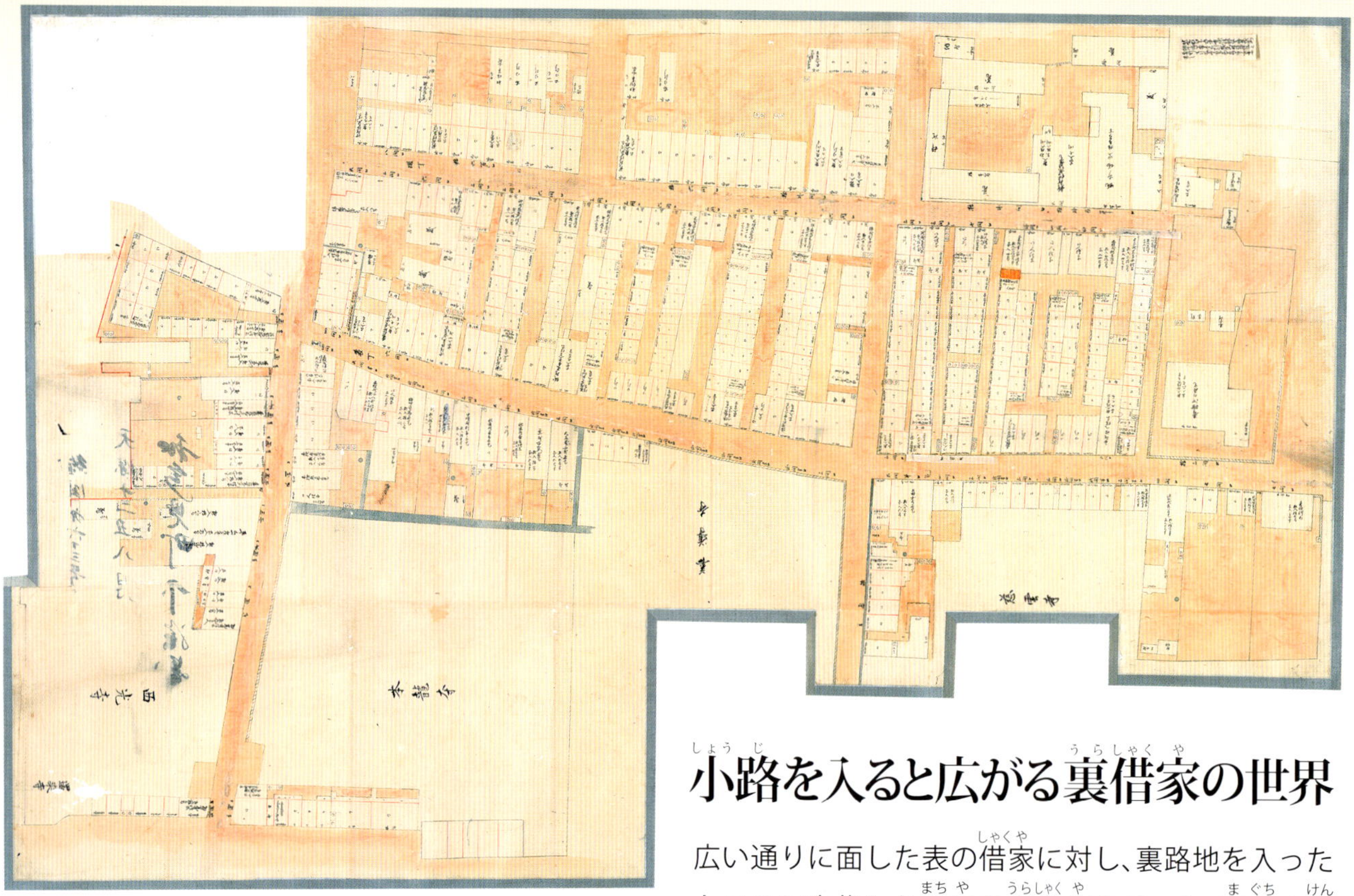

南

松江町人町絵図《まつえちょうにんまちえず》　和多見町《わだみちょう》

19世紀　松江市蔵

小路《しょうじ》を入ると広がる裏借家《うらしゃくや》の世界

広い通りに面した表の借家《しゃくや》に対し、裏路地を入ったところに密集した町屋《まちや》を裏借家《うらしゃくや》と言った。間口《まぐち》１間《けん》半（約2.7m）、奥行き２間《けん》（約3.6m）ほどの手狭《てぜま》な空間に、家族数人で暮らすことも少なくなかった。

北

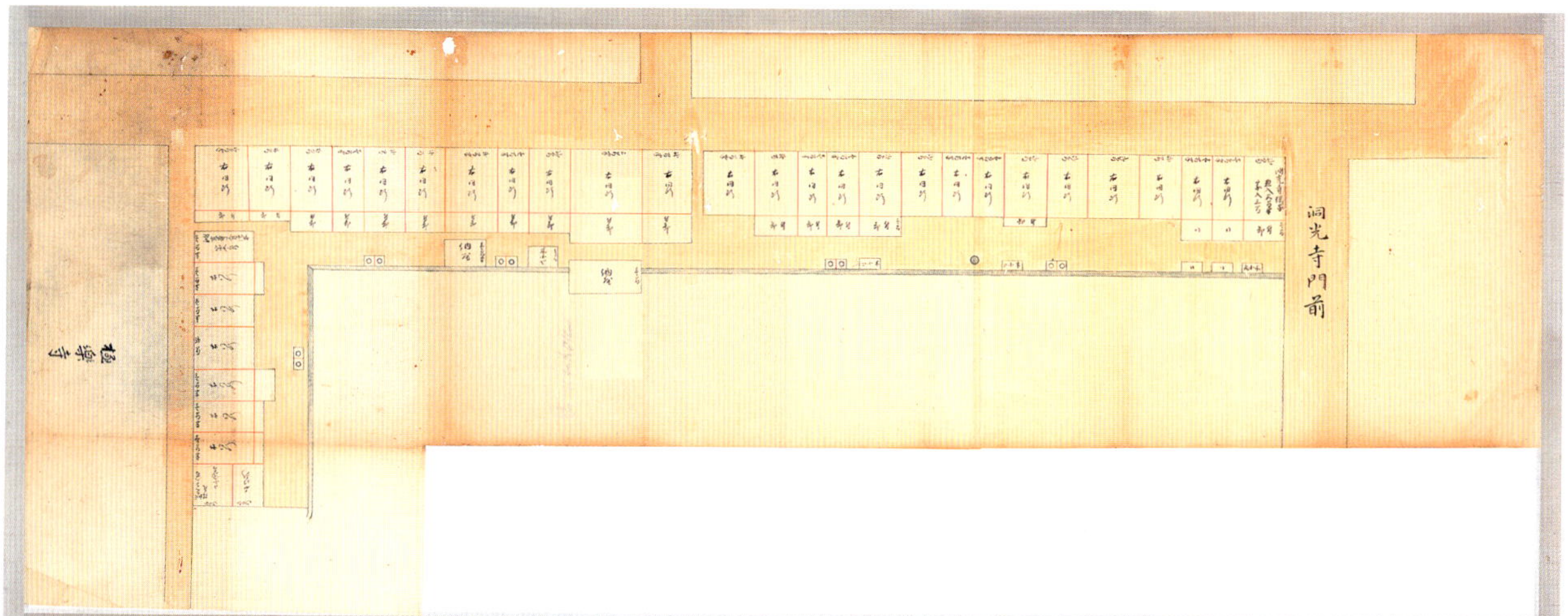

南

松江町人町絵図《まつえちょうにんまちえず》　新町《しんまち》

19世紀　松江市蔵

ずらりと並んだ寺《てら》の借家《しゃくや》

寺町《てらまち》から外れて城下の南に建つ洞光寺《とうこうじ》は、戦国時代に尼子経久《あまごつねひさ》が父清定《きよさだ》の冥福《めいふく》を祈るため、広瀬《ひろせ》の富田城下《とだじょうか》に建立《こんりゅう》した寺である。その後、堀尾氏《ほりおし》が松江城築城とともに松江へ移した。この寺の借家人《しゃくやにん》には、主屋《おもや》とは別に納《な》屋《や》も借りている者が多い。

二

知られざる日本の面影《おもかげ》

八雲《やくも》の愛した松江の世界

八雲の愛した松江

明治の文豪・小泉八雲《こいずみやくも》（ラフカディオ・ハーン）は、急速に西洋文化を取り入れた日本において、いまだ伝統的な文化や風俗を保つ松江の町と人々の暮らしに強い関心を持ちました。松江での約一年三か月の滞在期間中（一八九〇年八月三十日～九一年十一月十五日）、町やその周辺を精力的に歩き廻り、妻セツから多くの説話を聞き取ります。そして、優れた感性で文学作品にまとめ上げ、世界に紹介しました。

1891年３月に改架した
第15代松江大橋

寺町

普門院境内から松江城を望む

城山稲荷神社

天神町

小泉八雲旧居

松江市街

【杜若《かきつばた》】

市の東北にある普門院というお寺の近くに、小豆磨ぎ橋という橋があった。その昔、夜になると女の幽霊が橋の下に現れ、小豆を磨《と》いだそうだ。

ところで、日本には虹のように美しく映える杜若《かきつばた》という紫色の花があり、古くより杜若という歌がある

が、この歌を決して小豆磨ぎ橋のあたりでうたってはならない。そのわけは定かではないが、そこに現れる幽霊がその歌を聞くと大変に怒り、もしそこで歌うと恐ろしい災いがふりかかるという。

ある日、この世に恐れるものなどないという侍がおり、夜になって橋へ行き、声高らかに杜若を歌った。

しかし、幽霊は現れないので笑い飛ばして家に帰ると、門前で見覚えのないすらりとした美しい女に出会った。女は会釈をしたので、侍も武士らしく礼を返した。

女は箱を差出し、「私は使いのものですが、これは女主人からの贈り物です」と言うなり、消え失せてしまった。

侍が箱を開けると、血まみれになった幼児の頭が入っていた。驚いて家へ入ると、客座敷には頭のちぎれた我が子のからだが横たわっていた。

【飴《あめ》買いの女】

中原町にある大雄寺《だいおうじ》の墓地について、こんな話がある。

同じ町内に水飴を売っている小さな飴屋があった。水飴は、麦芽から作った琥珀色の甘い液で、乳を与えられないときには子どもに与えたりする。

毎晩夜が更けると、青白い顔の女が全身に白い衣をまとい、わずかばかりの水飴を買いに来た。飴売りは、女があまりにも痩せていて顔色も悪いのを心配し、たびたび心優しく事情を尋ねるが、女は何も答えなかった。

ついにある夜、好奇心に駆られて後をつけてみた。すると、女は墓地へ向かったので怖くなり引き返した。

次の晩、女はまたやって来たが水飴は買わず、ただついて来いと手招きをする。飴売りは、数人の仲間を連れ立って墓地へついて行った。女はある墓へ行くと消えた。

すると、地面の下から幼児の泣き声が聞こえた。墓を暴いてみると、夜ごと飴屋にやって来た女の死骸があり、その傍らに産まれたばかりの

赤ん坊がいて、提燈の光を見て笑っている。そのそばには、水飴の小さな椀が置いてあった。

これは、母がまだ本当は死んでいなかったのに誤って葬られ、墓の中で子が産まれたために、幽霊となった母はここまでして水飴を与えていたのである。

――母の愛は死にも勝る。

【化《ば》け亀《がめ》】

出雲で夜間たびたび歩き回ると信じられている像は、青銅の馬だけではない。それに劣らず凄《すご》い行動をすると伝えられている彫像作品が、少なくとも二十位はある。杵築《きづき》の拝殿の入口の上で身体をくねらせる龍の彫刻は、夜間屋根を這い回ったということだ。

――ある日、大工が命じられてそののどを鑿《のみ》で切った。それからは龍が徘徊《はいかい》をやめた。そののどの鑿痕《のみあと》は、誰の目にもありありと見える！

松江の壮麗な春日神社には、雄雌二頭の等身大の立派な鹿の像がある。その頭だけは別に鋳造して、あとから巧みに胴へ打付けてあるように私には思われた。ところが、ある親切な田舎人から、もとは一つの完全な鋳像であったが、その後、夜間静かにさせておくために頭を切断しなくてはならなくなったのだ、と教えられた。

こういった類の薄気味の悪い像の話の内で、夜間出会って最も恐ろしい像は、松平家代々の墓地がある松江の月照寺境内にいる奇怪な亀であった。

この石の巨像は、長さがほぼ17フィート（約5メートル）で、頭を6フィート（約1・8メートル）も地上からあげている。今では刳《く》り貫《ぬ》いた背中に、高さ約9フィート（約2・7メートル）の大きな立体の一本の石柱が立っており、風化して消え入りそうな碑文が書かれている。出雲の人々が想像したように、この亀が夜中に動き出し、近くの蓮池で泳ごうとする悪夢を思い浮かべてごらんなさい！

さて、こんな恐ろしくも非現実的な行動が理由で、亀の首をついに折らねばならなかった、と伝えられている。しかし、実際には単に地震で壊れたに過ぎないであろう、と思えるのだが。

イラスト　亜月亮　訳　松江歴史館

第8章

松江城下の人々の暮らし

一　正月行事

一年の幸せを祈《いの》る松江の正月行事

歳徳神《としとくじん》

毎年正月になると、各地で歳徳神《としとくじん》のお祭りが行われます。城下では町ごとに宮宿《みややど》が営《いとな》まれ、歳徳宮《としとくのみや》を祀《まつ》った後、人々は宮を担ぎ出し、采《さい》配《はい》を振り、鼕《どう》と呼ばれる太鼓を叩き町内を練り歩きます。後に、この鼕《どう》の御囃子《おはやし》が独立し、毎年秋に行われている鼕行列《どうぎょうれつ》となりました。

武士の勇《いさ》ましい乗馬

松江城の入り口、大手前《おおてまえ》では武士による左義長《さぎちょう》が行われる。中心に神木《しんぼく》を立て、まわりに正月飾りの松や注《し》連縄《めなわ》などを積み上げて焚き上げる。その神木《しんぼく》のまわりを乗馬の武士が駆《か》け巡《めぐ》る。末次《すえつぐ》・白潟《しらかた》の両町や、村々からも見物人が集まった。

二階建《にかいだて》の屋台《やたい》

二階建ての家台《やたい》（宮宿《みややど》）を組み立て、二階に歳徳宮《としとくのみや》を祀《まつ》る。一階からは子供達の賑《にぎ》やかな御囃子《おはやし》が聞こえてくる。

賑《にぎ》やかな宮《みや》練《ね》り

法被《はっぴ》姿の若者や子供達が、采配《さいはい》を持ち、宮を囲み練《ね》り歩く。

提灯《ちょうちん》を翳《かざ》し、祭《まつ》り囃子《ばやし》は夜中まで続く

夜になると提灯《ちょうちん》に明かりを燈《とも》し、鼕《どう》を引きまわす。笛や三味線《しゃみせん》も加わる。

堀櫟山《ほりれきざん》 画　明治時代（19世紀）　堀昭夫氏蔵

江戸期の姿をとどめる唯一の宮宿《みややど》

松江市指定文化財　**北寺町宮宿《きたてらまちみややど》**　写真：松江・ヨネザワ写真館 提供

北堀町《きたほりちょう》内の顔ぶれを伝える

裏

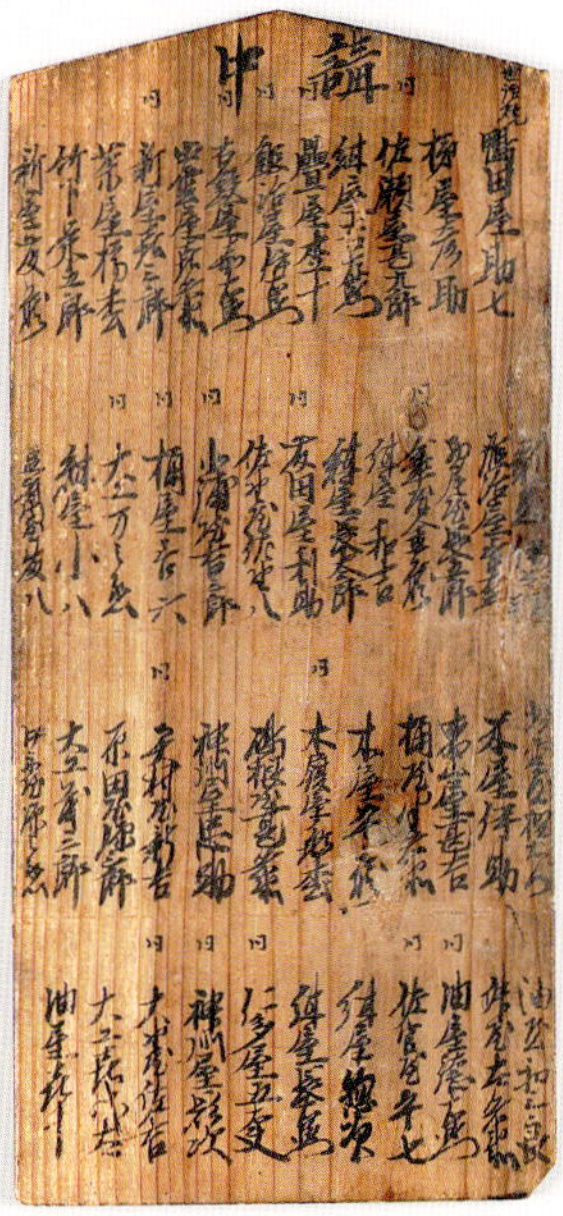

表

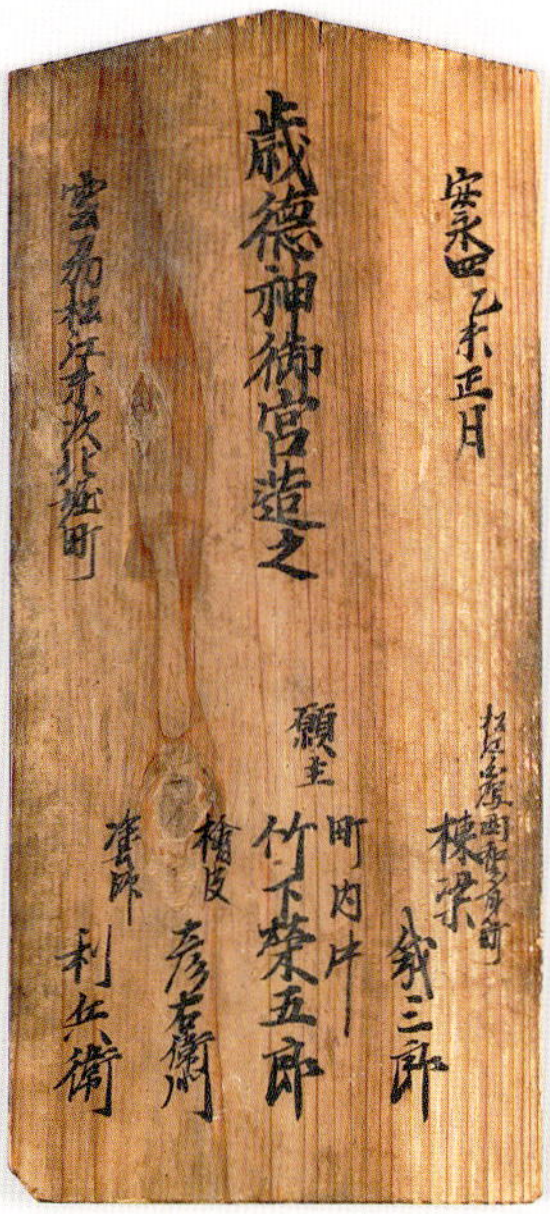

北堀町歳徳宮棟札《きたほりちょうとしとくのみやむなふだ》　1775年（安永4）正月　北堀町三区髪宮保存会蔵

紺屋《こんや》、畳屋《たたみや》、桶屋《おけや》、大工、左官屋《さかんや》、古鉄屋、茶屋、米屋、木履屋《きぐつや》、油屋、新屋《あたらしや》など、様々な職人や商人が北堀町の祭祀《さいし》を支えた。

幕末庶民の楽しみ ―太助の日記帳から―

春

一月	三日	福引《ふくびき》…白潟社《しらかたしゃ》（売布神社《めふじんじゃ》）で行われる。
	五日	松囃子《まつばやし》…年頭に福を祈って行う芸事。新屋《あたらしや》などの御用商人《ごようしょうにん》が、藩主《はんしゅ》や武士の前で行う。
	十一日	町屋《まちや》の左吉兆《さぎちょう》…歳徳神《としとくじん》の祭《まつ》り。宮を担ぎ出し、練り歩く。
	十五日	武家の左吉兆《さぎちょう》……殿町《とのまち》の大手前《おおてまえ》へ、武士の馬乗りを見に行く。
	二十六日	手習《てならい》…息子を手習塾《てならいじゅく》に入れる。
二月	一日	初午《はつうま》…主人の子を連れて、城下の稲荷社《いなりしゃ》へ参詣する。
三月	三日	桃の節句…主人のお嬢様に買った雛人形《ひなにんぎょう》を飾る。
	八日	杵築《きづき》大社（出雲《いずも》大社）の富《とみ》くじ…札《ふだ》を買うと、抽選で賞金が当たる。
	十一日	出雲札《いずもふだ》に出かける…出雲国三十三札所へ巡礼する。
	十八日	相撲《すもう》を見に行く。
	二十五日	よもぎ摘《つ》み…両袖がいっぱいになるほど摘《つ》む。

夏

四月	二日	御立山《おたてやま》（楽山《らくざん》）の歌舞伎《かぶき》。
	十八日	ホーランエンヤ…御手船場《おてせんば》から、御城内稲荷神社《ごじょうないいなりじんじゃ》の御神霊《ごしんれい》を拝む。
五月	五日	端午《たんご》の節句…粽《ちまき》をたくさん作って配る。
	十日	白潟社《しらかたしゃ》（売布神社《めふじんじゃ》）祭り…宮の後ろの空き地で若者が相撲《すもう》を取る。
	十六日	伊勢宮《いせのみや》の神能《しんのう》…町中から人が集まり、主家の子供達も見に行く。
六月	十日	金毘羅《こんぴら》祭《まつ》り…見世物《みせもの》小屋が建てられる。
	十五日	蓮下《れんげ》（蓮華会《れんげかい》）…素麺《そうめん》がふるまわれる。
	二十～二十七日	土用《どよう》休み…息子の仕事が休みになる。
	二十四～二十五日	白潟天満宮《しらかたてんまんぐう》祭礼…出店が並び、手習いの子供達が大勢参る。

冬

十月

四日	相撲《すもう》の番付に勝敗を書き込む。
十日	亥《い》の子《こ》…十日の亥の日。訪問先で亥《い》の子餅《こもち》をもらって帰る。
二十六日	神等去出《からさで》…八百万《やおよろず》の神々が全国へお帰りになる。太助の家では牡丹餅《ぼたもち》を作る。

十一月

十日	太助の誕生日。寺社へお礼参りをする。黒鴨《くろがも》を食べる。
二十二日	相撲《すもう》を見に行く。

十二月

八日	針供養…自宅に客を招き、賑やかに焼餅を食べる。
十八日	蝋の打ち納め…主家から息子や妻がお祝儀を貰《もら》う。
二十四日	すす払い…息子が念入りに行う。
二十五～二十六日	餅つき
二十六～二十八日	歳暮…さわず一本、かずのこ、鰹節一本、たばこ一玉を貰《もら》う。

秋

七月

六日	七夕祭り…短冊を書き、主家で西瓜《すいか》をふるまわれる。
七日	節句…仕事が休みになる。
十二～十三日	仏具磨き、提灯《ちょうちん》・灯篭《とうろう》の張り替え、墓掃除、盆棚《ぼんだな》飾り…家族総出で行う。
十四日	井戸替え…借家人が集まって井戸の水を替え、宴会をする。
十六日	仏様《ほとけさま》送り…盆棚の飾りを船に乗せ、川に流し送る。
二十二日	宍道湖《しんじこ》で花火。藩主が商家新屋《あたらしや》から眺める。
晦日	武内社《たけうちしゃ》祭り…息子が仕事帰りに参る。

八月

十三日	伊勢宮《いせのみや》、松尾大明神《まつおだいみょうじん》の祭礼。草刈相撲《くさかりずもう》が行われる。
十五日	月見…小豆の煮込みだんごを作り、客を招く。
二十一日	還暦《かんれき》…同じ借家のお婆さんの六十一歳を祝い、進物を贈る。

九月

十日	白潟社《しらかたしゃ》（売布神社《めふじんじゃ》）祭り…軽業《かるわざ》や物真似の芝居小屋が建ち、見に行く。

※月は陰暦　橙…祭り　青…興行《こうぎょう》　緑…習俗《しゅうぞく》

二 相撲《すもう》

江戸や上方《かみがた》の大相撲《おおずもう》で名を馳《は》せた、松江藩《まつえはん》のお抱《かか》え力士《りきし》たち

松江藩《まつえはん》は、雷電《らいでん》や陣幕《じんまく》などの名力士《りきし》を数多く抱えていました。全国の相撲《すもう》で活躍した力士《りきし》達が、殿様とともに出雲《いずも》に帰ってくると、楽山《らくざん》や白潟天満《しらかたてんまん》宮《ぐう》付近、平田《ひらた》・出雲大社《いずもたいしゃ》などで御国相撲《おくにずもう》が行われました。番付《ばんづけ》が作られ、力士《りきし》のブロマイドとも言える錦絵《にしきえ》が出回り、人々は相撲《すもう》に熱狂しました。

松江が誇る名大関《めいおおぜき》 ―― 雷電《らいでん》

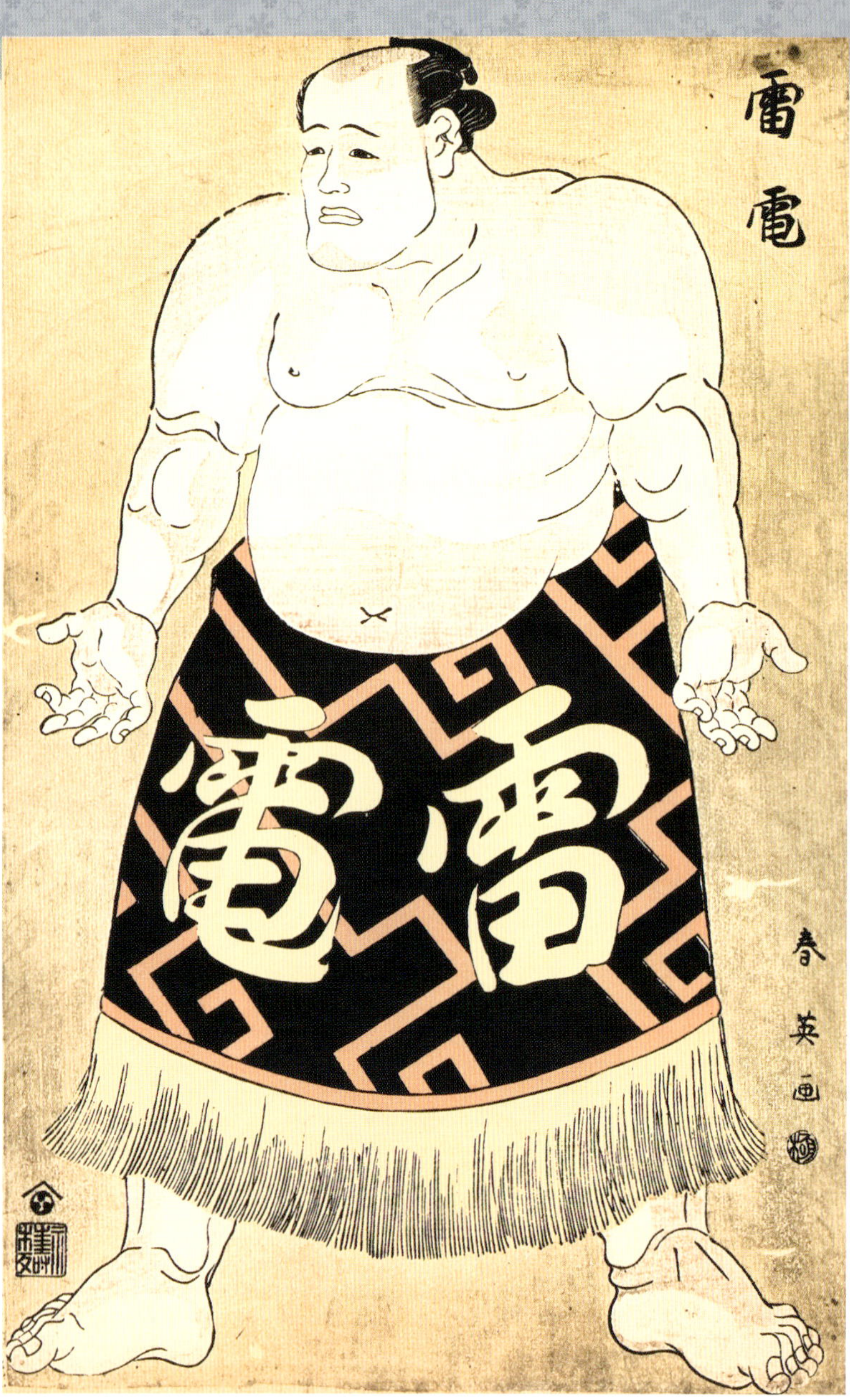

雷電為右衛門錦絵《らいでんためえもんにしきえ》 片岡善貞氏蔵

相撲興行《すもうこうぎょう》の実態を伝える名大関《めいおおぜき》の日記

二五四勝一〇敗二分という脅威的な成績を誇る松江藩のお抱え力士、雷電為右衛門《らいでんためえもん》が書き残した日記帳。一八〇七年（文化四）八月から九月の御国相撲《おくにずもう》では、観客が一万二千六百人訪れたと記され、その盛況ぶりを伝えている。

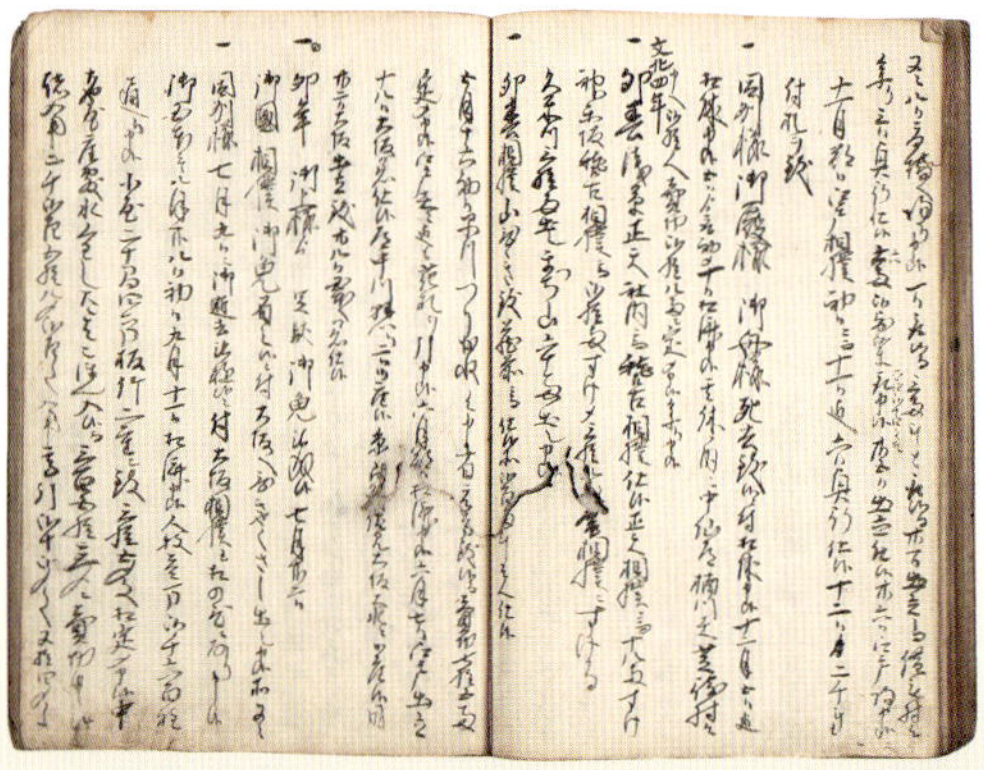

雷電日記《らいでんにっき》
（「諸国相撲控帳《しょこくすもうひかえちょう》」二冊、「萬御用覚帳《よろずごようおぼえちょう》」） 関賢治氏蔵

松江に全国の力士《りきし》が勢ぞろい

『雷電日記《らいでんにっき》』にも記述がある、八月二十八日から九月十一日に松江の白潟天《しらかたてん》満宮附近《まんぐうふきん》で行われた取組《とりくみ》の番付。頭に「御」と書かれているのが、松江藩お抱え力士《りきし》である。江戸から九州に至るまで、全国の力士《りきし》が集まっていることがわかる。

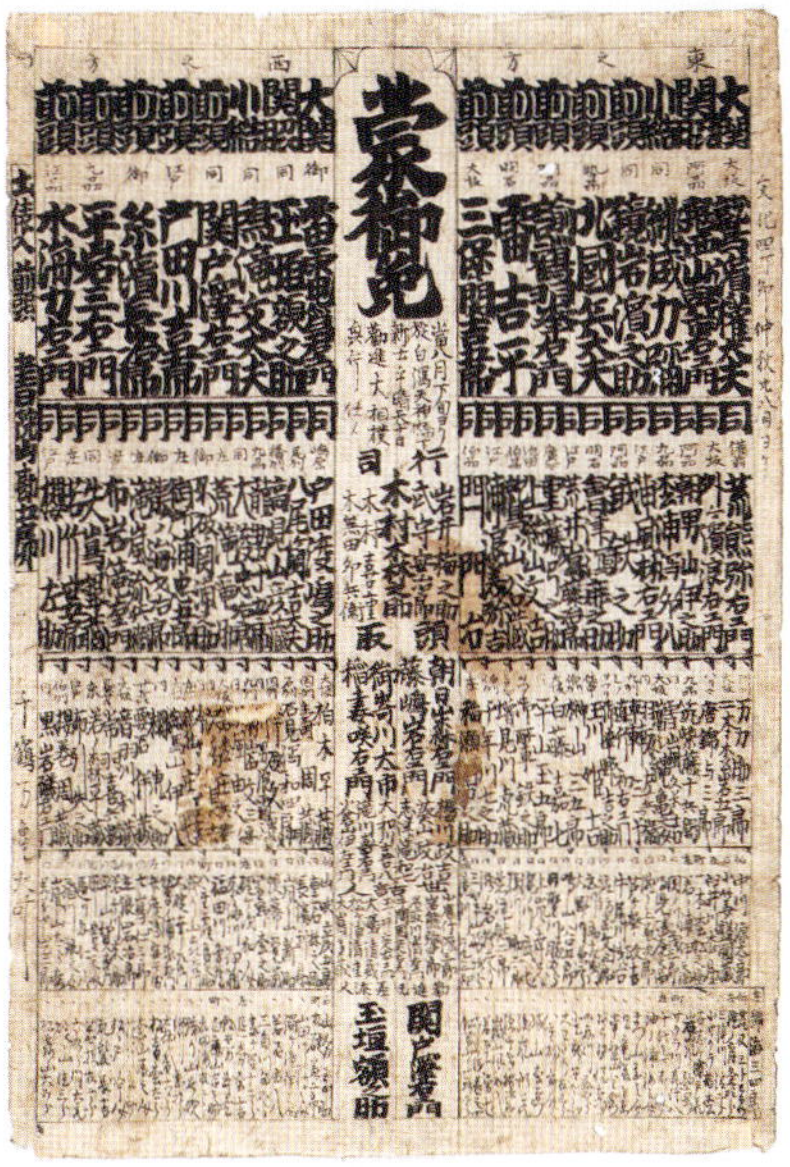

天神町《てんじんまち》の相撲興行番付《すもうこうぎょうばんづけ》　1807年（文化4）8月　片岡善貞氏蔵

九代藩主斉貴《なりたけ》のお抱《かか》え力士《りきし》 —— 小松山富吉《こまつやまとみきち》

小松山富吉錦絵《こまつやまとみきちにしきえ》　片岡善貞氏蔵

出雲《いずも》生まれの横綱《よこづな》 —— 陣幕久五郎《じんまくきゅうごろう》

陣幕《じんまく》・鷲ヶ浜取組図《わしがはまとりくみず》　松江市蔵

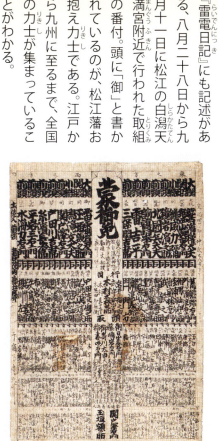

三

松江の食

豊富な食材に支えられた松江の食文化

江戸時代の松江の人々は、宍道湖《しんじこ》や中海《なかうみ》でとれる新鮮な魚や貝類《かいるい》、海藻《かいそう》、冬場の田を利用したセリなど、この土地ならではの多様な食材を様々に調理工夫して食べて来ました。その料理には、食材の持つ本来の旨みを引き出そうとする細やかな気遣いと愛情が感じられます。

松江の食を支える産業

四《よ》つ手網《であみ》の白魚漁《しらうおりょう》　　**四《よ》つ手網《であみ》**

宍道湖《しんじこ》の白魚漁《しらうおりょう》では定番の漁法である。四《よ》つ手網《であみ》は、縦横三メートルもある四角形の網《あみ》を、組んだ竹で四方に張り、その中央に竹棒の取っ手をつける。これを水底に沈め、魚を掬《すく》いあげる。江戸時代の庶民も白魚《しらうお》を卵張《たまごは》りや、酒の肴《さかな》としてよく食べていた。

冷たいセリ田から生まれる冬の味覚　　**黒田《くろだ》セリ**

江戸時代、「ふけ田」といわれた深い湿地《しっち》の広がる黒田村《くろだむら》で、冬場の生業《なりわい》とせよと、藩主の勧《すす》めにより始まったといわれる。冷たいセリ田に浸《つ》かっての収穫作業《しゅうかくさぎょう》は、大変な苦労であった。収穫されたセリは、香がよく、歯ざわりがしゃきっとしており、おひたしや鍋物に最適である。庶民の食卓によく並ぶ食材である。

松江では、正月の雑煮に二つの種類がある。一つは、澄まし汁に丸餅を入れ、岩海苔《いわのり》を乗せただけのあっさりとした海苔雑煮《のりぞうに》。もう一つは、小豆《あずき》の粒をつぶさずに汁を澄ませて仕立てた小豆雑煮《あずきぞうに》である。そのしきたりは、家庭によって様々である。

海苔雑煮《のりぞうに》と小豆雑煮《あずきぞうに》　監修　松江調理師会・松江郷土料理研究会

友人の家で振舞われた食事の風景

松江城下の白潟《しらかた》に住んだ太助《たすけ》の日記（「大保恵《おぼえ》日記」）には、様々な食事の様子が記されています。その中から、一八四八年（嘉永元）十一月五日の祭りの日に振舞われた食事の風景をのぞいてみます。

夜になり、妻**きよ**が言いました。

今日は中原町《なかばらちょう》の祭り。お参りして、土手町《どてまち》の木屋《きや》新借家にいる**おみわ**のところへ立寄りたい。

それで私たち夫婦は、中原宮《なかばらのみや》へ参詣しました。雨は少し降って止みました。その後、百姓町《ひゃくしょうまち》に出て、木屋《きや》新借家にいる**五蔵**《ごぞう》と**おみわ**の所へ着きました。**五蔵**《ごぞう》は、

おみわは今、宮詣《まい》りに出かけていてあいにく留守です。でもすぐ戻りますので、煙草《たばこ》でもどうぞ。

と言うので、二人して家に上がりました。**おみわ**が戻ってくると、茶を立て、ヌッペイ《（のっぺ汁）》、生鱠《なます》、セリヒタシ《（浸し）》、アヒモノ《（和え物）》、色々な煮染《にしめ》など、数々の茶口《ちゃぐち》（茶請《う》け）を広盆《ひろぼん》に出してくれました。どれもおいしく、多く食べてしまいました。**五蔵**《ごぞう》という人は、とても人柄の良い人物に見えました。柿七つを**おみわ**へ土産《みやげ》に渡し、夜九つ時分（二四時頃）に戻ってきました。

※「大保恵《おぼえ》日記」等の文献を参考に、江戸時代の料理を再現しました。地元の食材を用いた季節ごとの料理を、一つの膳に並べています。

春《はる》の献立《こんだて》

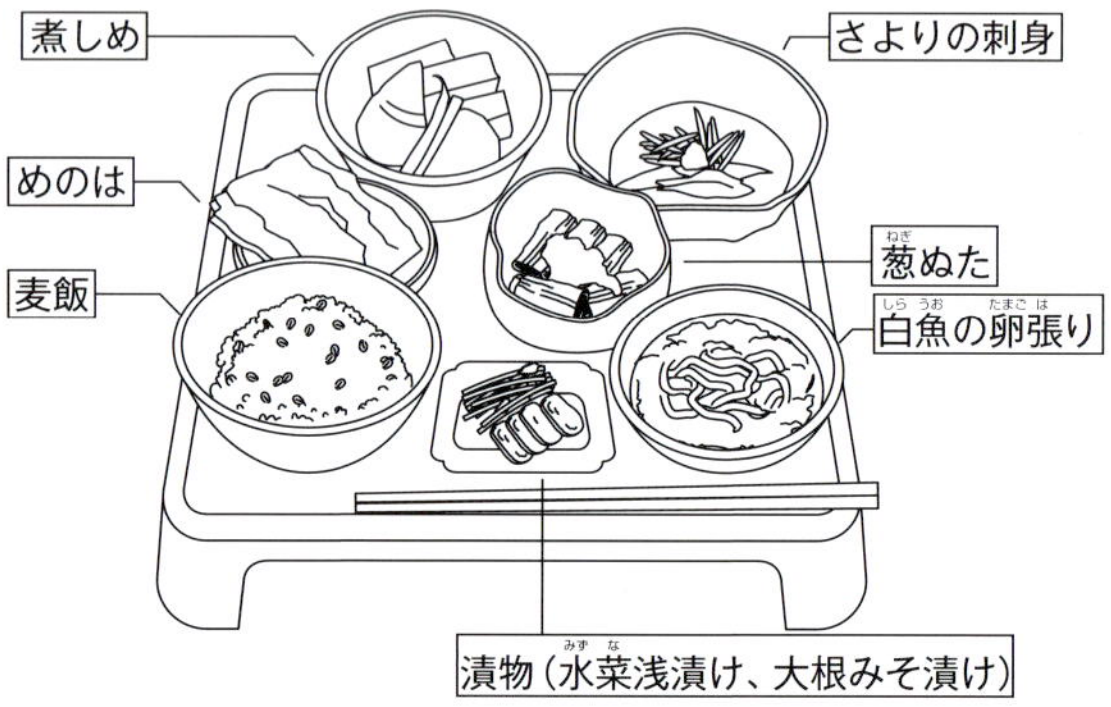

夏《なつ》の献立《こんだて》

秋《あき》の献立《こんだて》

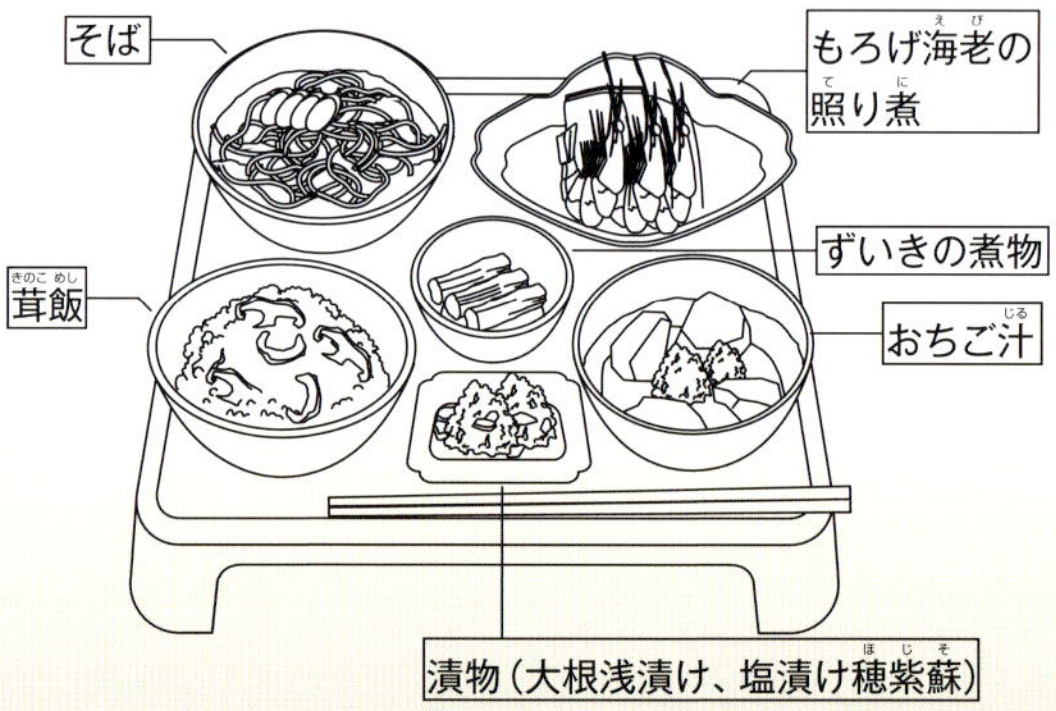

冬《ふゆ》の献立《こんだて》

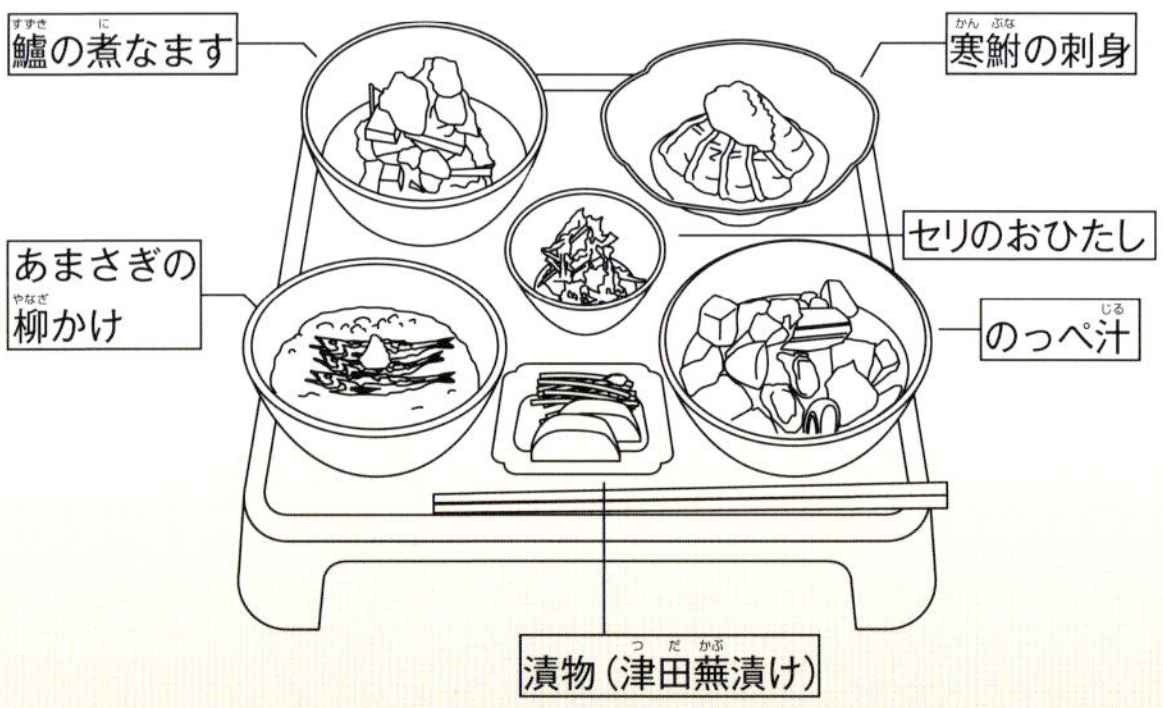

監修　松江調理師会・松江郷土料理研究会

第9章

不昧が育てた松江の文化

一 不昧《ふまい》の審美眼《しんびがん》

松平不昧《まつだいらふまい》は、自らの美意識で道具を蒐集《しゅうしゅう》・保存し、美術・工芸の振興に努めた

松江藩主松平治郷《まつだいらはるさと》は、若い頃から禅《ぜん》や茶《ちゃ》の湯《ゆ》を学び、生涯その道を追及しました。のちに「不昧《ふまい》」と号し、独自の茶道を極めます。一方で茶道具を徹底的に研究し、書物に著《あらわ》しました。蒐集《しゅうしゅう》した茶道具は天下の宝物《たからもの》として保存に努めます。また、茶の湯を通じ、工芸など様々な分野で職人の育成に努め、自らの好みにそった名品を創作させました。現在もその心と技は受け継がれています。

大名茶人、松平不昧《まつだいらふまい》

松平不昧肖像画《まつだいらふまいしょうぞうが》
1818年(文政元)頃
松江・月照寺《げっしょうじ》蔵

不昧《ふまい》は56歳で退隠《たいいん》し、江戸大崎(現、東京都品川区)の下《しも》屋敷に移り住んだ。禅で悟りを示す円相《えんそう》の中に、晩年の姿が描かれている。京都の大徳寺《だいとくじ》孤篷庵《こほうあん》の僧、大鼎宗《たいていそう》允《いん》と長崎の皓台寺《こうたいじ》の僧、漢三道一《かんさんどういつ》が賛《さん》を添えている。

不昧《ふまい》が著《あらわ》した茶道具の解説書

不昧《ふまい》は茶道具を実際に見ることや、参考文献から、法量、所蔵者、図、付属物まで詳細に調査し、その成果を九年かけ刊行した。「大《おお》名物《めいぶつ》」「中興名物《ちゅうこうめいぶつ》」の分類は、現在も活かされている。

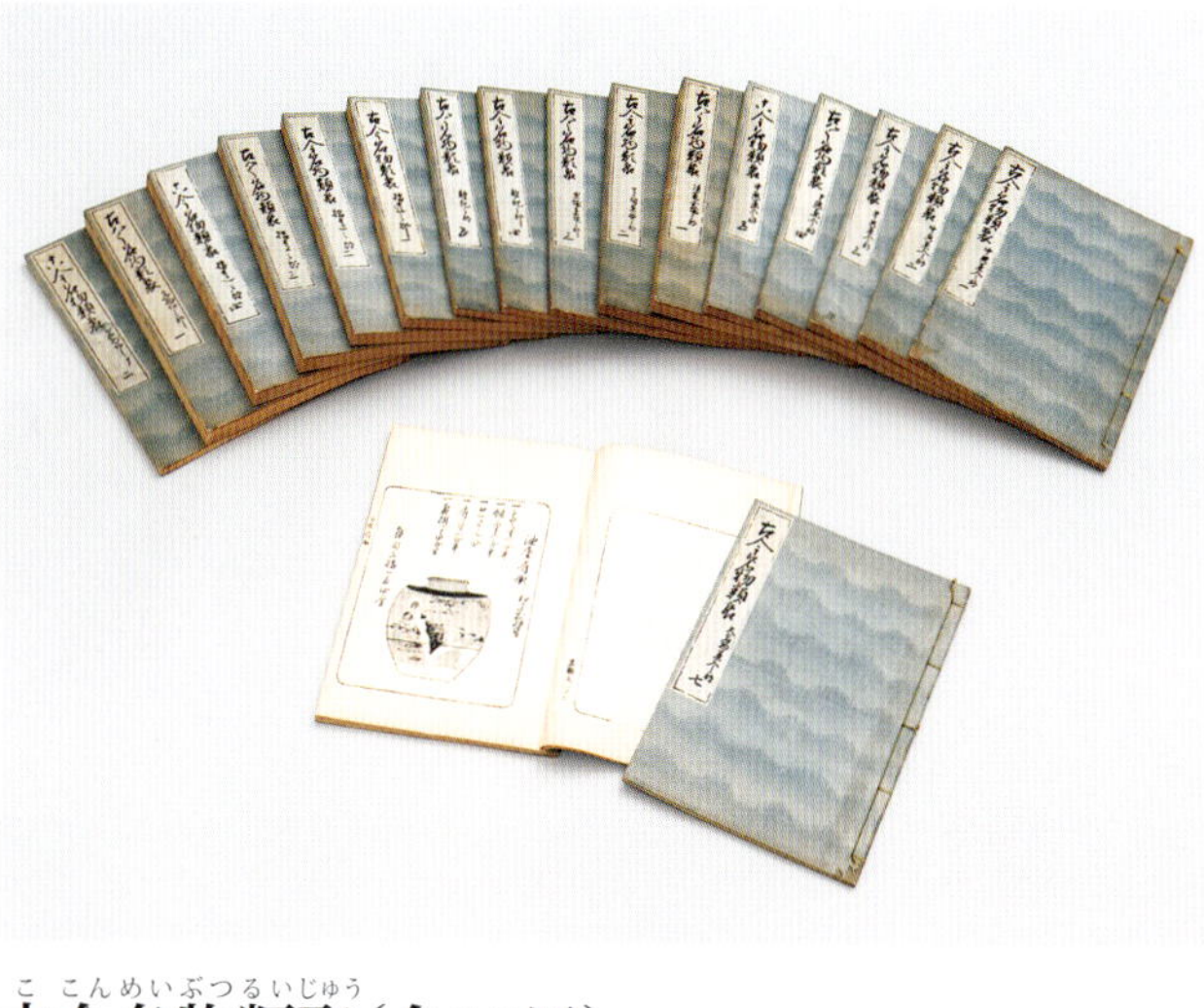

古今名物類聚《ここんめいぶつるいじゅう》(全18冊)
1789－97年(寛政元～9)　松江市蔵

松平不昧《まつだいらふまい》の略年譜

一七六七年（明和4） 17歳 六代藩主松平宗衍《むねのぶ》から家督《かとく》を引継ぐ。

一七六八年（明和5） 18歳 幕府の数寄屋頭《すきやがしら》、伊佐幸琢《いさこうたく》から石州流《せきしゅうりゅう》茶道《さどう》を学ぶ。

一七七〇年（明和7） 20歳 『贅言《むだごと》』で茶道論を著《あらわ》す。

一七七一年（明和8） 21歳 江戸天真寺《てんしんじ》の僧、大巓宗碩《だいてんそうせき》から不昧《ふまい》の号を授かる。

一七七四年（安永3） 24歳 仙台藩伊達《だて》家から彭姫《しずひめ》（彭楽院《せいらくいん》）を正室に迎える。

一七七九年（安永8） 29歳 松江城下の家老有澤《ありさわ》家の上屋敷に明々庵《めいめいあん》を建てる。

一七八九年（寛政元） 39歳 茶道具の図説『古今名物類聚《ここんめいぶつるいじゅう》』の発刊を開始し、八年後に完結する。

一七九二年（寛政4） 42歳 この頃、松江郊外の家老有澤《ありさわ》家の山荘に菅田庵《かんでんあん》を建てる。

一八〇六年（文化3） 56歳 子の斉恒《なりつね》に家督を譲り、江戸大崎《おおさき》の下屋敷に移り住む。

庭園に十一の茶室を設け、たびたび茶会を催す。

一八一一年（文化8） 61歳 茶入《ちゃいれ》の解説書『瀬戸陶器濫觴《せとうきらんしょう》』を著す。

一八一八年（文政元） 68歳 江戸大崎の下屋敷で没する。

○不昧が理想とした茶人たち

露地数寄屋《ろじすきや》は**宗旦《そうたん》**、物数寄好之物《ものすきこのみのもの》は**宗甫《そうほ》**どの、
茶の湯の法は**宗関《そうかん》**どの、一人にしたらば、天下一人也。其心にて可㆓修行㆒。
『茶事覚書』より

千利休《せんのりきゅう》
├ 千道安《せんのどうあん》─桑山宗仙《くわやまそうせん》─片桐石州《かたぎりせきしゅう》（**宗関《そうかん》**）─怡渓宗悦《いけいそうえつ》…（二代略）…伊佐幸琢《いさこうたく》（三世）─**松平不昧《まつだいらふまい》**
├ 千少庵《せんのしょうあん》─**千宗旦《せんのそうたん》**
└ 古田織部《ふるたおりべ》─小堀遠州《こぼりえんしゅう》（**宗甫《そうほ》**）

不昧《ふまい》の遺言《ゆいごん》

不昧《ふまい》が子孫のために、藩主としての心得《こころえ》を書き記したもの。その中で『圜悟墨跡《えんごぼくせき》』と『油《あぶら》屋肩衝《やかたつき》』については、「天下の名物にて日本国の宝物」として、代々大切にするように厳《げん》命《めい》している。

遺言譲状《ゆいごんゆずりじょう》　松江・月照寺《げっしょうじ》蔵

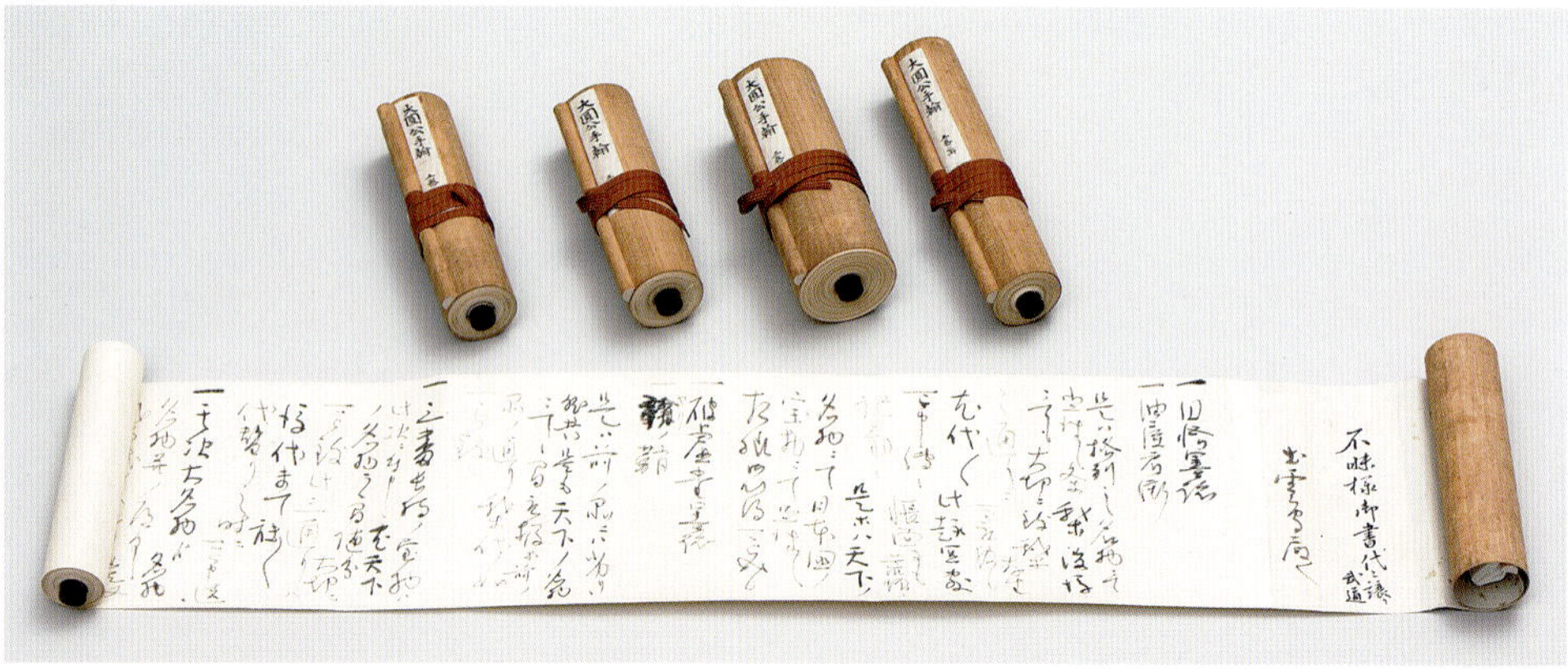

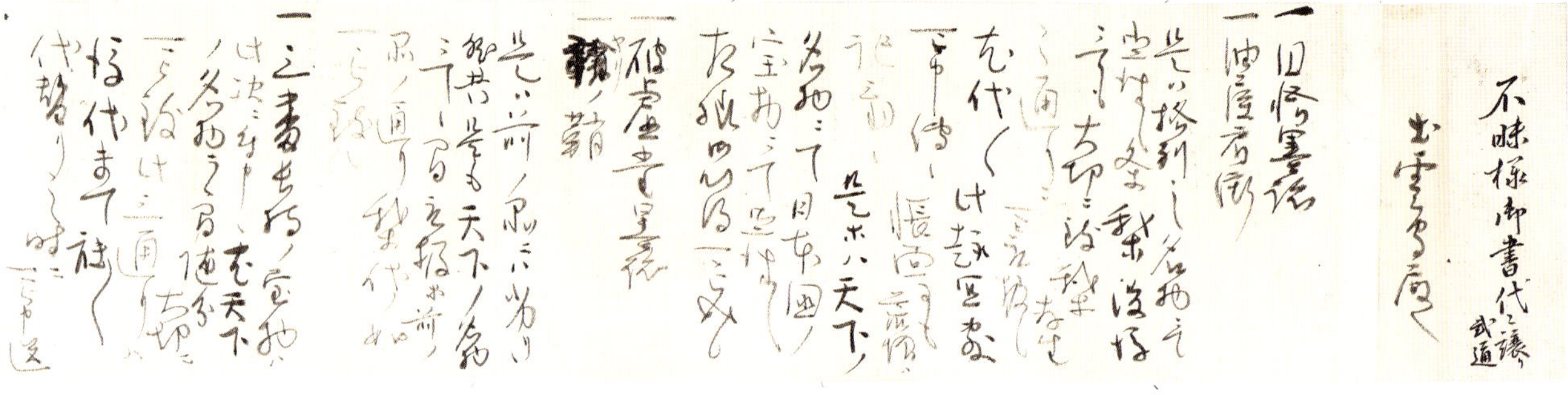

（別筆）
「不昧様御書代々譲り　弐通」
「　出雲守《（松平斉恒）》殿へ　」

一、圜悟墨跡
一、油屋肩衝
是ハ格別之名物ニて
御座候条、我等没後
ニても大切ニ致、我等存生
之通りニ可被取扱候、
尤代々此趣宜敷
可被申傳候、帳面にも荒増ハ
記置候、是等ハ天下ノ
名物ニて日本國ノ
宝物ニて御座候、
左様御心得可被成候、

一、破虚堂墨跡
一、鎗《ヤリ》ノ鞘
是ハ前ノ品ニハ劣り候、
然共是も天下ノ名物
ニて候間、取扱等前ノ
品ノ通り、我等代ノ如
可被致候、

一、三番長持ノ宝物ハ
此次ニ付申候、尤天下
ノ名物ニ候間、随分大切ニ
可被致、此三通りハ
後代まで能々
代替り之時ニ可被申送候、

一、其次大名物ヨリ名物
名物並ノ道具候、
我等代ノ通りニ是又代々
可被致候、

一、上ノ部ノ道具
是も我等代ノ時之
通りニ被致、代々
可被申送、尤必我等
代ニ取集メ候道具
とも外へ遣し候事
無用ニ可被致候、其元
代ニ相成求被申候品ハ
心次第ニ候、

一、中已下ノ品々は
取かへ被申候ても
不苦、心次第ニ可被致候、

右条々堅可被相守、
茶ノ湯きらいニ
御座候ても、道具
ともハ大切ニ能取扱
可被申候、我等一代
好きて取集、家ノ
宝ニ致候事故、我等
死後も大切ニ被致候
事を孝行と
可被存候、

御用窯《ごようがま》の茶碗

作者の長岡住右衛門貞政《ながおかすみえもんさだまさ》は、不味《ふまい》により登用され、楽山焼《らくざんやき》中興の祖と称される。不味は他にも、布志名焼《ふじなやき》の土屋雲善《つちやうんぜん》や漆工《しっこう》の小島漆壷斎《こじましっこさい》、指物師《さしものし》の小林如泥《こばやしじょでい》らの職人を育てあげた。

楽山焼《らくざんやき》「蕎麦写茶碗《そばうつしちゃわん》」
長岡住右衛門貞政《ながおかすみえもんさだまさ》 作
箱書　岡田雪臺《おかだせったい》（不味《ふまい》養子） 筆
江戸時代後期　松江市蔵

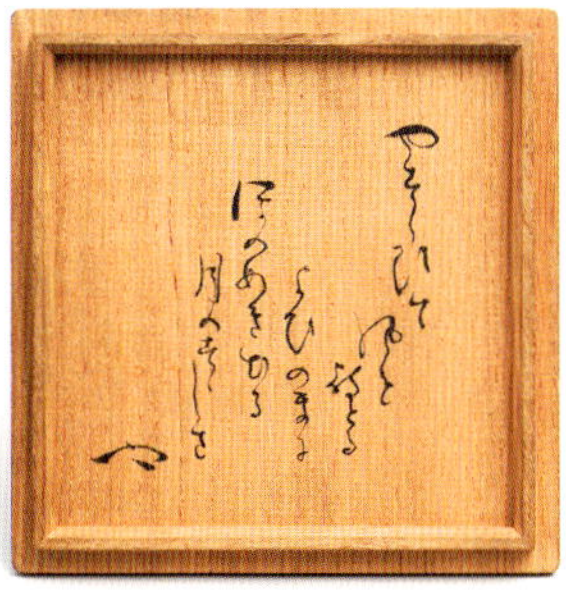

不味《ふまい》の美意識を記す注文書

色は「渋紙色」、形は「上から二寸程下を指でなでた様にみえる」ことを布志名《ふじな》（現、松江市玉湯町）の陶工《とうこう》、土屋《つちや》家へ指示した。土屋《つちや》善四郎政芳《まさよし》は、不味《ふまい》から「雲善《うんぜん》」の号と瓢箪印《ひょうたんいん》を与えられる。

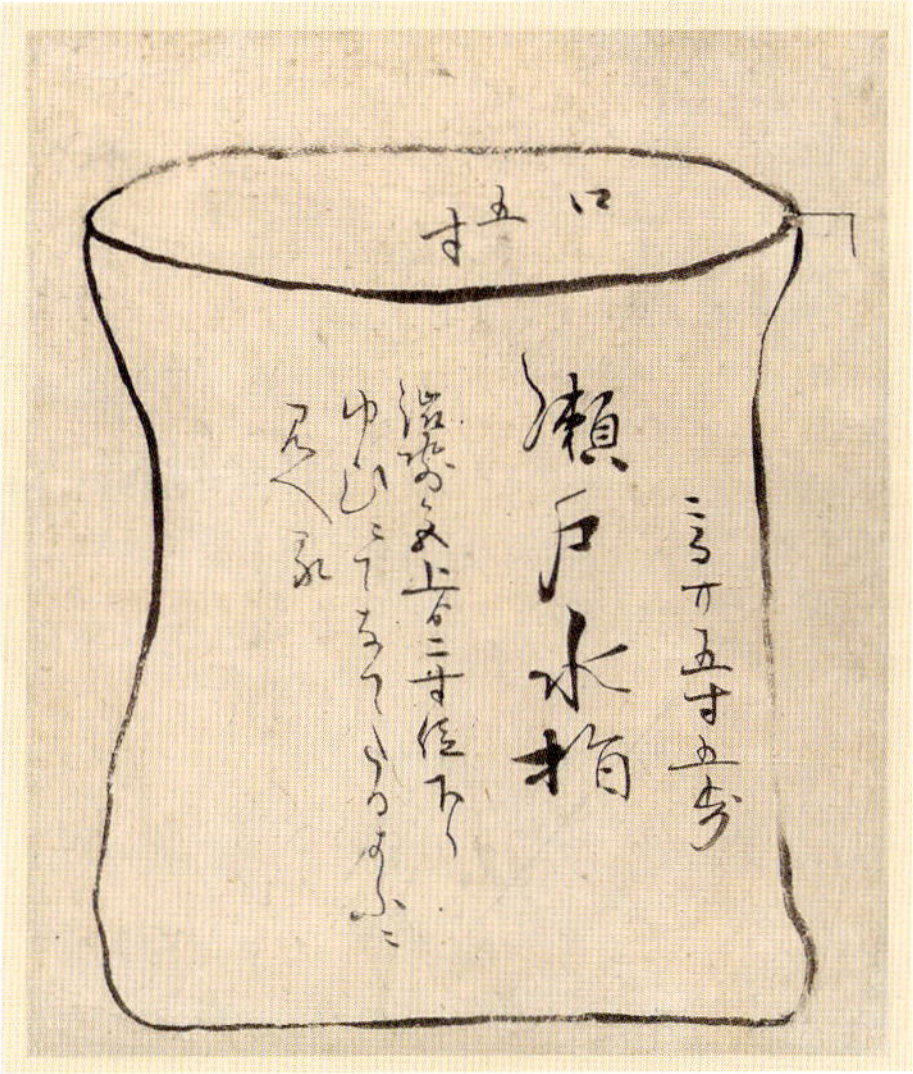

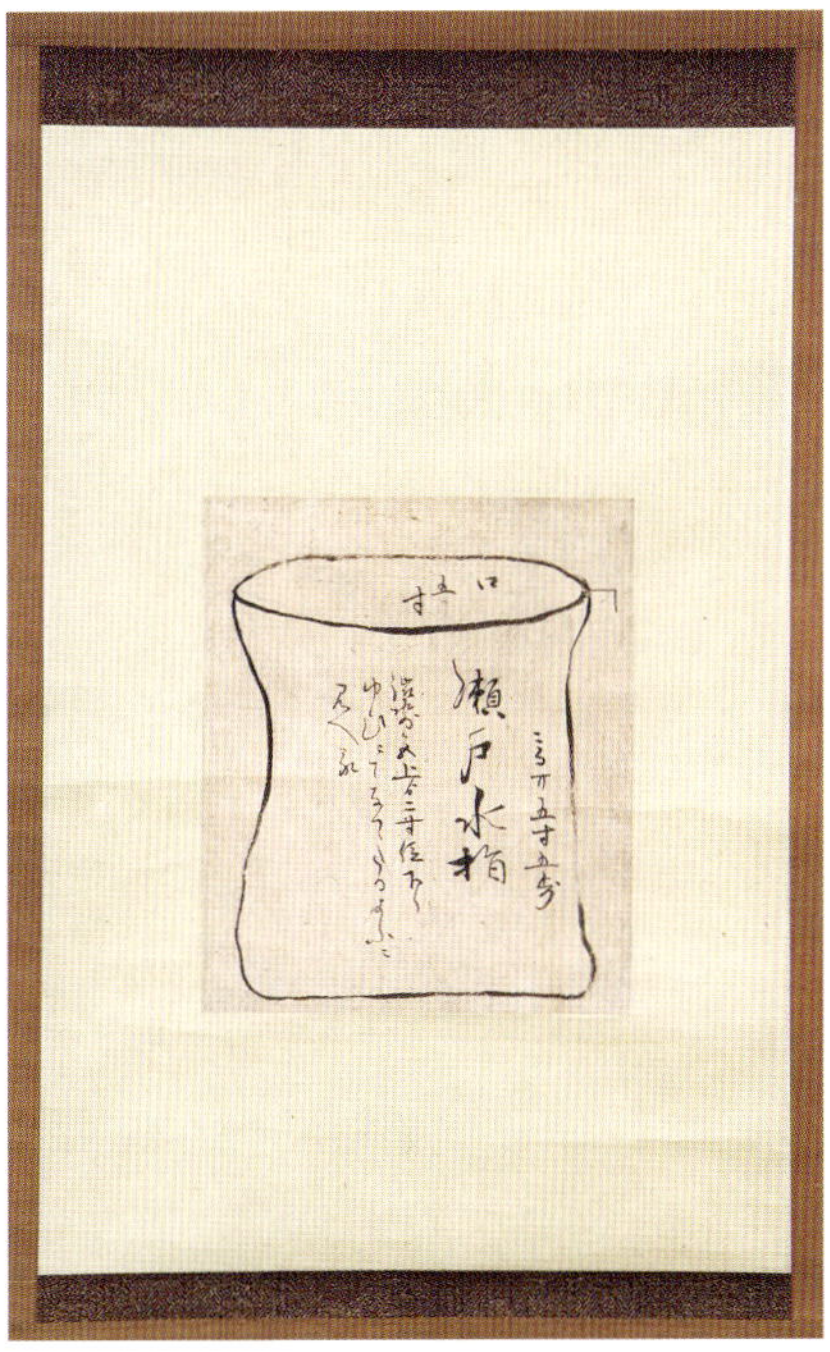

水指指図書《みずさしさしずしょ》
松平不味《ふまい》 筆《ひつ》　18世紀後期～19世紀前期
松江・雲善窯《うんぜんがま》蔵

二

継承される不味《ふまい》の趣《おもむ》き

茶どころ松江 伝統の和菓子

不味《ふまい》はその生涯で、数多くの茶会を催しています。茶会にはその席に合わせて趣向《しゅこう》を凝《こ》らした和菓子が用意されました。現在でも当時の名前や製法が伝わっている和菓子もあり、その伝統は、お茶とともに松江の人々の暮らしの中に息づいています。

老舗《しにせ》に残った江戸時代の和菓子レシピ

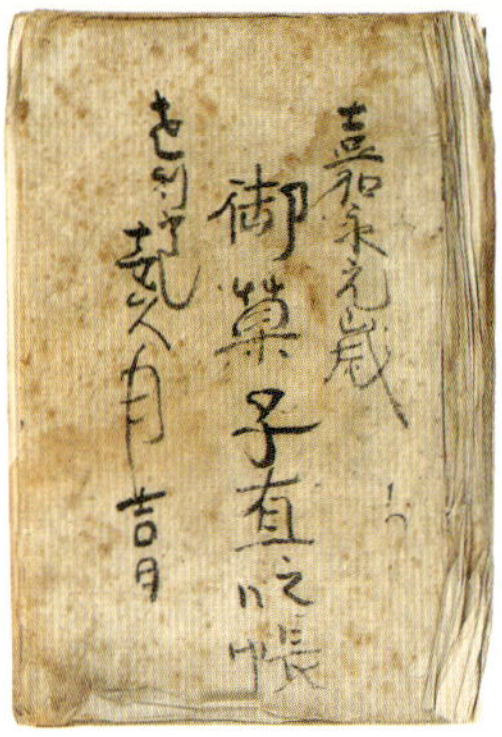

和菓子の名前と製法を書き記す。藩に菓子を納めていた三《み》津屋《つや》（現、一力堂《いちりきどう》）に伝来した。「沖《おき》の月《つき》」「山川《やまかわ》」、煎餅《せんべい》や餅《もち》など、約380点を記す。

御菓子直伝帳《おかしじきでんちょう》
1848年（嘉永元） 松江・一力堂《いちりきどう》蔵

名工が作った和菓子の型

この木型は、藩命により松江の名工荒川《あらかわ》亀斎《きさい》が作製した。綸子《りんず》紋が浮き彫りになっている。

「沖《おき》の月《つき》」木型 荒川亀斎《あらかわきさい》 作
1855年（安政2） 松江・一力堂《いちりきどう》蔵

「姫小袖」「沖の月」の原形、の製法を再現

①木型を組み合わせ、彫られた綸子紋の半分に色付けした和三盆糖を入れる。

②仕切り板を抜き、もう片方の枠を組み合わせる。

③枠の中に餡を入れ、さらに和三盆糖を詰める。

④木型を叩き、菓子を取り外しやすくする。

⑤木型をはずして、完成。

⑥「姫小袖」（上）と「沖の月」（下）
「沖の月」は現在の「姫小袖」より一回り大きい。

不《ふ》昧《まい》が好んだ松江の和菓子

若《わか》　草《くさ》

餅米を石臼で挽き、練り上げて作った求肥《ぎゅうひ》に、若草色の寒梅粉《かんばいこ》をまぶす。不昧は、春の茶会に用いた。1897年（明治30）頃に彩雲堂《さいうんどう》が復元し、現在に伝わる。

山《やま》　川《かわ》

寒梅粉《かんばいこ》と砂糖を混ぜ、しっとりと仕上げた打ち菓子。紅は紅葉《もみじ》、白は川の水を表す。不昧は、茶会で度々用いた。1918年（大正７）に風流堂《ふうりゅうどう》が復元し、日本三大銘菓の一つに数えられている。

やまかつら

小豆羊羹《あずきようかん》の「東雲羹《しののめかん》」と、餡《あん》そぼろの「叢雨《むらさめ》」を重ね合わせた菓子。彩雲堂《さいうんどう》には、不昧《ふまい》筆で指物師《さしものし》の小林如泥《こばやしじょでい》が彫刻した「やまかつら」と書かれた額《がく》が伝来する。

菜種《なたね》の里

菜種《なたね》色に色付けした寒梅粉《かんばいこ》と砂糖を練って菜の花を表し、煎った玄米で白い蝶《ちょう》を表わした打ち菓子。不昧は、春の茶会に好んで用いた。1929年（昭和４）に三英堂《さんえいどう》が復元し、現在に伝わる。

姫小袖《ひめこそで》

紅白に染め分けた綸子《りんず》紋の打《う》ち菓子で、和三盆《わさんぼん》糖《とう》の中に皮むき餡《あん》が入る。三津屋《みつや》（現、一力堂《いちりきどう》）が藩主用命の折にのみ作ることを許され、お留めの菓子と称された「沖《おき》の月《つき》」は、この姫小袖の旧名である。

菓子銘の元になった和歌

山《やま》川《かわ》

ちるわうく　ちらぬわしすむ　もみちはの
蔭《かげ》わたつたの　やまかわの水

〔訳〕紅葉した葉が、散るものは浮き、散らないものは影が水面に映って沈んだように思い浮かぶ、龍田山から流れ出す川水であるよ。

龍田山《たつたやま》は奈良の生駒郡《いこまぐん》にある紅葉の名所である。紅葉が散って、清流に流れていく様子から、山川と名付けたと思われる。

この歌は不昧が、江戸初期の二条派《にじょうは》歌人《かじん》、烏丸《からすま》光広《みつひろ》の「散るはうきちらぬはしづむ紅葉葉のかげや高尾の山川の水」をもとにしたとされている。

若《わか》草《くさ》

曇《くも》るぞよ　雨降らぬうちに　摘《つ》んでおけ
栂尾山《とがのおやま》の　春の若草

〔訳〕曇ってきたよ　雨が降らないうちに　摘んでおきなさい　栂尾山の春の若草を

京都の栂尾山《とがのおやま》には、日本最古の茶園があった。鎌倉時代に茶を植えたとされる明恵《みょうえ》上人が詠った「曇るなり雨ふらぬまに摘みておけ　栂尾山の春の若草」という歌を、不昧がもとにしたと伝わる。新緑に染まった茶の葉を思い起こさせる菓子から、若草と名付けたと思われる。

菜種《なたね》の里《さと》

寿《す》々《ず》菜《な》さく　野辺《のべ》の朝風　そよ吹けば
とひかふ蝶《ちょう》の　袖《そで》そかすそふ

〔訳〕菜種が咲いている野原に朝風が吹くと、飛び交う蝶があたかも袖《そで》を振るように見えるので、袖《そで》の数が増えているよ。

一七八九年（寛政元）五月、有澤山荘《ありさわさんそう》での茶会で出されたお菓子に、三十九歳の松平治郷《はるさと》（後の不昧）が喜び、この歌を詠み、菜種の里と名付けたという。

第10章

地下に眠る家老屋敷跡

一 発見された遺構と遺物

城下の一等地、上級武士の屋敷と暮らし

家老屋敷は、松江城の東隣に集中して配置されていました。松江歴史館建設に当たって発掘調査を行い、屋敷の構えが具体的に明らかとなりつつあります。堀尾、京極期には天守を借景にした池があり、広大な構えでした。多彩な出土品から当時の暮らしぶりをうかがうことができます。

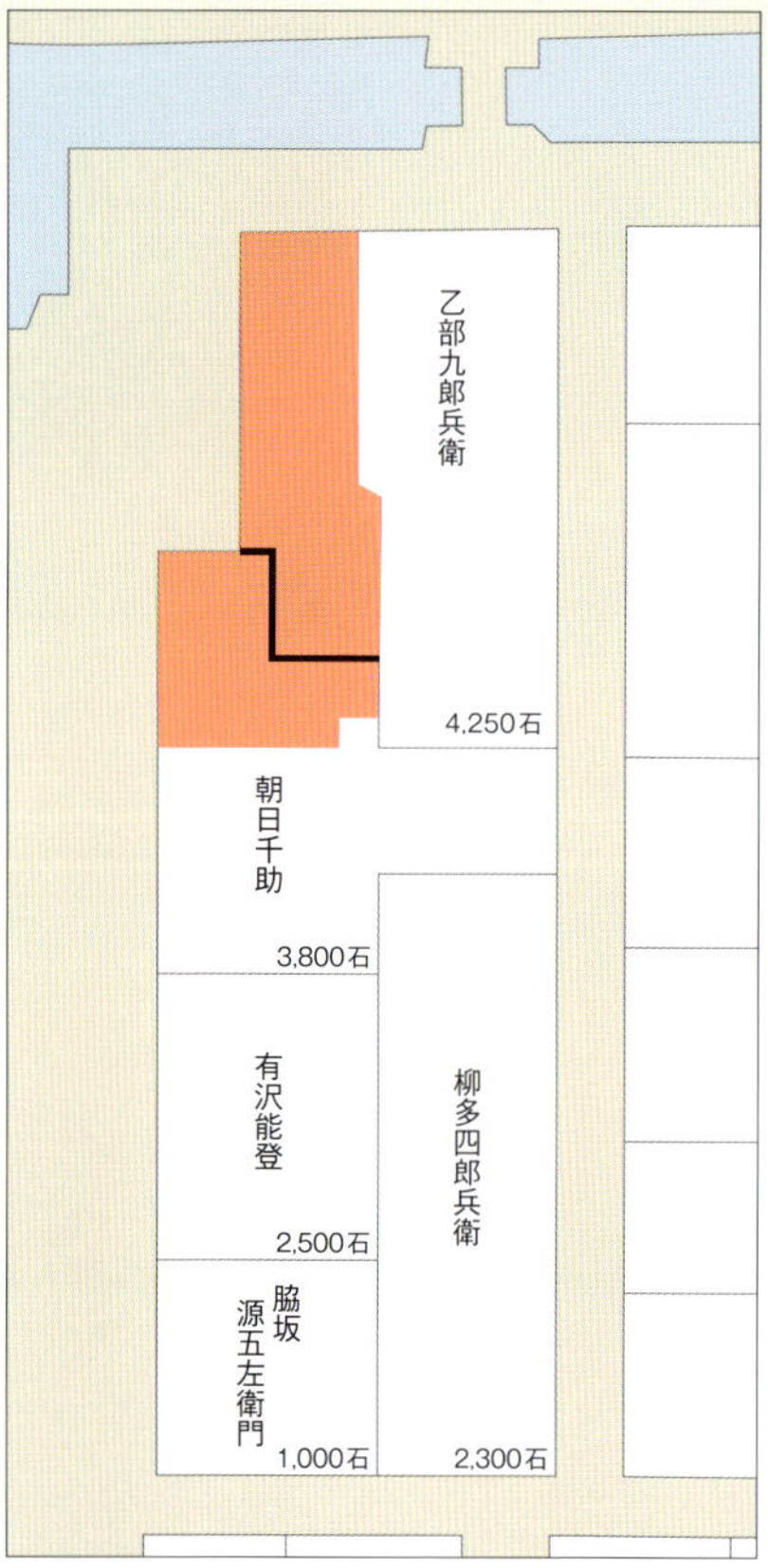

松平後期
19世紀後半頃の絵図

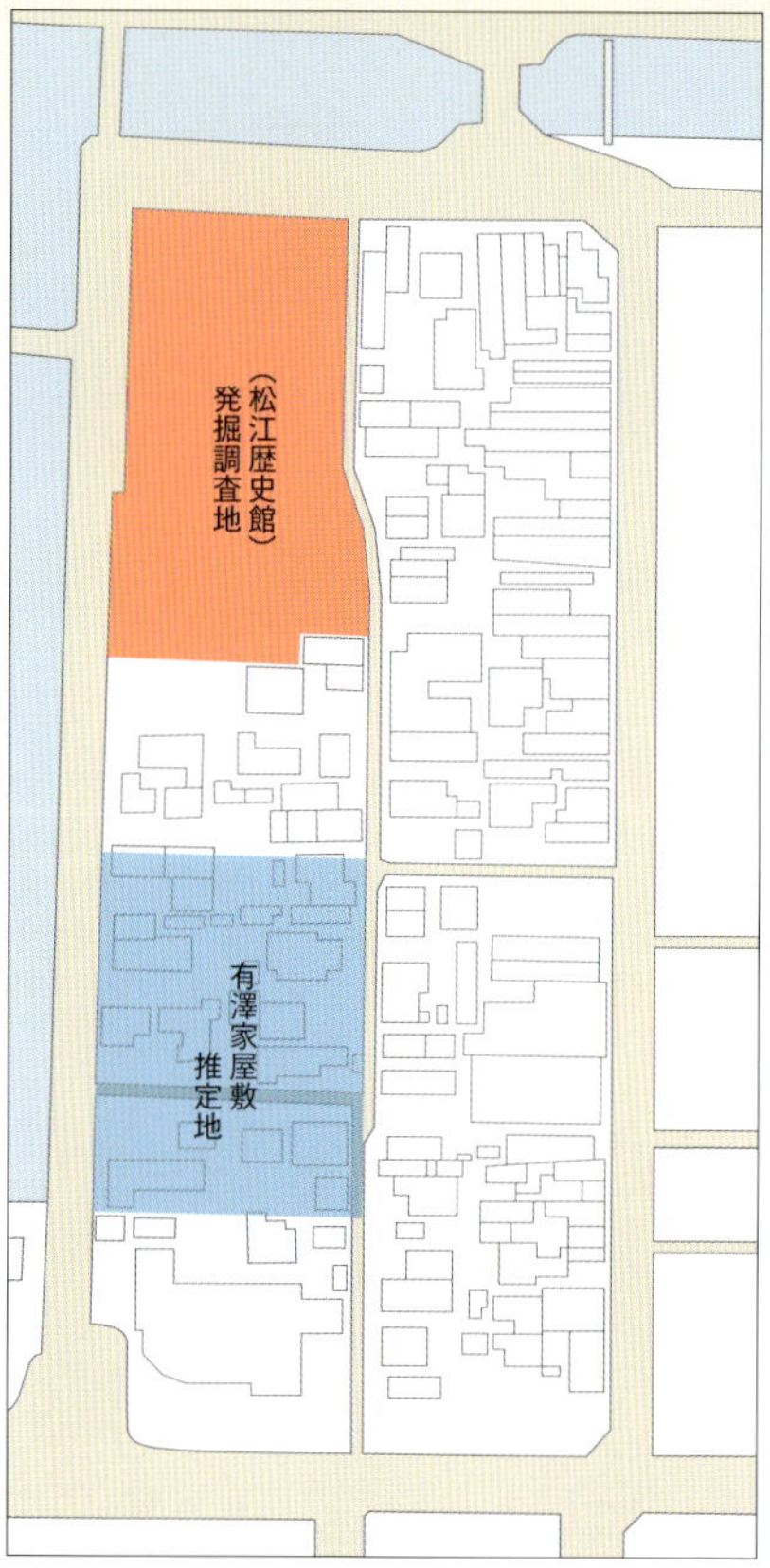

現　代
明治初期に、中央部を南北に通る小路（中ノ《なかの》丁《ちょう》）ができた。

家老屋敷絵図（有澤家）

松江歴史館の南にあった家老有澤家の上屋敷絵図。

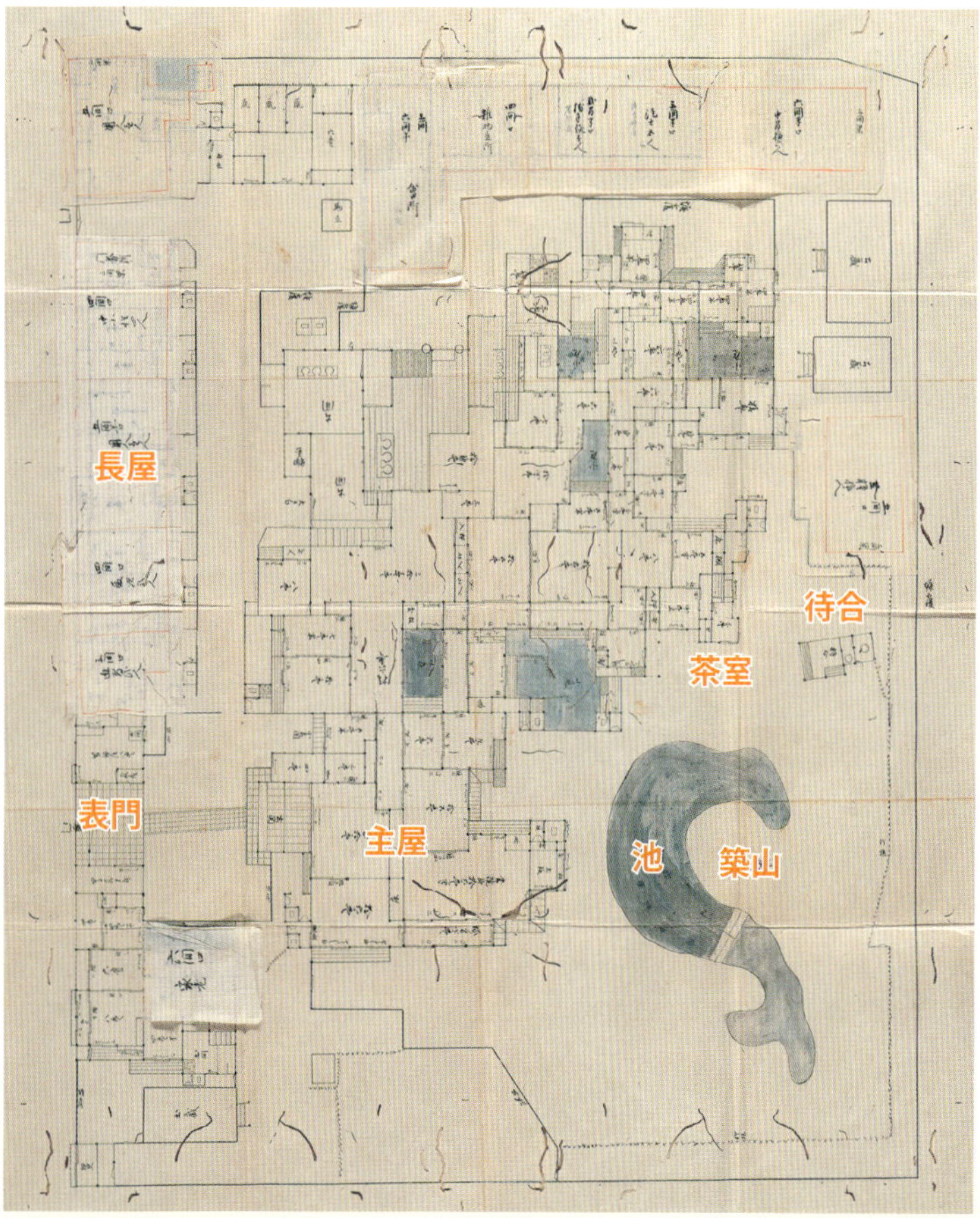

島根県立図書館蔵

発掘調査地と武家屋敷

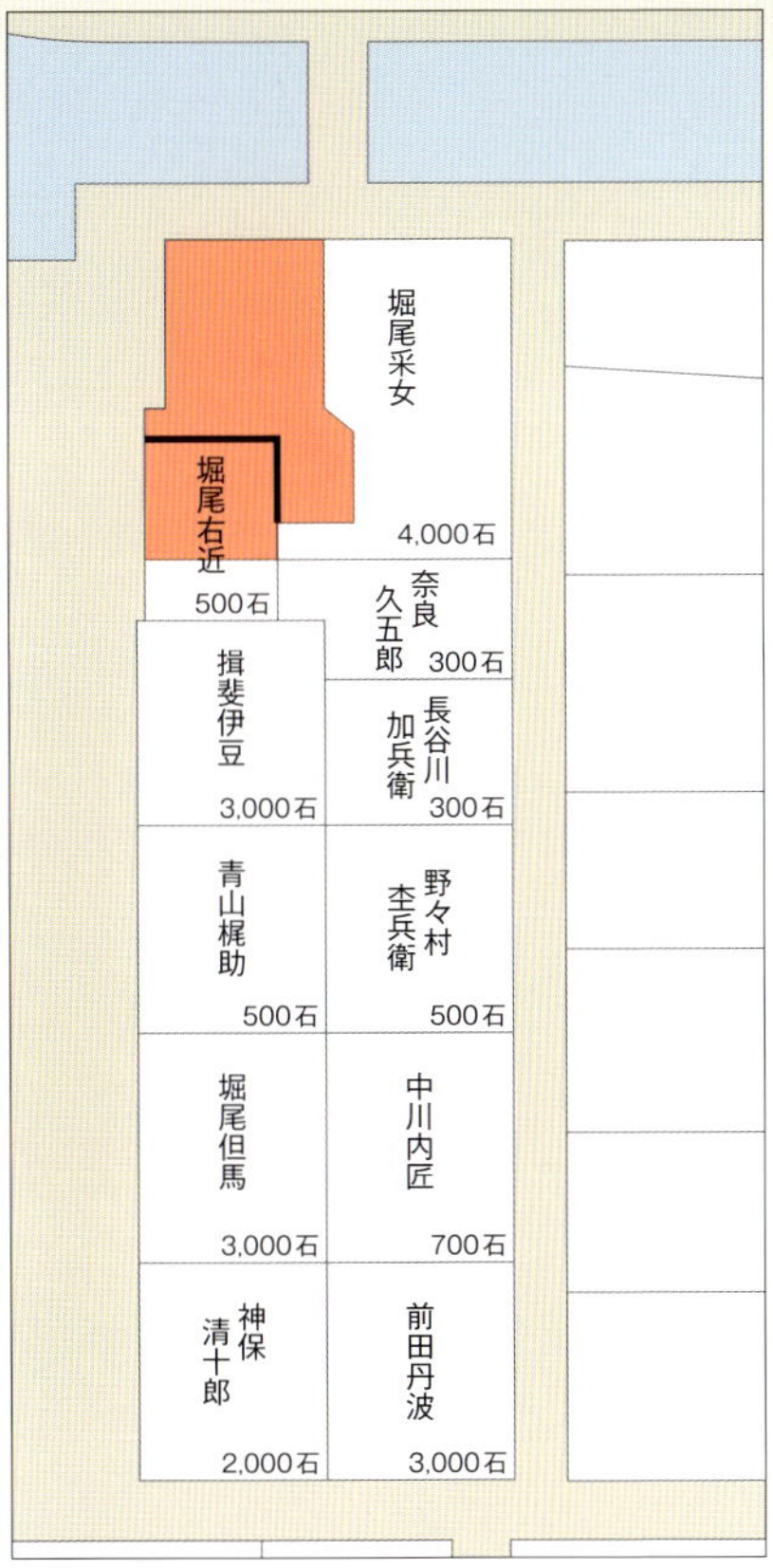

堀尾期
1620－33年（元和６～寛永10）頃の絵図

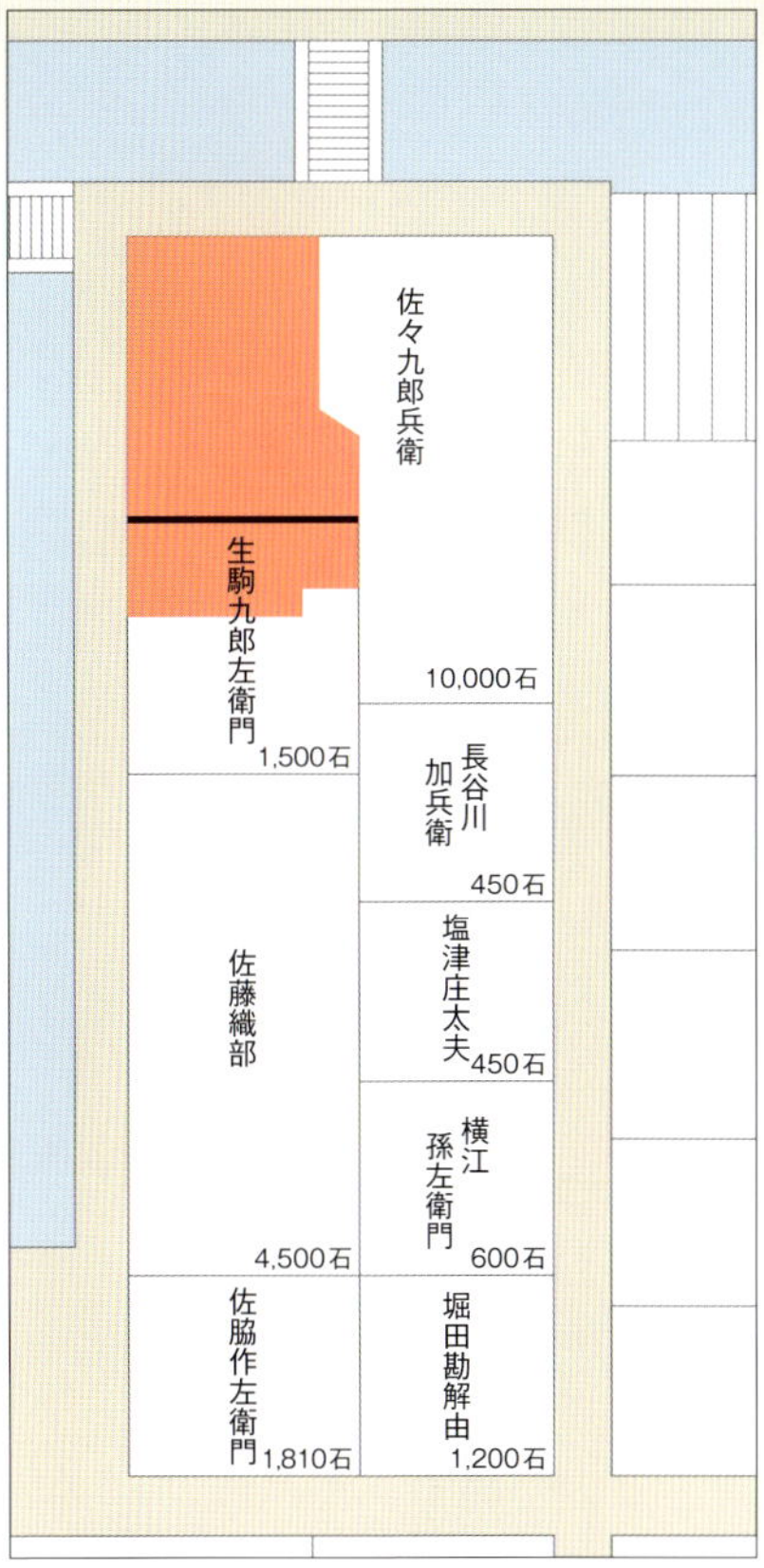

京極期
1634－37年（寛永11～14）の絵図

家老屋敷絵図（三谷家）

殿町《とのまち》にあった家老三谷家上屋敷の絵図。

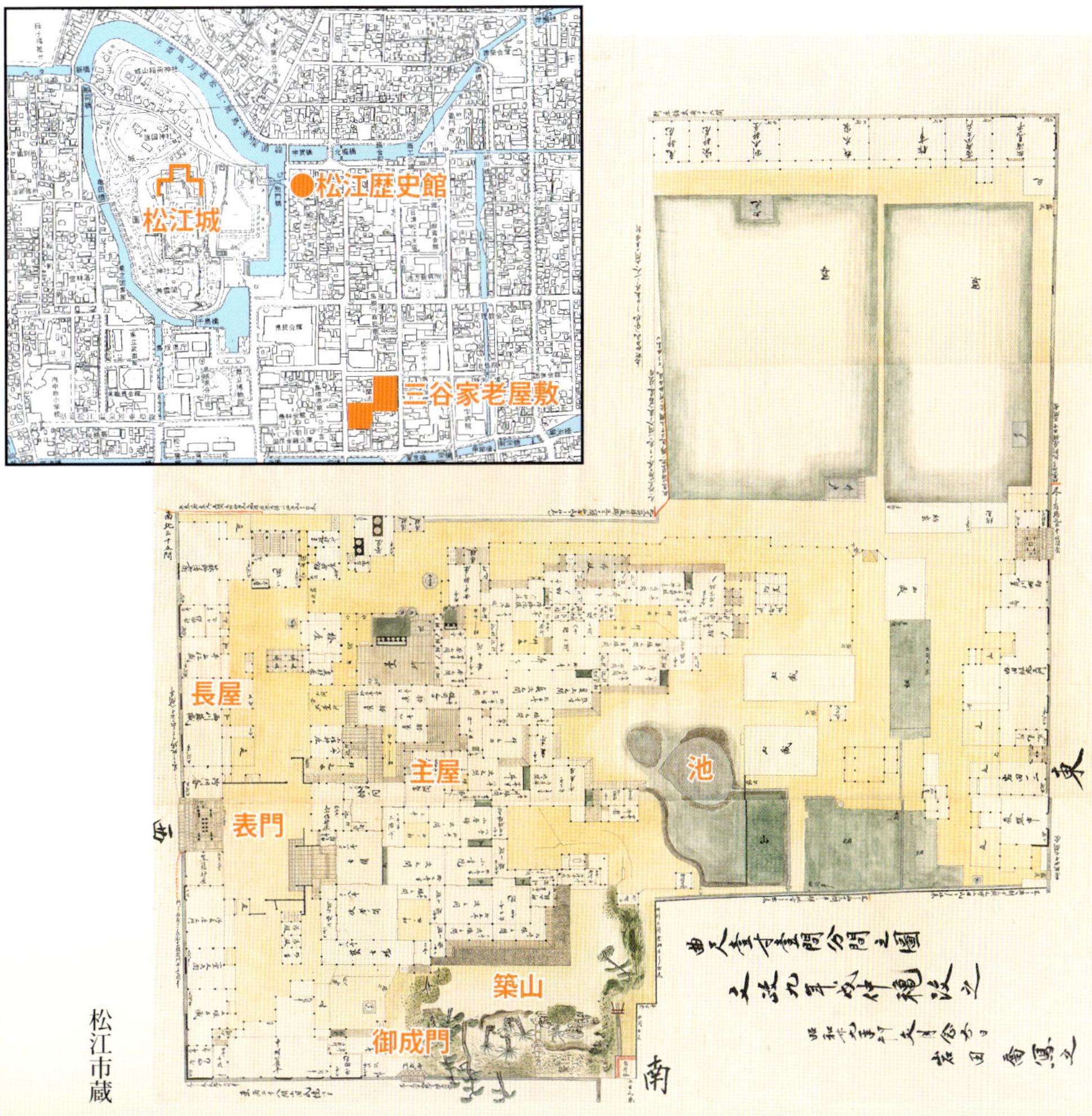

松江市蔵

発掘調査平面図（堀尾期）

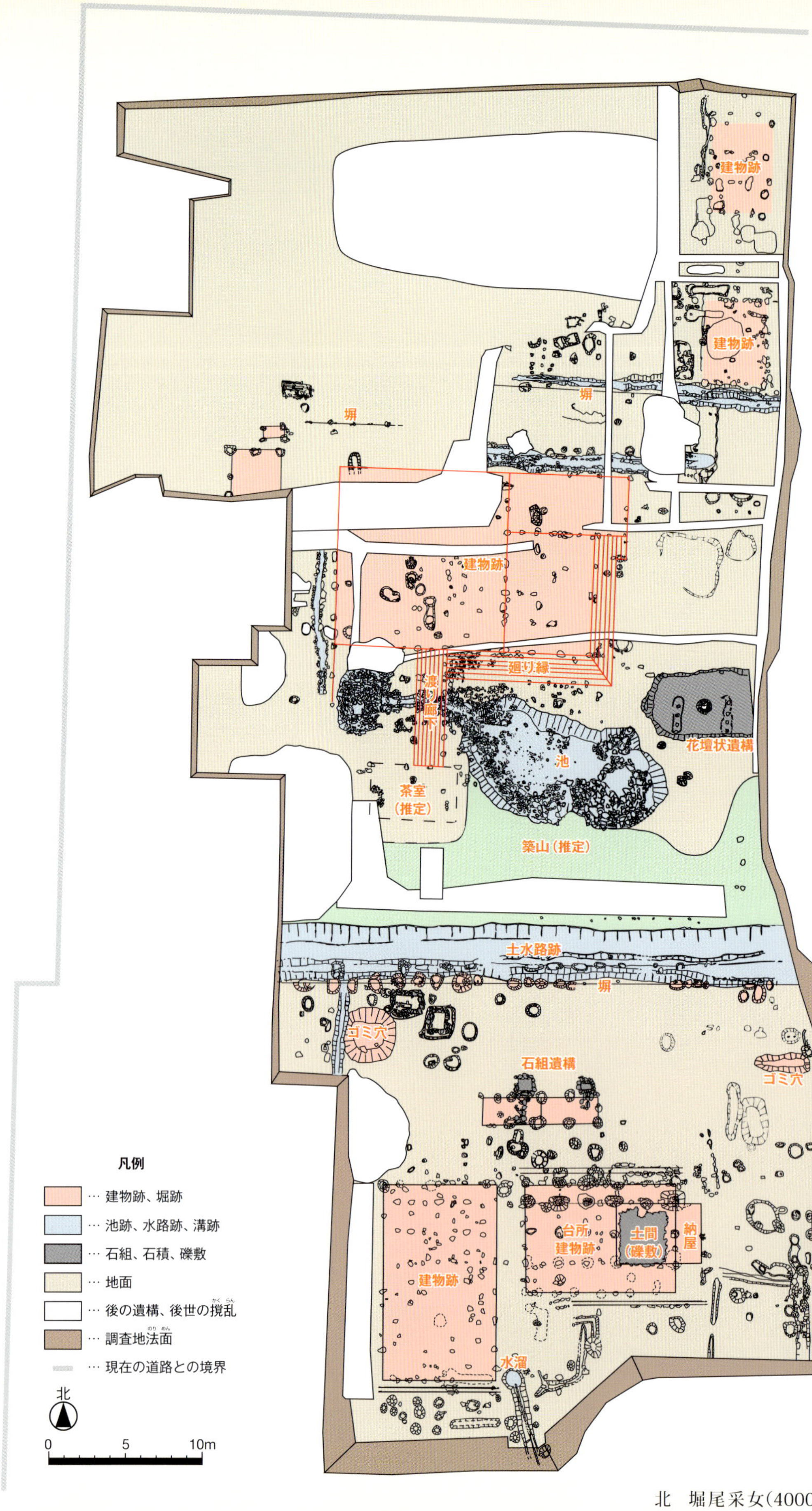

北　堀尾采女（4000石）屋敷：長屋、客座敷、渡り廊下、離れ、池（築山）

南　堀尾右近（500石）屋敷：建物跡

発掘された遺構

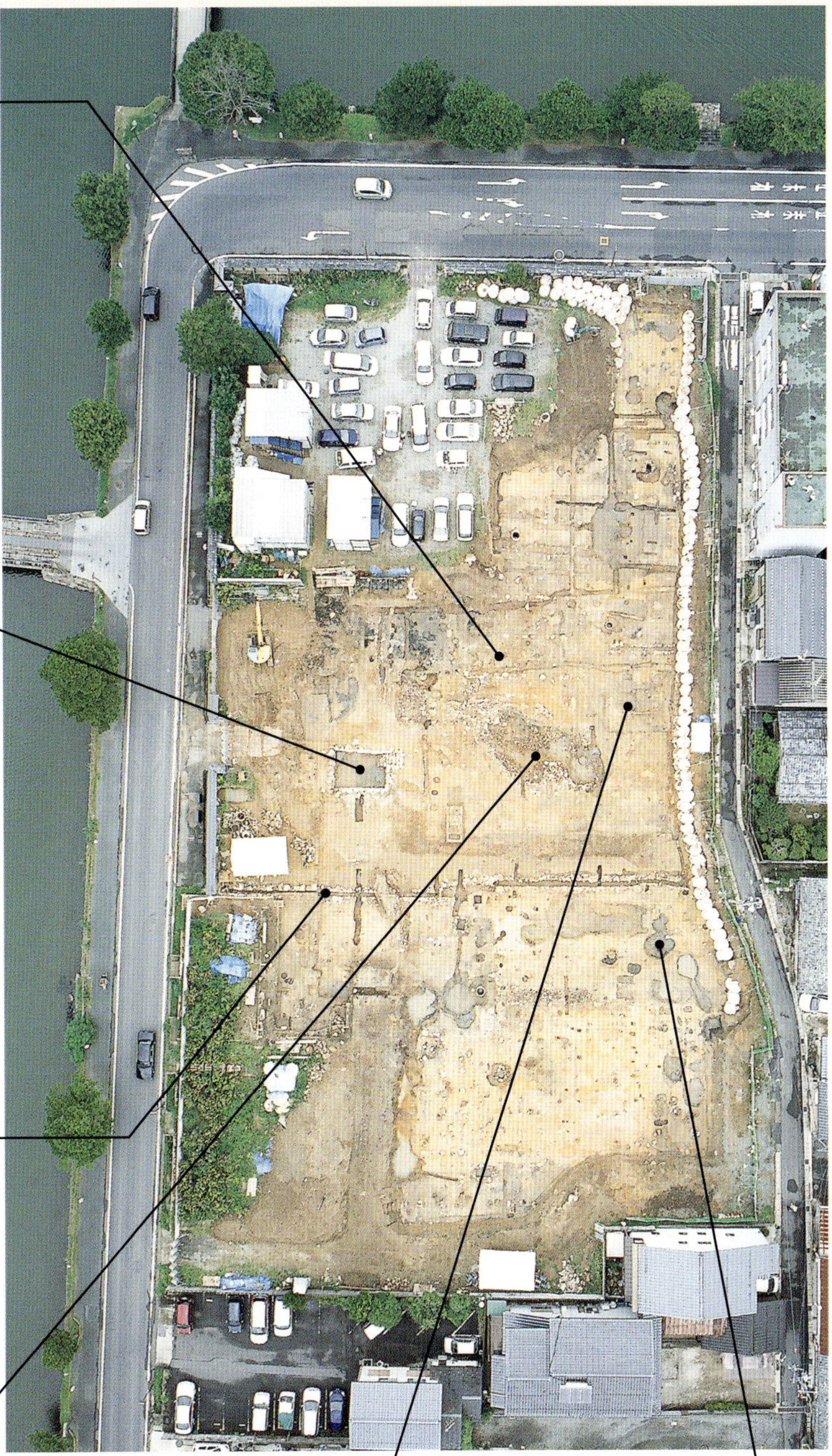

調査地全体写真

建物跡…堀尾期のもの。礎石や廻り縁の配置から最大東西17.5m、南北11mの客座敷と考えられる。池の西に渡り廊下があった。

石室跡《いしむろ》…江戸時代末から明治時代初め頃の地下貯蔵室。平面長方形の石積みで、約5.5×3.5m、深さ約2.2mを測る。東北角に10段の石段を設ける。

屋敷境《やしきざかい》…北の屋敷地と南の屋敷地を南北に区画する溝。幅、深さ共60㎝、長さ38m以上。堀尾期では素掘りの土水路だったが、松平期に石が積まれ整備された。

池跡…堀尾期に造られ、松平期に埋められた瓢箪《ひょうたん》形の池。東西13.5m、南北7m、深さ90㎝を測る。中央部がくびれ、護岸には角張った割り石を積み、底には玉砂利を敷く。西側には玉砂利を敷いた溝があり「鑓水《やりみず》」(導水施設)と思われる。

花壇状遺構…堀尾期のもの。東西7.5m、南北4mの範囲が掘り込まれ、黒色土が埋められていた。内側には樹木を植栽したと思われる直径約1mのすり鉢状のくぼみや花壇を造成したと思われる2列の溝があった。

ごみ穴…松平中期のもの。建物の周囲にあり、差し渡し、深さとも約1mの丸い穴。中から荷札木簡《にふだもっかん》、漆器《しっき》、下駄《げた》などの木製品が大量に発見された。

地下遺構

この写真は、松江歴史館敷地の地下から発見された建物跡と周囲の土層をはぎ取り、時期別に再現したものである。

下面は江戸時代初期（堀尾期）の建物跡。

上面は江戸時代前期（京極～松平期）の建物跡。

雲州松江を感じる

雲州《うんしゅう》の日本庭園《にほんていえん》

この庭園は枯山水《かれさんすい》といい、水を用いずに石や砂などで山水風景《さんすいふうけい》を表現しています。雲州《うんしゅう》（出雲国《いずものくに》）にある庭園の特色を取入れ、景《け》色《しき》の中心となる正真木《しょうしんぼく》に黒松《くろまつ》を用いています。また、通路となる飛石《とびいし》は、地面からの高さを他の地域より高く据《す》えており、これは風土に合わせて、雨や雪の時に歩きやすくするためと考えられています。右手の珠光型燈篭《しゅこうがたとうろう》は、七代藩主松平治郷《だいはんしゅまつだいらはるさと》（不昧《ふまい》）の奥方として彭楽院《せいらくいん》が輿入《こしい》れされた際、祝いの品のひとつとして仙台から運ばれたと伝えられる燈篭を模して造ったものです。その横の手水鉢《ちょうずばち》は、それらの祝いの品を運ぶ船の重《おも》り石《いし》から造られたと伝えられています。中央奥の濡鷺型《ぬれさぎかた》燈篭と左手の太平型《たいへいがた》燈篭は、他の地方には少ない型で、松江市特産の来待石《きまちいし》製です。

伝《でん》利休《りきゅう》茶室《ちゃしつ》

三畳台目《さんじょうだいめ》のこの茶室は、松江で最も古く、安土桃山時代《あづちももやまじだい》（一五七三〜一六〇三年）からの歴史があります。松江藩家老《まつえはんかろう》を勤めた大橋茂《おおはしも》右衛門《えもん》が、京極忠高《きょうごくただたか》に召されて松江に移り住んだ際、屋敷《やしき》に移築《いちく》したものです。大橋家《おおはしけ》に渡《わた》る以前には、千利休《せんのりきゅう》が門人堀尾但馬《ほりおたじま》（堀尾《ほりお》吉晴《よしはる》の従兄弟《いとこ》）に譲ったという説や、福島正則《ふくしままさのり》が千利休《せんのりきゅう》の指導のもとに建てたという説があります。幕末まで大橋家《おおはしけ》にありましたが、明治五年に松江市宍道町《しんじちょう》の木幡家《こわたけ》に移築《いちく》されました。明治三十年代に解体され、同家《どうけ》で保管されていたものを復原しました。刀掛《かたなが》け横の壁には、福島正則《ふくしままさのり》が加藤清正《かとうきよまさ》を招いたとき、清正《きよまさ》の三尺に余る長《ちょう》刀《とう》が刀掛《かたなが》けに納まらず、やむなくあけたと伝えられる穴があります。

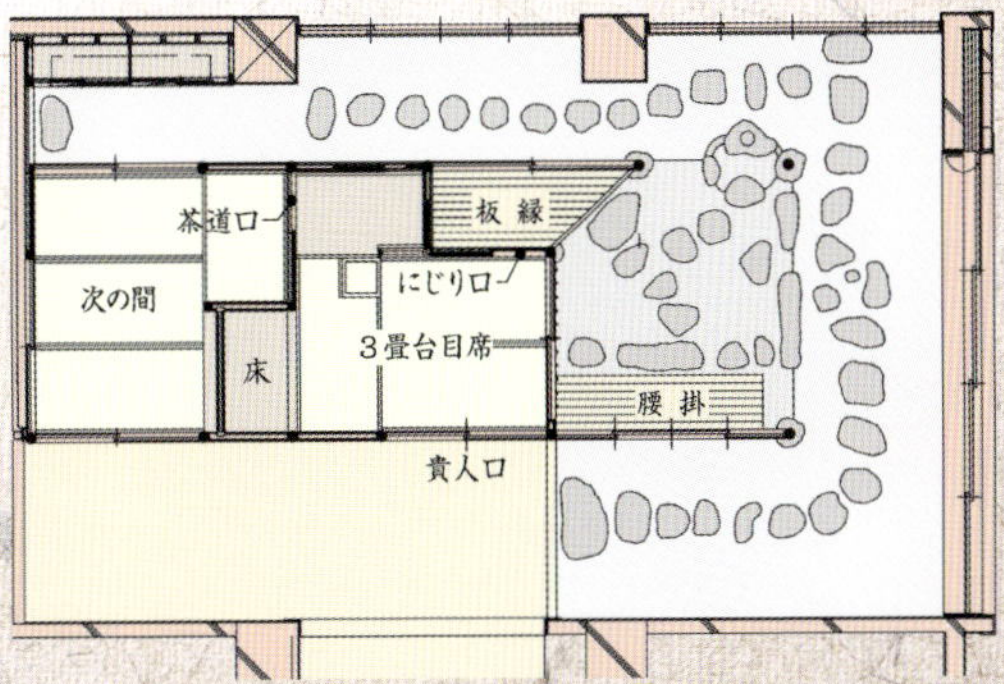

松江市指定文化財

松江藩家老《まつえはんかろう》朝日家長屋《あさひけながや》

朝日家《あさひけ》は、松江藩主松平家《まつえはんしゅまつだいらけ》の家老《かろう》を勤める三八〇〇石取《こくどり》の家でした。二階建て瓦葺《かわらぶき》のこの建物は、朝日家《あさひけ》の屋敷《やしき》の一部で、家来《けらい》と使用人《しようにん》が住んでいました。明治以降も住居として使われ続け、その間何度か間取り等が変えられましたが、松江歴史館《まつえれきしかん》の建設に併せて天保期《てんぽうき》（一八三〇～四三年）の姿に復原しました。現在では、松江市内に唯一《ゆいいつ》残る家老屋敷《かろうやしき》の長屋《ながや》です。

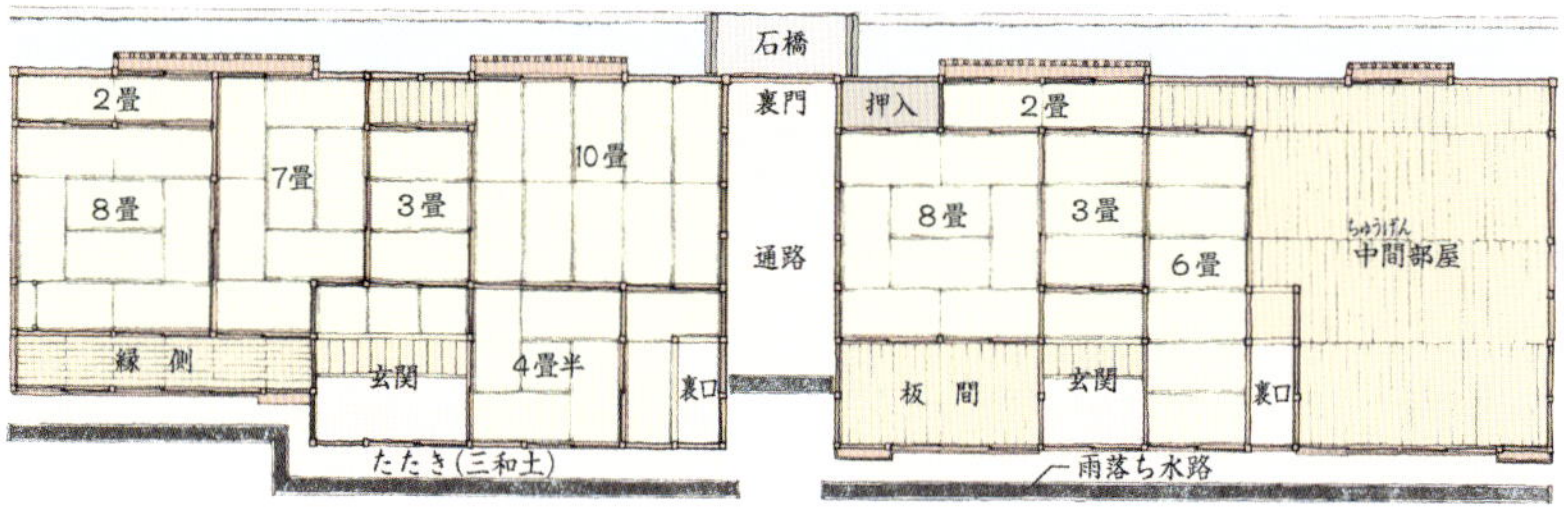

主要参考文献

※直接参考にした文献は多数に及ぶ。刊本を中心とした主要文献にとどめ、一部の例外を除き個々の論文は割愛した。

全体に関わるもの

『島根県史』島根県内務部島根県史編纂掛編、島根県、一九二一―三〇年
『松江市誌』上野富太郎・野津静一郎編、松江市庁、一九四一年
『新修松江市誌』松江市誌編さん委員会編、松江市役所、一九六二年
『新修島根県史』島根県編・刊、一九六五―六八年
『松江市誌―市制施行一〇〇周年記念』松江市誌編纂委員会編、一九八九年
『松江八百八町町内物語　白潟の巻』荒木英信、山陰日日新聞社、一九五五年
『松江八百八町町内物語　末次の巻』荒木英信、山陰日日新聞社、一九五六年
『島根県の歴史』内藤正中、山川出版社、一九六九年
『大日本地誌体系42　雲陽誌』雄山閣、一九七一年
『和訳出雲私史(復版)』島根郷土資料刊行会、一九七二年
『松江大橋物語　増補版』内田兼四郎編・刊、一九七五年
『角川日本地名大辞典32島根県』角川日本地名大辞典編纂委員会編、角川書店、一九七九年
『雲藩職制』正井儀之丞、歴史図書社、一九七九年
『松江／わが町』漢東種一郎・文、福田茂宏・絵、松江今井書店、一九八五年
『日本歴史地名大系33島根県の地名』平凡社編・刊、一九九五年
『図説島根県の歴史』内藤正中編、河出書房新社、一九九七年
『松江藩格式と職制』中原健次、松江今井書店、一九九七年
『松江藩家臣団の崩壊―秩禄処分』中原健次編・刊、二〇〇三年
『松江城三ノ丸物語』中原健次編・刊、二〇〇五年
『島根県の歴史』松尾寿ほか、山川出版社、二〇〇五年
『松江開府400年　松江藩の時代』乾隆明編著、山陰中央新報社、二〇〇八年
『松江開府400年　続松江藩の時代』乾隆明編著、山陰中央新報社、二〇一〇年
『松江市の指定文化財―未来を伝える松江の文化遺産250』松江市教育委員会、二〇一〇年
『松江の歴史像を探る―松江市史への序章』松江市教育委員会、二〇一〇年

第一章　計画都市(城下町)松江の形成

『島根叢書―郷土資料』第一篇、島根県教育会、一九三三年
『松江開府物語―堀尾公三代事蹟』妹尾豊三郎、堀尾吉晴公三百五十年祭記念顕彰会刊、一九六一年
『松江城』河井忠親、松江今井書店、一九六七年
『出雲地方における城下町及び町場の形成とその変容過程に関する研究』平成三年度科学研究費補助金(一般研究C)研究成果報告書、研究代表　和田嘉宥、一九九二年
『松江城物語　増補改訂版』島田成矩、山陰中央新報社、一九九九年
『史跡松江城整備事業報告』松江市教育委員会、二〇〇一年
『松江藩御作事所と御大工に関する研究』和田嘉宥、二〇〇一年
『絵図でたどる島根の歴史―三館合同企画』歴史地理学会島根大会実行委員会図録編集委員会・島根県立博物館編、島根県立博物館、二〇〇四年
『絵図の世界―出雲国・隠岐国・桑原文庫の絵図』島根大学附属図書館編、ワン・ライン、二〇〇六年
『史跡松江城石垣修理報告書』松江市教育委員会、二〇〇七年

第二章　松江の開府

『山陰の武将』藤岡大拙・藤澤秀晴、山陰中央新報社、一九七四年
『山陰の武将　続』藤岡大拙、山陰中央新報社、一九七五年
『堀尾吉晴―松江城築城国主・中老』島田成矩、松江今井書店、一九九五年
『城下町松江の誕生と町のしくみ』松尾寿、松江市教育委員会、二〇〇八年
『堀尾吉晴―松江城への道』山根正明、松江市教育委員会、二〇〇九年
『堀尾吉晴と忠氏―松江開府を成しとげた武将たち』佐々木倫朗、松江市教育委員会、二〇〇八年
『京極忠高の出雲国・松江』西島太郎、松江市教育委員会、二〇一〇年
『松江藩祖直政公事蹟』桃好裕、松陽新報社、一九一六年
『重要文化財松江城天守修理工事報告書』松江城天守修理事務所、一九五五年
『松江城研究』1・2、松江市教育委員会、二〇一二・一三年
『松江城天守学術調査報告書』松江市、二〇一三年
『松江城調査研究集録』1・2、松江市、二〇一三・一五年
『松江城と城下町の謎にせまる』石井悠、ハーベスト出版、二〇一三年
『松江城再発見』西和夫、松江市歴史まちづくり部、二〇一四年
『松江城天守再発見』松江歴史館、二〇一五年

第三章　松江藩に仕えた人々

『江戸の奇人　天愚孔平』土屋侯保、錦正社、一九九九年
『江戸狂者伝』中野三敏、中央公論新社、二〇〇七年
『島根県写真史』島根県写真作家協会写真史編集委員会編・刊、一九八八年
『島根の工芸』島根県立博物館編・刊、一九八七年

第四章　藩政改革とその後の松江藩

『松江藩学芸史の研究　漢学篇』佐野正巳、明治書院、一九八一年
『島根県の教育史』内藤正中、思文閣出版、一九八五年
『桃裕行著作集6　松江藩と洋学の研究』桃裕行、思文閣出版、一九八九年
『雑賀の今昔』雑賀郷土史編纂実行委員会編・刊、一九九一年
『松江藩校の変遷と役割―財政再建と人材育成は藩校から始まった』梶谷光弘、松江市教育委員会、二〇一〇年
『松江藩経済史の研究』原伝、日本評論社、一九三四年
『松江藩・出入捷覧』安沢秀一編、原書房、一九九九年
『松江藩の財政危機を救え―二つの藩政改革とその後の松江藩』乾隆明、松江市教育委員会、二〇〇八年
『贈従三位松平定安公傳』松平家編纂部編、松平直亮刊、一九三四年
『松江藩海軍歴史の研究』鈴木楳実、一九八二年

第五章　松江藩を支えた産業

『見立て番付を楽しむ』乾隆明・下房俊一、松江市教育委員会、二〇一〇年
『復刻木實方秘傳書―雲藩櫨樹植林製蝋手記』アチックミューゼアム、一九三六年
『ハゼノキ　今昔物語―再ハゼトピアへの道』内子町町並保存対策課・内子町産業振興課編・刊、一九九三年
『出雲藩山論史料集』島根郷土資料刊行会、一九七三年
『出雲国朝鮮人参史の研究』小村弌、八坂書房、一九九九年
野津隆「松江藩の反射炉について」『山陰史談』二八、一九九八年

第六章　水とともに生きる

『島根県旧藩美蹟』島根県内務部編・刊、一九一二年
『宍道湖の漁具・漁法』宍道町ふるさと文庫一、宍道町教育委員会、一九八九年
『宍道町史』通史編下巻、宍道町史編纂委員会編、宍道町、二〇〇四年
『雷電・御船屋・漁師町―松江市東本町五丁目町内会誌』松江市東本町五丁目町内会編・刊、一九八一年
『清原太兵衛』清原太兵衛頌徳会編・刊、一九二八年
『佐陀川の効用―新田開発と航路をめぐって』清原太兵衛顕彰会、二〇〇八年
『周藤弥兵衛事蹟』石原繁雄、八雲村公民館、一九五四年
『周藤彌兵衛』有限会社オフィスなかむら・中村勝信編、八雲村企画振興課、二〇〇二年
佐野正巳「藤岡雄市考」『蘭学資料研究会研究報告』二八三、一九七四年

第七章　松江の息づかい

『松江城下に生きる―新屋太助の日記を読み解く』松原祥子、松江市教育委員会、二〇一〇年
『平成一八～二〇年度文部科学省科学研究費若手研究(A)「城下町の景観の動態的変容に関する歴史地理学的研究」報告書〈絵図集〉』研究代表者舩杉力修、二〇〇九年
『小泉八雲全集』第四巻、家庭版、田部隆次、第一書房、一九三七年
『文学アルバム小泉八雲』小泉時・小泉凡編、恒文社、二〇〇〇年

第八章　松江城下の人々のくらし

『明治・大正の出雲』太田柿葉、松江今井書店、一九六三年
『島根の暦』NHK松江放送局編、報光社、一九六五年
『日本の食生活全集32　聞き書　島根の食事』「日本の食生活全集　島根」編集委員会編、農山漁村文化協会、一九九一年
『出雲の食文化　松江食べ物語』荒木英之、山陰中央新報社、一九九四年
『松江の鼕』松江市鼕行列保存会編・刊、二〇〇一年

第九章　不昧が育てた松江の文化

『増補復刊　松平不昧傳』松平家編輯部編纂、原書房、一九九九年(初版箒文社、一九一七年)
『茶禅不昧公』高橋梅園、宝雲舎、一九四四年
『松平不昧　増補版』内藤正中・島田成矩、松江今井書店、一九九八年
『生誕250年大名茶人　松平不昧』島根県立美術館・NHKプロモーション編、NHKプロモーション刊、二〇〇一年
『松平不昧と茶の湯』不昧公誕生二百五十周年記念出版実行委員会・不昧流大円会事務局編・刊、二〇〇二年
『不昧流茶道と史料』島田成矩、二〇〇五年
『松江市菓子業の軌跡』星野春雄、松江今井書店、二〇〇二年

第十章　地下に眠る家老屋敷跡

『松江城下町遺跡(殿町二八七番地・殿町二七九番地外)』松江市教育委員会・財団法人松江市教育文化振興事業団、二〇一一年
『日本の美術四二九　発掘された庭園』田中哲雄、至文堂、二〇〇二年
『近世の城と城下町―膳所・彦根・江戸・金沢』滋賀県文化財保護協会編、サンライズ出版、二〇〇八年

雲州松江を感じる

『出雲流庭園―歴史と造形』小口基実・戸田芳樹、小口庭園グリーンエクステリア、一九七五年
『松江の茶室』岡田孝男、松江市文化財審議会、一九五六年

お世話になった方々

計画都市（城下町）松江の形成（映像）　出　演　堀尾吉晴――きくち英一
堀尾忠氏――小林親弘
堀尾忠晴（三之助）――三井涼雲
映像協力　デジタルハリウッド大学大学院（合戦シーン）
ナレーション　重塚利弘
方言指導　藤岡大拙（出雲弁）
木浪浩行（尾張弁、大口町歴史民俗資料館学芸員）
協　力　松尾　寿（島根大学名誉教授）　国立大学法人島根大学附属図書館

松江の城下（模型）　監　修　松岡利郎（大阪府立だいせん聴覚高等支援学校教諭）
和田嘉宥（松江市文化財保護審議会委員）
足立正智（松江市文化財保護審議会委員）
協　力　松尾　寿（島根大学名誉教授）　酒井重礼　城山稲荷神社　須衛都久神社　普門院
正応寺　自性院　海乗院　松江バザー　イマムラ　國暉酒造　青山かまぼこ店

商人の日記帳（映像）　切り絵　陶山広之（切り絵作家・松江市在住）
太助の声　小村　宏（松江市在住）
方言指導　藤岡大拙（出雲弁）
協　力　信楽寺

城下町の歳時記（書割）　ナレーション　桂勢朝（落語家）

八雲の愛した松江の世界（映像）　写真提供　八重垣神社　廣江正幸

小泉八雲 神々の国の首都 見聞録（映像）　指　導　小泉　凡（島根県立大学短期大学部教授）
朗　読　清原　眞（劇団・幻影舞台）
イラスト　亜月　亮（漫画家、松江市出身）　作品：杜若　飴買いの女　化け亀
写真提供　児守稲荷神社

渡海場の風景（模型）　監　修　和田嘉宥（松江市文化財保護審議会委員）
足立正智（松江市文化財保護審議会委員）

松江の食事　指　導　松江調理師会　松江郷土料理研究会

不昧が育てた松江の文化（映像）　ナレーション　岡田照幸
協　力　不昧流大円会　不昧流不昧会　紅雪会　有澤一則　藤間亨　永井淳一
楽山窯（長岡空権）　雲善窯（土屋雲善）　月照寺　普門院　畠山記念館
東京国立博物館　島根県立美術館　松江博物館

伝利休茶室　監　修　中村昌生（京都工芸繊維大学名誉教授）
和田嘉宥（松江市文化財保護審議会委員）

朝日家長屋　調査・設計・監理　足立正智（松江市文化財保護審議会委員）

日本庭園　監　修　角　隆司（（社）島根庭園協会相談役）　（以上平成23年時肩書）

安土城考古博物館（浅井長政・長政夫人画像）　一力堂　圓成寺　大阪歴史博物館（豊臣秀吉画像）　加賀神社　上講武集会堂　神魂神社
北堀町三区鬘宮保存会　来待ストーンミュージアム　清滝寺徳源院　島根県農業協同組合　呉市立美術館　月照寺（松平直政・斉恒・斉貴）
高野山持明院（浅井久政画像）　国立大学法人島根大学附属図書館　彩雲堂　雑賀小学校　雑賀公民館　公益財団法人徳川記念財団（徳川家康画像）
三英堂　島根県立古代出雲歴史博物館（松江城天守祈祷札赤外線画像撮影）　島根県立図書館　島根県立武道館弓道場　常高寺（常高院画像）
城山稲荷神社　勝楽寺（佐々木高氏画像）　大学共同利用機関法人人間文化研究機構国文学研究資料館　長興寺（織田信長画像）　天倫寺（結城秀康画像）
東京家政学院大学附属図書館　東京国立博物館　独立行政法人国立公文書館　徳勝寺（浅井亮政像）　奈良県立美術館（伝淀殿画像）
（財）日本美術刀剣保存協会　風流堂　普門院　松江神社　松江ロータリークラブ　丸亀市立資料館（京極高次画像）　美保神社　妙心寺塔頭春光院
賣布神社　安来市教育委員会（松平直己・直哉画像）山口県立博物館（尼子経久・晴久画像）　養源院（崇源院画像）　ヨネザワ写真館　霊泉院（松平近栄画像）

芦田耕一　雨森清矩　安部吉弘　荒木文之助　有澤一男　石原幸雄　伊藤英俊　稲垣弘明　乾隆明　遠所利生　岡進一　乙部正人　梶谷光弘
片岡善貞　故金川義弘　金子義明　神田忠興　故黒澤和夫　小林准士　故木幡修介　佐々木倫朗　柴辻俊六　関賢治　瀧野喜恵子　高見良平
故田中又六　土屋侯保　坪内正史　藤間亨　永岡章典　中山英男　野津隆　羽山威　原守中　藤岡太作　舩杉力修　堀昭夫　堀尾秀樹　松本敏雄
三谷健司　母利美和　山根克彦　山本みち子　吉野蕃人

展示企画デザイン　株式会社丹青社
映像制作　株式会社ＴＳＫエンタープライズ
模型制作　株式会社ヤマネ

雲州松江の歴史をひもとく
――松江歴史館展示ガイド

初　版　平成23年3月19日　発行
改訂版　平成28年6月1日　発行

編集・発行　松江歴史館
〒690－0887
島根県松江市殿町279番地
ＴＥＬ　0852－32－1607
ＦＡＸ　0852－32－1611

発　売　ハーベスト出版
〒690－0133
島根県松江市東長江町902－59
ＴＥＬ　0852－36－9059
ＦＡＸ　0852－36－5889
ＵＲＬ：http://www.tprint.co.jp/harvest/
E-mail：harvest@tprint.co.jp

Printed in Japan
ISBN978-4-86456-200-3　C0021 ￥1000E